Wolf W. Lasko

Nietzsche: Rock dein Schicksal

tao.de

Wolf W. Lasko

Nietzsche: Rock dein Schicksal

tao.de

Wolf W. Lasko

Nietzsche: Rock dein Schicksal

1. Auflage 2014

Gestaltung: Kerstin Fiebig

Abbildungen Titel:
Nietzsche 1862b.
Licensed under Public domain via Wikimedia Commons -
http://commons.wikimedia.org/wiki/File:Nietzsche_1862b.JPG
#mediaviewer/File:Nietzsche_1862b.JPG

Nietzsche1882 von Gustav-Adolf Schultze (d. 1897)
Nietzsche by Walter Kaufmann, Princeton Paperbacks,
Fourth Edition. ISBN 0-691-01983-5.
Lizenziert unter Public domain über Wikimedia Commons -
http://commons.wikimedia.org/wiki/File:Nietzsche1882.jpg
#mediaviewer/File:Nietzsche1882.jpg

Verlag: tao.de in J.Kamphausen Mediengruppe GmbH
www.tao.de · eMail: info@tao.de

Bibliografische Information der Deutschen Nationalbibliothek:
Die Deutsche Nationalbibliothek verzeichnet diese Publikation in der Deutschen Nationalbibliografie; detaillierte bibliografische Daten sind im Internet über http://dnb.d-nb.de abrufbar.

ISBN (Paperback): 978-3-95802-319-2
ISBN (Hardcover): 978-3-95802-320-8
ISBN (e-Book): 978-3-95802-321-5

Inhalt

FAT	Fatum u. Geschichte (1862)
HOM	Homer und die klassische Philologie (1869)
TRA	Die Geburt der Tragödie (1871/72, 1874/78, Neuausgabe 1886)
BIL	Über die Zukunft unserer Bildungsanstalten (Vorträge, 1872)
FÜN	Fünf Vorreden zu fünf ungeschriebenen Büchern (MS für Cosima Wagner, 1872)
PHI	Die Philosophie im tragischen Zeitalter der Griechen (1873, Nachlass)
DAV	David Strauß, der Bekenner und der Schriftsteller (1873)
LÜG	Über Wahrheit und Lüge im außermoralischen Sinn (1873, Nachlass)
HIS	Vom Nutzen und Nachteil der Historie für das Leben (1873/74)
ERZ	Schopenhauer als Erzieher (1874)
BAY	Richard Wagner in Bayreuth (1876)
MEN I	Menschliches, Allzumenschliches (1878; Bd. 1, Ausgabe von 1886)
MEN II, Mei	Menschliches, Allzumenschliches, Anhang: Vermischte Meinungen und Sprüche (1879); Bd. 2, 1. Abtg. (1886)

MEN II, Wan ..... Menschliches, Allzumenschliches, zweiter Nachtrag: Der Wanderer und sein Schatten (1880); Bd. 2, 2. Abtg. (1886)
MOR .... Morgenröte (1881, 2. Ausg. 1887)
FRÖ .... Die fröhliche Wissenschaft (1882, erweitere Ausgabe 1887)
ZAR I–IV .... Also sprach Zarathustra (I u. II 1883, III 1884, IV 1885)
JEN .... Jenseits von Gut und Böse (1886)
GEN .... Zur Genealogie der Moral (1887)
WAG .... Der Fall Wagner (1888)
ANT .... Der Antichrist (1888)
GÖT .... Götzen-Dämmerung (1888)
ECC .... Ecce Homo (1888, publ. 1908)
CON .... Nietzsche contra Wagner (1888)
DIT .... Dionysos–Dithyramben (1884–88)

Die Nietzsche-Zitate wurden dem 2001 im Deutschen Taschenbuch Verlag, München, erschienenen Buch 'Das Lexikon der Nietzsche-Zitate' von Johann Prossliner entnommen.

Prolog

„Ich will nicht, dass man mir etwas nachmache;
ich will, dass jeder sich etwas vormache".
(Friedrich Nietzsche, Die fröhliche Wissenschaft)

Ein Vademecum für Nietzsche-Liebhaber

„Vade mecum" heißt zu Deutsch „Geh mit mir". Dieses Buch ist eine Einladung zu einem abwechslungsreichen Spaziergang durch individuelle Nietzsche-Landschaften mit einem neuen, systematisierenden Blick:

1. Sich erkennen (Wille zu persönlichem Wachstum)
2. Hindernde Werte entwerten (Wille zum Ballastabwerfen)
3. Sich neu erschaffen (Wille zu einem bejahenden Leben)

und kann ein gedanklich begeisternder Wegbegleiter, privat aber auch im beruflichen Alltag sein. Etwa bei der Zusammenarbeit mit Führungspersönlichkeiten und Managern der Wirtschaft trat klar zutage, welche enorm aktuelle – philosophische und praktische – Denkimpulse dieses Denkgenie aus dem vorletzten Jahrhundert auch dem modernen Unternehmertum zu bieten hat. Der „aristokratische Rebell"[1] und konsequente Querdenker Friedrich Nietzsche passt vielleicht nicht unbedingt in unsere wohlstandsorientierte Öffentlichkeit, zu den auf Konsum und virtuelle Ablenkung programmierten Bevölkerungsmassen oder zu den Polit-Beamten hier in Deutschland und anderswo im Westen. Eher zu verorten sind seine durchaus noch zeitgemäßen Ideen vermutlich in einer unternehmerisch geprägten Gedankenwelt von Individualisten, die mit offenem Geist und starkem, schöpferischem Veränderungswillen in ihren wirtschaftlichen Wirkungsbereichen etwas bewegen wollen. Menschen, die Neues gestalten, die

[1] Domenico Losurdo

Eigenes verwirklichen und damit bei ihrem eigenen Selbst anfangen. Solche zeitgenössischen Querdenker sind – akademisch betrachtet – erfahrungsgemäß ganz überwiegend die reinsten Amateure. Also Mitmenschen, die das Philosophieren oder gar die Poesie um ihrer selbst willen lieben – und diese Begeisterung nicht zu ihrem Broterwerb gemacht haben. Für professionelle Amateure[2] im Wortsinne jedoch, die sich unbefangen, mit gesundem Menschenverstand und mit Begeisterung der Gedankenwelt und den sprachlich mitreißenden Texten Friedrich Nietzsches nähern und die darangehen, sich lustvoll in seine philosophischen Provokationen zu vertiefen – kurz: für Dilettanten (der Wortstamm bedeutet ja „sich erfreuen") ist dieses Buch geschrieben.

Avanti Dilettanti

Ein Dilettant[3] ist bekanntlich intrinsisch gesteuert; Dilettanten tun eine Sache aus eigenem Antrieb, um ihrer selbst willen, aus Interesse, Vergnügen plus Leidenschaft. Der Ehrgeiz des Autors von „Nietzsche: Rock dein Schicksal" war es also nicht, eine neue Nietzsche-Interpretation für Kathedergelehrte und Geistes- oder Sozialwissenschaftler zu verfassen - Nietzsche selbst hat sein ursprüngliches wissenschaftliches Fach, die Altphilologie, bereits in seiner akademischen Leipziger und Basler Zeit mit scharfsinniger Logik höchst kritisch betrachtet als Spezialistentum, das oftmals die große Linie des Gesamtwerks aus dem Blick verliert. Dilettanten, die sich ihre literarische Neugier für den unmittelbaren Zugang zu seinen Werken bewahrt haben, ticken anders.

Der Appell des Buches lautet also: Lesen Sie dilettantisch! Lassen Sie sich spontan ein auf begeisternde Aphorismen Nietzsches und Zitate aus seinen Werken.

Nietzsches Werke kann man wissenschaftlich sezieren – oder sich einfach für sie begeistern

Friedrich Nietzsche zählt unbestritten zu den bedeutendsten – eindrucksvollsten, eigenwilligsten, zum eigenen Denken inspirierensten – Philosophen und

[2] Französisch „Liebhaber"

[3] von Italienisch *dilettare* aus lateinisch *delectare* „sich erfreuen"

Denkern der Moderne. Der Geist seiner Werke bewegt bis heute unzählige geistig neugierige Menschen. Dahinter mag Begeisterung für sein Pionierdenken, aber auch starkes wissenschaftliches Engagement und forscherischer Ehrgeiz stehen. Nietzsches literarisches Werk wird unter verschiedenen Aspekten logisch seziert und geistvoll mit der übrigen wissenschaftlichen Sekundärliteratur verglichen. Mit überbordender Lust an wissenschaftlicher Differenzierung werden seine Schriften biografisch analysiert und akribisch unterschieden nach den frühen, den unausgereiften und den späteren Phasen und Höhepunkten seines philosophischen Schaffens. Und es wird spekuliert, wo etwa der Beginn seiner geistigen Umnachtung zu verorten sei, als ihm dann bereits der Wahn die Feder geführt hatte. Da gibt es tiefgründige geisteswissenschaftliche Untersuchungen darüber, welche historischen und zeitgenössischen Geistesgrößen auf welche Weise Nietzsches Denken positiv oder negativ beeinflusst und geprägt haben und welche Denker er gar völlig ignorierte.

Einerseits verdienen die Leistungen solcher Nietzschekenner und Experten hohen Respekt. Andererseits stellt man sich gelegentlich die Frage: Handelt es sich da nicht ganz oft um wilde und üppige Spekulationen, um Glasperlenspiele im akademischen Elfenbeinturm? Interpretieren solcherlei Sekundärschriften nicht nur manche herausgepickten Details, nur einen ganz geringen, vielleicht auch zweitrangigen Bruchteil von Nietzsches Gesamtwerk? Wird da nicht manchmal auch Tertiär-Literatur über die gängige Nietzsche-Sekundärliteratur verfasst – Interpretationen, die schließlich zu staubtrockenen Hyperanalysen über Nietzsches Gesamtwerk führen, ohne dessen Vielfalt und Widersprüchlichkeiten wirklich gerecht zu werden?

Lesen Sie Nietzsche

Wenn der Leser die akademische Brille absetzt, dann verschwindet damit der Effekt, dass er sozusagen den Wald vor lauter Bäumen nicht mehr sieht. Dann erschließt sich unmittelbar und einfach Nietzsches überwältigende, magische und philosophisch so moderne Gedankenwelt. 1. Sich erkennen (Wille zu persönlichem Wachstum), 2. Hindernde Werte entwerten (Wille zum Ballast abwerfen), 3. Sich neu erschaffen (Wille zu einem bejahenden Leben).

Bei dieser Herangehensweise wird auf einen Blick das Verbindende sichtbar, der Sesam öffne dich durch die systemische Trilogie „erkennen – entwerten – neu erschaffen“: Die Kernbotschaften treten unmittelbar zu Tage. Eine davon tönt wie ein Grundakkord durch Nietzsches gesamtes Werk. Sie steht in „Die fröhliche Wissenschaft“ und lautet: „Du sollst der werden, der du bist.“ Das bedeutet: Am Beginn steht die Aufforderung und Herausforderung, sich anzustrengen. Der Lohn dafür ist eher ein mysteriöses Versprechen. Es steht in „Zarathustra Vorrede“: und lautet: „Ich sage euch: man muss noch Chaos in sich haben, um einen tanzenden Stern gebären zu können. Ich sage euch: ihr habt noch Chaos in euch.“

Erkennen, entwerten, neu erschaffen

Um die Geburt tanzender Sterne in Nietzsches Werken zu beobachten, empfehlen sich also drei gedankliche Arbeitsschritte: erkennen – entwerten – neu erschaffen. Aus diesen drei Blickwinkeln ist das Buch mit seinen drei Teilen verfasst. Gemeinsam ist allen drei Teilen der Begriff „Wille“. Dieser nächste Schlüsselbegriff schafft einfache und überzeugende Wegmarkierungen, die durch das Gesamtwerk des Philosophen geleiten können, so komplex und vielschichtig sein Denken und Schreiben auch ist.

Wille zum selbstbewussten Übermenschen: erkennen

Es ist der Appell an den Einzelnen: Schaffe dir ein Bewusstsein für vorhandene Prägungen. Und: Mensch, entwickle dich, geh über dich hinaus. Das ist mit „Übermensch“ gemeint. Das Wort ist ein Weckruf, nicht geistig abzusacken, hinzufallen oder zu stagnieren. Gefordert ist der Einzelne vielmehr, eigenen Willen aufzubringen, um an sich zu arbeiten, sich aus seinen Konditionierungen herauszuarbeiten, sich dafür anzustrengen, Energie und Kraft da hineinzustecken. Das setzt voraus: sich der aktuellen eigenen Persönlichkeit überhaupt erst einmal bewusst zu werden und zu erkennen, dass zumeist andere – andere Menschen und andere Ideen – bisher Regie über das eigene Leben geführt haben und es weitgehend gestalten. Das meint, nicht in der einschläfernden Komfortzone des Gewohnten zu verharren, wo die Anpassung regiert. Sich nicht der Alltagsroutine mit ständiger medialer Ablenkung vom wirklichen Leben auszuliefern. Sondern den Autopiloten abzuschalten, das Steuer zu übernehmen und den Kurs der Fahrt im Leben selbst zu bestimmen.

Es geht also zuerst einmal darum, überhaupt den Einfluss fremder Konditionierungen auf das eigene Denken und Fühlen als blockierende Denkfallen zu erkennen. Wer in ihnen gefangen ist, verpasst individuelles Wachstum über sich selbst hinaus. Eine Veränderung in diese Richtung muss bewusst entschieden und gewollt sein. Den hohen Anspruch an den Einzelnen und die entsprechende Herausforderung fasst Nietzsche, wie gesagt, in den prägnanten Satz: „Du sollst der werden, der du bist.“[4] Es kommt auf das Werden-Wollen an, gegen alle inneren Widerstände, gegen den inneren Schweinehund. Nietzsche nennt es innere Zucht, und Lehrer oder Erzieher sind in seiner uns etwas altertümlich anmutenden Sprache dann auch Züchter oder Zuchtmeister. „Der Schläfer muss erwachen“ (*Dune – Der Wüstenplanet*).

Überprüfen, was wertlos geworden ist: entwerten

Der nächste Arbeitsschritt ist: das, woraus die eigene Persönlichkeit – Nietzsche nennt es die „erste Natur“ – besteht, rigoros auf das zu überprüfen, was an ihr noch wertvoll und was nicht mehr hilfreich ist; in Frage zu stellen, welche Werte das eigene Selbst ausmachen. Es geht somit um Prägungen, die wir – meist unbewusst und unreflektiert – bereits als Kinder, Heranwachsende und später als erwachsene Zeitgenossen erfahren, aufgegriffen, verinnerlicht und stabil in unsere Person integriert haben. In Frage gestellt werden damit nachhaltige Einflüsse von Eltern, Geschwistern und nahen Verwandten, des sonstigen sozialen Milieus, in dem wir aufwachsen sind, Einwirkungen von Lehrern und Peergroups, von Stars, Idolen, anderen verehrten Vorbildern und vor allem auch von all dem, was als „Zeitgeist“ unser Denken, Fühlen und Tun, unsere Anhaftungen und Ablehnungen prägt und sich schließlich als Ich, als Individualität, als Glaube, Überzeugung, Vorurteil und Haltung in unserer Persönlichkeit verfestigt hat. Es geht darum,

[4] In seinem letzten autobiografischen Spätwerk lautet der Titel: „Ecce homo. Wie man wird, was man ist.“

radikal zu überprüfen: Will man diese Werte überhaupt behalten? Nützen sie zu einem kraftvollen eigenen Leben? Oder engen sie ein, begrenzen sie, sind sie für unser kreatives Wachstum eher förderlich oder hinderlich? Nietzsche sagt dazu: „Überzeugungen sind Gefängnisse“[5] Wer im Gefängnis alter Werte einsitzt, kann nur herauskommen, wenn er weiß, dass er durch Gitterstäbe schaut. Und erst dann kann man zum Entfesslungskünstler werden und in den Widerstand gehen. Widerstand wogegen? Gegen die Konditionierungen oder Fallen, die das Leben uns stellt. Wer sich also von belastenden Konditionierungen wie einem erdachten Gott oder Ersatzgöttern, wer sich von überkommenen moralischen Werten frei machen will, der muss zu einem geistigen Hochleistungskämpfer werden. Denn unsere „erste Natur“, wie Nietzsche es nennt, ist widerspenstig und hält uns zäh im Kreise des Gewohnten fest. Was kann und soll also kritisch reflektiert und schließlich verändert und entwertet werden? Und dies immer wieder aufs Neue, denn wir sind ja ständig neuen äußerlichen Konditionierungen ausgesetzt, die im Zweifel machtvoll erneute Anpassungen an unsere Umwelt und in unserem Leben erzwingen?

Eigene Werte herauszufinden setzt voraus, damit zu beginnen, den vollen Krug der Werte und Konditionierungen Glas für Glas so weit zu entleeren, dass Neues darin Platz hat. Uns leer zu machen von nutzlos gewordenen Werten, um erleichtert und befreit davon Neuland zu betreten. Die Reise in diese geistigen Terrains der Entwertung verschafft überraschende Einsichten darin, wie wir Dingen Sinn gegeben haben, die letztlich sinnlos sind, wie sich bei näherer Betrachtung moralische Werte und Wahrheitsideen bestenfalls als Wahrscheinlichkeiten entpuppen oder sich in Nichts auflösen und so fort. Die Kette der Entwertung kann lang, die einzelnen Glieder können zahlreich sein. Mancher in diesem Umdenk-Prozess kehrt vielleicht früh wieder zurück in gewohnte Komfortzonen und vertraute Glaubenswelten, verfällt erleichtert wieder in den alten moralischen Trott und ist dankbar für all die Ablenkungen durch die Massenmedien, die ihn heutzutage wirkungsvoll vom kritischen Denken abhalten.

[5] Aphorismus 40 in „Der Antichrist“

Wozu Nietzsche aufruft, ist: sich das aufoktroyierte Wertesystem klarzumachen (inwieweit es überhaupt bewusst begriffen und reflektiert werden kann), es auf den intellektuellen und emotionalen Prüfstand zu stellen, die Herkunft persönlicher Werte herauszufinden, sie differenziert zu überprüfen und im Zweifel außer Kraft zu setzen. Als da sind: religiöse Glaubenstraditionen, wissenschaftliche Dogmen, psychologische und ethische Axiome, herrschende politische und gesellschaftliche Regeln, Gesetze und Verhaltensgrundsätze, Moralen und andere einflussreiche Prinzipien des sozialen Zusammenlebens.

„Umwerten aller Werte“[6] ist ein weiteres Schlüsselwort von Nietzsches Philosophie und Moralkritik. Es ist auch der Ansatzpunkt zur Kritik bestehender „oberster Werte“ und von „Herrschafts-Gebilden“. Vereinfacht und zugespitzt gesagt: Nietzsche ermuntert zum hartnäckigen Entwerten und Zerstören überkommener, unglaubwürdig gewordener Denkweisen, speziell der christlich-abendländischen. Der Weg dorthin führt von der bewussten Selbsterfahrung und Selbsterkenntnis zur konsequenten willentlichen Selbstgestaltung.

Der Wille zu einem machtbewussten Leben: neu erschaffen

Schließlich, und das ist keine Überraschung, geht es darum, trotz eines „letzten Wissens“ um die Sinnlosigkeit des Daseins sich selbst neu zu erschaffen, zum selbstbewussten Schöpfer des eigenen Lebens zu werden. Unabhängig davon, ob die Kräfte, die diesen Schritt bewirkt haben, ihrerseits selbst äußere Prägungen sein können – ein stetiger Kreislauf also des Wachrüttelns. Nietzsche macht deutlich: Diese Willensakte folgen einem Prozess der Entfesselung. Er fordert dazu auf, souverän die Macht über sein Leben zu ergreifen. Wer solcherart seine Komfortzone verlässt, sollte sich bei dem Umdenkprozess mit aller Entschlusskraft dem anvertrauen, was (vorübergehend) als wichtig und richtig erkannt ist. Das Buch befasst sich in seinen einzelnen Kapiteln mit der reichhaltigen Matrix von Empfehlungen, die Nietzsche – speziell unter kulturellen Aspekten – für das individuelle Tun bereithält. Es ist eine Ideenplattform der Entfesselung. Dabei muss

[6] Untertitel von „Der Antichrist“ (1888)

man aber wissen, wie notwendig es ist, sich immer wieder aufs Neue zu erden, um nicht vom unterbewussten Chaos verschlungen zu werden. Der unbedingte „Wille zur Macht“ fordert – ohne Einschränkungen durch ein „hätte“, „würde“, oder „könnte“ – zum unbedingten Ja zum Leben auf. Es ist eine Haltung, die hinnimmt, was ist, so wie es ist. Nicht in fatalistischer Passivität, ganz im Gegenteil: Der Einzelne wird aufgefordert, immer wieder als Pionier in neue Werte-Welten aufzubrechen, um dort neue Tugenden (es gibt kein besseres als dieses altmodische Wort dafür) zu entdecken – und auch sie, wenn es an der Zeit ist, wiederum in Frage zu stellen. Eine solche Haltung zum Leben wird zu einem Geschenk des Einzelnen – an sich selbst.

Kamel, Löwe und Kind

Den gesamten Prozess der individuellen Wahrheits- und Selbstfindung (erkennen, entwerten, neu erschaffen) fasst Nietzsche in „Also sprach Zarathustra“ in einem großartigen Bild von den Verwandlungen des Geistes zusammen: „… wie der Geist zum Kamele wird, und zum *Löwen das Kamel, und zum Kinde zuletzt der Löwe.*“

Der Geist des Kamels bedeutet – in Demut und Folgsamkeit, Genügsamkeit und Selbstverleugnung –, den mit allen aufgezwungenen Werten belasteten Weg in die Wüste zu gehen. Das Tragetier verkörpert das Vermögen, sich anzupassen an (extrinsische) widrige äußere Umstände. Und dazu gehört auch die subjektive Last, darunter zu leiden. Dieser Weg führt, so Nietzsche, direkt in die Wüste der Einsamkeit.

Dem folgt die geistige Verwandlung zum Löwen. Gegenüber dem alten „Drachen“ des „Du sollst“ entfaltet er kritischen eigenen Willen, mit dem er sich überlegen Macht erkämpft. Der Einzelne gewinnt damit die souveräne Freiheit der Stärksten und seine individuelle Selbstbestimmung. Es ist eine machtvolle, zugleich jedoch auch höchst destruktive Denkhaltung des Zerstörens und Entwertens.

Die dritte Verwandlung, die zum Kinde – jeglichem Fatalismus und damit allem Nihilismus zum Trotze – führt schließlich zu einer neuen geistigen Unschuld, zum spielerischen Umgang mit der Welt und so zu einem unbedingten Ja zum Auf und Ab im eigenen Leben, zu einer vorbehaltslosen Liebe zum eigenen Schicksal, so wie es ist. Nietzsche nennt es *amor fati.*

Grenzgängertum

Kommen wir noch einmal auf die Denkstruktur, wie wir sie bei Nietzsche gefunden zu haben meinen, zurück: Bei den drei Denkschritten geht es wie gesagt generell darum, auferlegte, verinnerlichte Bewusstseinsgrenzen zu erkennen, sie dann willentlich zu sprengen, um frei zu werden, um Neuland zu entdecken und es mutig zu erschließen. Solcherlei Grenzgängertum, das hebt Nietzsche hervor, kann direkt ins Formlose, ins furchterregende Chaos führen. Es verlangt deshalb auch, dass der kühn mit seinem Denken experimentierende Philosoph – je nach persönlichem Temperament und Wagemut – dann zu einer angemessenen graduellen „Entsteigerung" zurückfinden kann, also zurückkehrt aus solcher ekstatischen Verzückung in das Geformte und willentlich Kultivierte. Für Nietzsche ist das ein Grundprinzip der Kunst.

Die Absicht des Buches: Ermutigung zum eigenen denkerischen Weg

„Es gibt in der Welt einen einzigen Weg, auf welchem niemand gehen kann außer dir: wohin er führt? Frage nicht, gehe ihn". Dieser mitreißende Appell Nietzsches ist Leitmotiv dieses Buches. Bei dessen Lektüre bilden die systematisch nach einzelnen Denkschritten und Themen geordneten Nietzsche-Zitate die Kernstücke. Diese Zitate erwiesen sich vielfach als mehrdeutig, passen also häufig auch zu anderen Kapiteln. Sie sind, wie die begleitenden Texte, Einstiege in Nietzsches Gedanken, also Denkimpulse, Ermunterungen zu einer radikalen eigenen Kreativität. Es kann Spaß machen, so die eigenen Werte aufzuspüren, sie gegeneinander abzuwägen, sich gedanklich für sie zu engagieren und auf diesem Weg zum eigenschöpferischen Handeln zu gelangen. (Eines versteht sich dabei von selbst: Nachdenken über eigene Werte ist ein höchst komplexer Vorgang, der nicht zwingend nach dem vorgeschlagenen Denkschema und den beschriebenen einzelnen Schritten „erkennen – entwerten – sich neu erfinden" abläuft. Für den Verfasser hat sich allerdings diese Systematik bewährt, um sich Nietzsches Werke schrittweise zu erschließen). Der Appell „Werde, der du bist" ist vor allem eine Botschaft an unternehmerische Menschen der Tat und damit eher nicht etwas für den braven Beamten im Menschen. Die Einladung, sich mit Vergnügen und schwindelfrei mit den denkerischen Provokationen Nietzsches zu befassen, dabei das Eigenschöpferische herauszufinden und den eigenen Weg zu beschreiten: Dazu zu ermutigen ist die eigentliche Intention dieses Buches.

In die Sprache unserer Zeit übersetzt, könnte der Appell auch klingen: Bewege deinen Geist, „rock" dein eigenes Schicksal künftig selbst! Egal, was dich gerade von außen beeinflusst, erkenne es, besinne dich darauf, stelle es in Frage, be- und entwerte es im Zweifel und finde heraus, wohin du künftig wirklich selbst gehen willst. Und dann entwickle den Willen zum Tun, zum Machen – kurz: den Willen zur Macht.

Und nun: Viel Vergnügen beim Lesen.

Wille zum selbstbewussten Übermenschen

„Der Mensch ist ein Seil, geknüpft zwischen Tier und Übermensch - ein Seil über einem Abgrunde."
(Zarathustra I, Vorrede 3)

Wille zum Übermenschen

Übermensch: Was zählt, ist der Veränderungswille

Der heutige Mensch kann sich emporentwickeln: Das ist eine Kernbotschaft Nietzsches. Er hat sie am prägnantesten in „Also sprach Zarathustra" formuliert. Mit vierzig Jahren steigt diese fiktive Figur von den Bergen herab, um „den Übermenschen zu lehren.

Die „Geburt" des Übermenschen findet jeweils in Augenblicken der individuellen Erkenntnis statt: dann, wenn der Einzelne die eigene Lebenssituation als fremdgesteuert wahrnimmt und beschließt, dies zu ändern, über sich selbst hinauszuwachsen. Am Beginn einer solchen Entwicklung zum Übermenschen – über den jetzigen Menschen hinaus – steht somit ein Willensprozess: sich zu entscheiden, künftig mit Nachdruck das individuelle Leben zu verändern, es selbst in die Hand zu nehmen. Nur so entfaltet sich der Wille zum Übermenschen.

Zum Übermenschen werden?

Für diesen selbstbewussten Prozess muss kein festes Ziel angesteuert werden. Es geht allein um eine eigenschöpferische Bewegung: um den Entschluss, das eigene Wesen zu erkennen und es willentlich selbst zu gestalten – ohne zu wissen, bei welchen Gedanken man schließlich landet. Anders gesagt, erfolgt die Geburt des Übermenschen mit dem Aktivieren starker eigener Willenskräfte, mit der Entscheidung, am individuellen Leben etwas abändern und es im Wortsinn eigenwillig und eigensinnig verbessern zu wollen.

Ein Appell an den Einzelnen, sich emporzuentwickeln

Nietzsche will den Menschen direkt ansprechen – und meint nicht etwa allgemein die Menschheit und deren denkbare evolutionäre Ziele. Die Rede ist keinesfalls von einem zwangsläufig auf einen finalen Zweck ausgerichteten Verlauf etwa der Menschheitsgeschichte. Vielmehr appelliert er einzig und allein an den Einzelnen, sich über seine Konditionierungen – seine „erste Natur" – klar zu werden und sich darüber zu erheben. Gemeint sind damit wie gesagt die den meisten als unabänderlich geltenden Prägungen durch individuelle biologische Veranlagungen, durch Herkunft, soziales Milieu und andere schicksalhafte Einflüsse. Die Herausforderung ist, solche uneigenen Einwirkungen zu identifizieren und zu einer selbstbestimmten zweiten, Natur emporzuwachsen: verwirklichen zu wollen, was der individuelle Mensch aus seiner ersten Natur machen kann.

„Du sollst Herr über dich werden ..."

Sich demnach selbst zu verdanken, was man schließlich ist, und auf diese Weise zur „ganzen Person" zu werden: Darin besteht die hohe schöpferische Ambition, die der Appell zum Übermenschen zu werden, vermittelt. Es ist der immer wieder unternommene einzelne Versuch, sich auf die Suche nach dem „Grundgesetz des eigenen Selbst", nach den eigenen Tugenden und dem eigenen Gewissen zu begeben und danach sein Leben auszurichten. Nietzsche nennt es „Herr über sich zu werden" und erläutert: „Du sollst Herr über dich werden, auch über die eigenen Tugenden. Früher waren sie deine Herren; aber sie dürfen nur deine Werkzeuge neben anderen Werkzeugen sein."[7] In seinen „Unzeitgemäßen Betrachtungen"[8] erörtert Nietzsche die Herausforderung, über sich selbst hinauszuwachsen so: „Der Mensch, welcher nicht zur Masse gehören will, braucht nur aufzuhören, gegen sich bequem zu sein; er folge seinem Gewissen, welches ihm zuruft ‚sei du selbst!

Das bist du alles nicht, was du jetzt tust, meinst, begehrst'". Allein die Absicht und der Wille, seinen eigenen Weg zu beschreiten, setzt in der Folge einen kraftvollen individuellen Entwicklungsprozess in Gang. Das Individuum betritt das „Seil über einem Abgrunde", den riskanten Weg, der zum Übermenschen führt.

Hoch über sich selbst hinausgehen

Nietzsche postuliert: Nicht tief in seinem Inneren verborgen findet der Mensch sein wahres Selbst. Es liegt vielmehr „unermesslich hoch über dir" – weit über dem, was der Durchschnittsmensch gewöhnlich als sein Ich vermutet und wo er es wahrnimmt. Bei dieser Entwicklung über sich selbst hinaus kommt es mit darauf an, sich selbst etwas willentlich zu versprechen – und sich an ein solches Versprechen dann auch diszipliniert zu halten. Mit anderen Worten: Die Sache ist einerseits, sich aufzurichten, sich zu ermutigen, zu wachsen und stark zu werden, um innere und äußere Verkrustungen und Versteinerungen wie eine „Lava des Lebens" machtvoll zu durchbrechen, um sich damit ein individuelles Gesetz des Handelns zu geben. Andererseits gilt es, die Tugend zu entwickeln, sich selbstbeherrscht in die Pflicht zu nehmen und konsequent eigene, selbstgesetzte Regeln einzuhalten.

Aus seinem Leben ein unverwechselbares Kunstwerk machen:

Das ist Nietzsches erklärte Absicht. Oder, wie er an anderer Stelle sagt: „Wir wollen die Dichter unseres Lebens sein." Lebenssteigerung durch Kunst – für Nietzsche war dies zeitlebens ein unbedingter Anspruch an sich selbst. Verkörpert und verkündet wird dieser Anspruch durch die Figur des Zarathustra. Nietzsche sieht die ständige Herausforderung des Einzelnen darin, das individuelle Leben als Selbstzweck zu verstehen und zu bejahen, um – nicht befangen von Moral und anderen äußeren Prägungen – eigene Potenziale souverän zu erkunden und mit starkem Willen zu verwirklichen.

[7] Menschliches, Allzumenschliches I, Perspektivismus und Ungerechtigkeit

[8] Kapitel 25, Schopenhauer als Erzieher

Der Königsweg zur Höherentwicklung zum Übermenschen

Der Wille zum Übermenschen bedeutet damit zuerst einmal für das Individuum, bewusst und klar zu erkennen, dass das Verwirklichen des eigenen Selbst eine grundsätzliche Veränderung der eigenen ersten Natur erfordert. Diese Einsicht führt letztlich zum individuellen Willensakt und zum Tun. Nietzsche ist sich da all der Hindernisse und gedanklichen Fallen, der verführerischen Seiten- und Holzwege bewusst, die das Individuum davon ablenken und abhalten können, willentlich und unbeirrt vom Zeitgeist den Weg zu sich selbst zu finden. Davon wird im Folgenden ausführlich die Rede sein. Denn der Appell an den Einzelnen, sich zum Übermenschen zu entwickeln, kann durch Denkfallen gestoppt oder behindert werden. Wer in sie hineintappt, wird am Boden fest- und bereits im Ansatz davon abgehalten, sich hinaufzuentwickeln, sein eigenes Leben neu zu erfinden. Natürlich lassen sich diese Denkfallen nur in der Theorie isoliert betrachten. In der Alltagspraxis sind sie eng verflochten; diese „Komplizenschaft" untereinander und ihre nachbarschaftlichen Beziehungen treten bei deren Beschreibung deutlich zutage. Am übelsten sind solche Behinderungen natürlich, wenn jemand sich gleich in mehrere solcher Glaubens- und Überzeugungs-Fallen verfängt, die dann mehrfach im Verbund sein souveränes Denken behindern, blockieren und ihn schließlich in totaler Immobilität festhalten.

Zehn klassische Denkfallen, die den Weg zur eigenen „zweiten Natur" erschweren und blockieren können

Denkfalle 1: **Determiniert von angeborenen Eigenschaften und Fähigkeiten.** Das Kapitel befasst sich mit der Vorstellung, unser künftiges Leben sei durch unsere Gene, also durch unser biologisches Erbe absolut determiniert. Es bleibe uns also gar nichts anderes übrig, als solchen Veranlagungen fatalistisch zu folgen.

Denkfalle 2: **Determiniert von sozialen Prägungen: Herkunft, Erziehung und Bildung.** Hier geht es um die gängige Überzeugung, das soziale Milieu und unsere materielle Startposition, kindliche und jugendliche Prägungen durch

Elternhaus, Kindergarten und Schule, den gesellschaftlichen Rang der Familie und das übrige soziale Umfeld unserer Herkunft und Ausbildung legten unabänderlich auch jetzt noch unser künftiges Leben fest.

Denkfalle 3: **Evolutionsglaube.** Dieses Glaubenssystem hat seine Wurzeln in Überzeugungen, die Entwicklung der menschlichen Rasse durch Selektion und Mutation verlaufe eigendynamisch in festgelegten, vorherbestimmten Bahnen mit irgendwelchen bestimmten evolutionären Zielen. Auch solche individuelle Denkweisen können den Einzelnen veranlassen, diese Entwicklungen passiv als gegeben hinzunehmen und nicht aktiv zu werden.

Denkfalle 4: **Glaube an jenseitige „Hinterwelten".** Es sind seelisch tief verankerte, „weltanschaulich" eingefleischte Überzeugungen von einem Gott, von Göttern und anderen transzendenten Autoritäten, die aus dem Jenseits – Nietzsche nennt es aus „Hinterwelten" – die Macht haben, über unser individuelles Schicksal, den Lauf der Geschichte sowie über natürliche Gegebenheiten und Prozesse zu herrschen und sie allgewaltig zu steuern. Mit diesen Glaubensdingen hat sich Nietzsche sein Leben lang fast obsessiv und kämpferisch auseinandergesetzt. Kulturen waren bekanntlich jahrtausendelang von solchen hinterweltlerischen Glaubenssystemen geprägt; erst nach der Aufklärung und zu Nietzsches Zeiten gewann der Atheismus – und damit auch ein armseliger und düsterer Nihilismus – weltanschaulich die Oberhand.

Denkfalle 5: **Glauben an die Autorität geltender Sittengesetze.** Das Kapitel befasst sich mit Spielregeln, die sich herkömmlich in einer Gesellschaft durch Übereinkunft darüber herausgebildet haben, was als sittlich und unsittlich, anständig und unanständig, gerecht oder ungerecht und so fort gilt. Wenn dies als allgemeines Sittengesetz unreflektiert hingenommen wird und der individuellen Lebensführung keine Abweichung vom vorgeschrieben Weg erlaubt zu sein scheint, kann jede Eigeninitiative erlöschen.

Denkfalle 6: **Glauben an den allgemeinen Fortschritt zum Besseren** Das Jahrhundert der Aufklärung, die Entwertung tradierter christlicher Glaubenssysteme durch technische, wissenschaftliche und gesellschaftliche Neuerungen, der verabsolutierte Glaube an den Sieg der Erkenntnis über Nichtwissen und Dummheit und schließlich die gewaltigen wirtschaftlichen Fortschritte durch die Industrialisierung und der wachsende Wohlstand des Bürgertums – all dies sorgte zu Nietzsches Lebzeiten für einen allgemeinen Fortschrittsglauben und Zivilisationsoptimismus, den er in späteren Werken skeptisch und gründlich seziert, entwertet und teilweise ad absurdum führt. Hier geht es um den unreflektierten optimistischen Glauben, die Menschheit schreite wissenschaftlich, ökonomisch, politisch und kulturell auf einer Einbahnstraße eigendynamisch zum Besseren voran. Dieser Glaube kann beim Einzelnen nachhaltig den Willen zum eigenen Vorankommen behindern und lähmen.

Denkfalle 7: **Unreflektierte Nachfolge anderer Menschen.** Prägende Persönlichkeiten, die dem Einzelnen seine individuellen Entwicklungsmöglichkeiten vorleben, mit denen er sich stark identifiziert, können außerordentlich stark den eigenen Lebensweg vorzeichnen und einengen. Solche andere Persönlichkeiten waren für Nietzsche etwa Richard Wagner und Arthur Schopenhauer. Wenn solche Vorbilder davon abhalten, selbstbewusst eigene Talente zu entfalten und sich eigene Lebensziele zu setzen, dann können sie uns ebenfalls zu sklavischen Nachfolgern machen.

Denkfalle 8: **Glauben an eine göttliche Allmacht aus dem Jenseits.** Christliche Glaubenssysteme beruhen auf der Annahme, die moralischen Gebote für das Zusammenleben der Menschen seien von einer göttlichen Autorität festgesetzt oder in der menschlichen Natur unverrückbar vorgegeben. Der Einzelne könne sie also nicht hinterfragen und seine individuelle Moral mit einem eigenen Tugendkatalog herausfinden und leben.

Denkfalle 9: **Genies, Heilige, Gurus, Stars und andere Lichtgestalten.** Zu Nietzsches Zeiten war der Geniekult – als Nachwirkung des Sturm und Drang und der Romantik – unter Gebildeten meinungsbildend. Auch historische Persönlichkeiten und andere Machtmenschen können zur persönlichen Nachfolge anregen. Zuvor war es (und ist es gelegentlich heute noch) das beispielhafte Leben von Heiligen, denen die Gläubigen nacheifern. Unsere zeitgenössischen Lichtgestalten sind eher noch weiter entrückte Massenerscheinungen, etwa auf dem Bildschirm: Stars, die uns über virtuelle Medien beeindrucken, oder spirituelle Gurus, Heiler und Wahrsager, deren Beispiele verführerisch auf uns wirken, die unser Denken und unsere Lebensführung nachhaltig bewegen und beherrschen.

Denkfalle 10: **Nietzsches Gebrauch des Begriffs „Züchtung" für Menschen und Übermenschen?** Gelegentlich lohnt es sich, der Spur eines Wortes zu folgen. Besonders, wenn es bei Nietzsche um den Gebrauch von „Züchtung" und „Zucht" geht, den die heutige Biologie – genauer: die Genforschung und Gentechnik – im Laufe des letzten Jahrhunderts fast völlig okkupiert hat. Zu Nietzsches Zeiten wurde unter beiden Begriffen – auf Menschen bezogen – in erster Linie eine strenge (moralische) Erziehung verstanden. So bezeichnet und würdigt Nietzsche noch Schopenhauer als seinen „Zuchtmeister", und das kann nur geistig gemeint sein. In Verbindung mit dem „Ideal" eines vornehmen Menschen meint Nietzsche primär die aristokratische Erziehung bzw. disziplinierende Zucht der Adeligen, auch wenn „standesgemäß" kluges Heiraten durchaus zu seinen Vorstellungen von vornehmem Handeln passt. Das eigentlich Groteske ist: Erst die Einschränkung der Bedeutung des Begriffs „Züchtung" auf die Biologie ermöglichte dessen ideologisch-rassistischen Missbrauch. Heute mag der naive Glaube an die heilsamen Wunder, die von diesem Wissenschaftszweig erwartet werden, und die Überzeugung, durch gezielte Paarung und Genmanipulation lasse sich Lebendiges beliebig erzeugen, steuern und verbessern, wieder bei ähnlich abstrusen Denk-Konstrukten landen wie die Rassenideologien des späten 19. und frühen 20. Jahrhunderts. Eine andere zeitgenössische Ideologie ist die Vorstellung, „das Leben" als Ganzes sei geheiligt und müsse vom Staat ethisch gesteuert und gesetzlich reguliert werden.

Zitate

Ich hasse die lesenden Müßiggänger. Wer den Leser kennt, der tut nichts mehr für den Leser. Noch ein paar Jahrhundert Leser - und der Geist selber wird stinken. < > Einst war der Geist Gott, dann wurde er zum Menschen und jetzt wird er gar noch Pöbel. [ZAR I, Lesen (4,48)]

Mit seligen Nüstern atme ich wieder Berges-Freiheit! Erlöst ist endlich meine Nase vom Geruch alles Menschenwesens!
Von scharfen Lüften gekitzelt wie von schäumen - den Weinen, niest meine Seele, - niest und jubelt sich zu: Gesundheit!
[ZAR III, Heimkehr (4,234)]

Diesen Menschen von heute will ich nicht Licht sein, nicht Licht heißen.
Die - will ich blenden: Blitz meiner Weisheit! Stich ihnen die Augen aus!
[ZAR IV, höhere 7 (4,360)]

Diese Natur, die dem Stier das Horn < > gab, wozu gab mir die Natur den Fuß? ... Zum Treten, beim heiligen Anakreon! und nicht nur zum Davonlaufen
[GEN III, 26 (5,407)]

Der freigewordene Mensch, um wie viel mehr der freigewordene Geist, tritt mit Füßen auf die verächtliche Art von Wohlbefinden, von dem Krämer, Christen, Kühe, Weiber, Engländer und andere Demokraten träumen. Der freie Mensch ist Krieger. [GÖT, Streifzüge 38 (6,139)]

Wissen wir doch kaum, ob die Menschheit selbst nur eine Stufe, eine Periode im Allgemeinen, im Werdenden ist < >
Ist der Mensch nur Mittel oder ist er Zweck?
[FAT (BAW II, 56)]

Hat dieses ewige Werden nie ein Ende? Was sind die Triebfedern dieses großen Uhrwerks? < > von Stunde zu Stunde rückt der Zeiger weiter, um nach Zwölf seinen Gang von Neuem anzufangen; eine neue Weltperiode bricht an.
[FAT (BAW II, 56)]

es muss noch höhere Prinzipien geben, vor denen < > alles einem ungeheueren Ozean zuströmt, wo sich alle Entwicklungshebel der Welt wiederfinden, vereint, verschmolzen, all-eins. - [FAT (BAW II,59)] *sobald es aber möglich wäre, durch einen starken Willen die ganze Weltvergangenheit umzustürzen, sofort träten wir in die Reihe unabhängiger Götter, und Weltgeschichte hieße dann für uns nichts als ein träumerisches Selbstentrücktsein; der Vorhang fällt, und der Mensch findet sich wieder, wie ein Kind mit Welten spielend, wie ein Kind, das beim Morgenglühen aufwacht und sich lachend die furchtbaren Träume von der Stirn streicht.* [FAT (BAW II, 58)]

Der Mensch < > der die obersten Wertmaße seiner Zeit selbst in Sicht bekommen will, hat dazu vorerst nötig, diese Zeit in sich selbst zu „überwinden" – es ist die Probe seiner Kraft – und folglich nicht nur seine Zeit, sondern auch seinen bisherigen Widerwillen und
Widerspruch gegen diese Zeit, sein Leiden an dieser Zeit, seine Zeit-Ungemäßheit, seine Romantik ... [FRÖ 380]

irgendwann, in einer stärkeren Zeit, als diese morsche, selbstzweiflerische Gegenwart ist, muss er uns doch kommen, der erlösende Mensch der großen Liebe und Verachtung, < > dessen Einsamkeit vom Volk missverstanden wird, wie als ob sie eine Flucht vor der Wirklichkeit sei – : während sie nur seine Versenkung, Vergrabung, Vertiefung in die Wirklichkeit ist < > Dieser Mensch der Zukunft, der uns ebenso vom bisherigen Ideal erlösen wird als von dem, was aus ihm wachsen musste, vom großen Ekel, vom Willen zum Nichts, vom Nihilismus, dieser Glockenschlag des Mittags und der großen Entscheidung, der den Willen wieder frei macht, der der Erde ihr Ziel und dem Menschen seine Hoffnung zurückgibt, dieser Antichrist und Antinihilist, dieser Besieger Gottes und des Nichts – er muss einst kommen ... [GEN II, 24]

Es muss eine Art Widerwille in mir geben, etwas Bestimmtes über mich zu glauben. [JEN 281]

das Ziel der Menschheit kann nicht am Ende liegen, sondern nur in ihren höchsten Exemplaren. [HIS 9 (1,317)]

es ist Schwärmerei zu glauben, dass eine höhere neue Stufe der Menschheit alle die Vorzüge früherer Stufen in sich vereinigen werde [MEN I, 239]

Bei der ernstlich gemeinten geistigen Befreiung eines
Menschen hoffen im Stillen auch seine Leidenschaften und Begierden ihren Vorteil sich zu ersehen. [MEN I, 542]

Denkfalle 1

Determiniert von biologisch verankerten Begabungen und Talenten?

„Wir sprechen von Natur und vergessen uns dabei: wir selber sind Natur“ [MEN 2, 327]

Der Wille zum Verändern und Tun entscheidet

Auf unser genetisches Erbe haben wir keinerlei Einfluss und auch nicht auf das soziale Milieu, in dem wir aufwachsen). Wie sich Begabungen oder ein einzelnes Talent dann allerdings „in Werken und Handlungen entladet“ also im individuellen Leben realisiert wird: Das ist für Nietzsche eine Frage von zähem, ausdauerndem und energischem Willen.

Fatalismus versus eigenwilligem Tun

Und dieser Wille – so argumentiert Nietzsche – ist primär das Resultat von Selbstreflexion und von der Erkenntnis, dass solche Prägungen eben „nur“ Potentiale sind, wenn auch sehr machtvolle und einflussreiche. Mit einer anderen persönlichen Denkhaltung laufen wir in die erstgenannte geistige Falle: wir seien determiniert von angeborenen Eigenschaften und Fähigkeiten. Das geschieht, wenn der Einzelne von heute und von damals seine genetische Veranlagung als unabänderlich bestimmend für sein gesamtes Leben hinnimmt, gedankenlos und fatalistisch vor dieser „Determinierung“ kapituliert. Sich also für passives Nichtstun entscheidet, weil wir „ja eh nichts ändern können“. Gegen einen solchen Fatalismus argumentiert Nietzsche: „Das Rezept zum Beispiel, wie einer ein guter Novellist werden kann, ist leicht zu geben, aber die Ausführung setzt Eigenschaften voraus, über die man hinwegzusehen pflegt, wenn man sagt ‚Ich habe nicht genug Talent‘.“

Der Übermensch muss seinen Willen zur Höherentwicklung entfalten

Um es positiv auszudrücken: Es kommt auch zwingend darauf an, wie das Individuum durch seinen Willen ererbte Potenziale aktiviert, um sich selbst zu verwirklichen. Das paradigmatische Bild des Übermenschen ist folglich für Nietzsche „etwas Originelles und Einziges" (Safranski). Für ihn sind „Menschen im Übergang" betont individualistisch. Entwicklung über sich hinaus kann also nur das Resultat persönlicher Initiative und beständiger Willensakte sein. So gesehen ist dabei der menschliche Geist nur eine Fähigkeit oder ein ererbtes Talent,

Von der Reflexion des eigenen Denkens und Tuns zum Tun

Nietzsches Denken steht damit in schroffem Kontrast zu den populären Visionen und Spekulationen seiner Zeit von einem quasi automatischen biologischen Fortschritt der Menschheit. Reflektierendes Bewusstsein bedeutet für das menschliche Individuum, dass es auf dem Wege zum Übermenschen dann auch zu handeln hat. Zarathustra/Nietzsche argumentieren: Der Mensch als „Brücke" oder „Seil" zwischen Tier und Übermensch bestehe auch unter biologischen Aspekten aus bewussten Willensentscheidungen und individuellem Tun.

Zitate

Dr. Rée <> hatte Darwin gelesen: – und so reichen sich in seinen Hypothesen auf eine Weise, die zumindest unterhaltend ist, die Darwin'sche Bestie und der allermodernste bescheidene Moral-Zärtling, der „nicht mehr beißt", artig die Hand, letzterer mit dem Ausdruck einer gewissen gutmütigen und feinen Indolenz im Gesicht [GEN, Vorrede 7]

[Zarathustra:] Und das ist der große Mittag, da der Mensch auf der Mitte seiner Bahn steht zwischen Tier und Übermensch und seinen Weg zum Abende als seine höchste Hoffnung feiert: denn es ist der Weg zu einem neuen Morgen.
Also wird sich der Untergehende selber segnen, dass er ein Hinübergehender sei; und die Sonne seiner Erkenntnis wird ihm im Mittage stehn.
„Tot sind alle Götter: nun wollen wir, dass der Übermensch lebe." - dies sei einst am großen Mittag unser letzter Wille! -
[ZAR I, Schenken 3 (4,102)]

Während „wir" uns <> über die Heftigkeit eines Triebes zu beklagen meinen, ist es im Grunde ein Trieb, welcher über einen anderen klagt. [MOR 109]

der Trieb in seinem Durst betastet gleichsam jeden Zustand, in den der Mensch gerät, und durchschnittlich findet er nichts für sich daran, er muss warten und weiter dürsten [MOR 119 (3,112)]

Auch der schädlichste Mensch ist vielleicht immer noch der allernützlichste, in Hinsicht auf die Erhaltung der Art; denn er unterhält bei sich oder, durch seine Wirkung, bei anderen Triebe, ohne welche die Menschheit längst erschlafft oder verfault wäre. [FRÖ 1]

[Zarathustra:] Wissend reinigt sich der Leib; mit Wissen versuchend erhöht er sich; dem Erkennenden heiligen sich alle Triebe [ZAR I, Schenken 2 (4,100)]

Nachdem ich lange genug den Philosophen zwischen die Zeilen und auf die Finger gesehen habe, sage ich mir: Man muss noch den größten Teil des bewussten Denkens unter die InstinktTätigkeiten rechnen [JEN 3]

Die Instinkte bekämpfen müssen - das ist die Formel für decadence: Solange das Leben aufsteigt, ist Glück gleich Instinkt. - [GÖT, Sokrates 11]

Dass der Charakter unveränderlich sei, ist nicht im strengen Sinne wahr; vielmehr heißt dieser beliebte Satz nur so viel, dass während der kurzen Lebensdauer eines Menschen die einwirkenden Motive nicht tief genug ritzen können, um die aufgeprägten Schriftzüge
vieler Jahrtausende zu zerstören. [MEN I 41]

die erste Vorschulung zur Geistigkeit: auf einen Reiz nicht sofort reagieren <> Sehen lernen, so wie ich es verstehe, ist beinahe das, was die unphilosophische Sprechweise den starken Willen nennt: das Wesentliche daran ist gerade, nicht wollen, die Entscheidung aussetzen können. [GÖT, Deutsche 6 (6,108)]

Denkfalle 2
Determiniert von sozialen Prägungen: Herkunft, Erziehung und Bildung

Wir werden am schlimmsten von unsichtbaren Händen gebogen und gequält. [ZAR I, Baum (4,51)]

Keine Frage: Wir sind von Anfang an sozial konditioniert

Untrennbar mit unserem biologischen Erbe verflochten ist das soziale Milieu, in das wir hineingeboren werden und in dem wir aufwachsen und erzogen werden. Diese Faktoren beeinflussen fraglos außerordentlich wirkungsvoll unseren gesamten Lebensweg.

Es sind banale Feststellungen: Kindheit und Jugend sind die Phasen stärkster Abhängigkeiten von äußeren Autoritäten, von Eltern und Geschwistern, Peergroups, Erzieherinnen im Kindergarten, Lehrern von der Grund- bis zur Hochschule. Unser gesamter Erziehungs- und Ausbildungsrahmen wirkt – je früher, desto intensiver – auf unsere Entwicklung ein, formt unsere Gedanken- und Gefühlswelt, prägt unsere Wertvorstellungen und damit auch unser Selbstbewusstsein. Unser jeweiliges Lebensumfeld bestimmt jederzeit ganz allgemein darüber, wie wir uns entwickeln und wer oder was wir heute sind. Solche Einflüsse sind komplex und interdependent.

Wie nutzen wir unsere körperlichen und geistigen Anlagen?

Die Frage ist albern, was uns wohl mehr zu dem macht, wozu wir geworden sind: unser Erbgut oder unsere Umwelt. Eine klügere Frage lautet: Wie gehen wir bewusst und willentlich mit solchen sozialen und psychischen Prägungen um, sobald wir in der Lage sind, sie kritisch zu reflektieren? Für Nietzsches Philosophie waren das entscheidende Gesichtspunkte: Welche innere Einstellung haben wir zu unseren ererbten Eigenschaften und Fähigkeiten unserer sozialen Prägungen und wie verhalten wir uns zu ihnen? Und wie gestalten wir unter diesen gegebenen Bedingungen jeden einzelnen Moment unserer Existenz? Sind wir, mit seinen

Worten, in der Lage, diese „erste Natur", die uns mitgegeben wurde, in eine selbstbestimmte „zweite Natur" zu verwandeln?

Nietzsches wissenschaftliche Hochbegabung

Nietzsche war nicht nur, wie man heute sagen würde, wissenschaftlich und künstlerisch extrem „hochbegabt", brachte also bereits enorme Talente mit auf die Welt. Er genoss ferner entsprechend seiner intellektuellen Begabung eine Premium-Erziehung in einem Elite-Internat, fand dann an der Universität seinen einflussreichen akademischen Förderer, Professor Friedrich Ritschl, durch dessen nachdrückliche Empfehlung er unmittelbar nach dem Studium – gerade mal 24 Jahre alt und noch vor seiner Promotion – außerordentlicher Professor für klassische Philologie in Basel wurde. Eine Wissenschaftskarriere, die ihm auch nach seinem krankheitsbedingten Ausscheiden aus dem akademischen Lehramt zehn Jahre später ein materiell sorgloses, unstetes Wanderleben in Europa als freier Philosoph ermöglichte.

Zeitgenössische Erziehungsmethoden und Bildungskultur

Nietzsche setzte sich zeitlebens intensiv und kritisch mit Erziehungs- und Bildungsthemen auseinander, generell und speziell mit der Lern-, Erziehungs- und Bildungslandschaft des 19. Jahrhunderts in Deutschland. Er stellte hohe Forderungen an Eltern, Erzieher und an das deutsche Bildungssystem. Er verachtete die Erziehung zum Brotberuf: „Jede Erziehung, welche an das Ende ihrer Laufbahn ein Amt oder einen Brotgewinn in Aussicht stellt, ist keine Erziehung zur Bildung, sondern nur eine Anweisung, auf welchem Wege man im Kampfe um das Dasein sein Subjekt rette und schütze", schreibt er über „die Zukunft unserer Bildungsanstalten". Und kritisiert spottlustig das Überfrachten seiner Zeitgenossen mit unnötigem Wissen: „Der moderne Mensch schleppt zuletzt eine ungeheure Menge von unverdaulichen Wissenssteinen mit sich herum, die dann bei Gelegenheit auch ordentlich im Leibe rumpeln, wie es im Märchen heißt." [HIS 4 (1.277)].

Erziehung zum eigenen Willen

Es fehlt hier der Platz, um Nietzsche Erziehungs- und Bildungsphilosophie und die harsche Kritik, die er ihr in seinen Werken einräumt, auch nur andeutungsweise zu vertiefen. Und das Ganze liest sich auch in seiner ganzen Vielfalt und Differenziertheit viel besser in den vielen nachfolgenden Zitaten zum Thema. Ein Punkt soll jedoch hervorgehoben werden: die zentrale pädagogische Rolle der Erziehung zum Willen. „Unsre absurde Erzieher-Welt – ihr fehlt der Begriff davon, dass etwas zuerst not tut: Erziehung der Willenskraft; man legt Prüfungen für alles ab, nur nicht für die Hauptsache: ob man wollen kann, ob man versprechen darf. – Man sollte Prüfungen erfinden auch für die Stärke im Wort-halten-können."

Zitate

Dass man wird, was man ist, setzt voraus, dass man nicht im Entferntesten ahnt, was man ist. [ECC, klug 9 (6,293)]

alle Dinge, die wir jetzt lieben, [haben wir] lieben gelernt. Wir werden schließlich immer für unseren guten Willen , unsere Geduld, Billigkeit, Sanftmütigkeit gegen das Fremde belohnt, indem das Fremde langsam seinen Schleier abwirft und sich als neue unsägliche Schönheit darstellt: - es ist sein Dank für unsere Gastfreundschaft. Auch wer sich selber liebt, wird es auf diesem Weg gelernt haben: es gibt keinen anderen Weg. Auch die Liebe muss man lernen. [FRÖ 334]

Wenn man keinen guten Vater hat, so soll man sich einen anschaffen. [MEN I, 381)]

Es ist gewöhnlich nicht die Qualität der Erlebnisse, sondern ihre Quantität, von welcher der niedere und höhere Mensch abhängt, im Guten und Bösen. [MEN I, 72)

Ein Buch kritisieren – das heißt für die Jungen nur: keinen einzigen produktiven Gedanken desselben an sich herankommen lassen und sich, mit Händen und Füßen, seiner Haut wehren. Der Jüngling lebt gegen alles Neue, das er nicht in Bausch und Bogen lieben kann, im Stand der Notwehr und begeht jedesmal dabei, so oft er nur kann, ein überflüssiges Verbrechen. [MEN II, Mei 161]

Charaktervoll erscheint ein Mensch weit häufiger, weil er immer seinem Temperament, als weil er immer seinen Prinzipien folgt. [MEN I, 485)

Mit seinen Grundsätzen will man seine Gewohnheiten tyrannisieren oder rechtfertigen oder ehren oder beschimpfen oder verbergen: – zwei Menschen mit gleichen Grundsätzen wollen damit wahrscheinlich noch etwas Grundverschiedenes. [MEN 77]

Die gewöhnlichste Lüge ist die, mit der man sich selbst belügt; das Belügen anderer ist relativ der Ausnahmefall. [ANT 55 (6,238)]

Wo die geringe Sehkraft des Auges den bösen Trieb wegen seiner Verfeinerung nicht mehr als solchen zu sehen vermag, da setzt der Mensch das Reich des Guten an <> Also: je stumpfer das Auge, desto weiter reicht das Gute! Daher die ewige Heiterkeit des Volkes und der Kinder! Daher die Düsterkeit und der dem schlechten Gewissen verwandte Gram der großen Denker! [FRÖ 53]

Unsere moderne Bildung ist gar keine wirkliche Bildung, sondern nur eine Art Wissen um die Bildung. [HIS 4 (1,273)]

Man tut nicht klug, den Abend über den Tag urteilen zu lassen: denn allzu oft wird da die Ermüdung zur Richterin über Kraft, Erfolg und guten Willen. [MOR 542 (3,309f)]

Man verdirbt einen Jüngling am sichersten, wenn man ihn anleitet, den Gleichdenkenden höher zu achten als den Andersdenkenden. [MOR 297]

Das Individuum wird von seinen Erziehern behandelt, als ob es zwar etwas Neues sei, aber eine Wiederholung werden solle. [MEN I, 228]

Denkfalle 3
Evolutionsglaube

„Wissen wir doch kaum, ob die Menschheit selbst nur eine Stufe, eine Periode im Allgemeinen, im Werdenden ist. [...] Ist der Mensch nur Mittel oder ist er Zweck? [FAT (BAW II, 56)]

Nietzsche und der zeitgenössische Darwinismus

Charles Darwin hat mit seiner Theorie der Evolution und Selektion das Denken des 19. Jahrhunderts und damit auch Nietzsches nachhaltig geprägt. Nietzsche begrüßt begeistert die epochale wissenschaftliche Leistung Darwins und nennt den zeitgenössischen Darwinismus die „letzte große wissenschaftliche Bewegung in Europa". Andererseits setzt sich Nietzsche sehr kritisch mit der „unbegreiflich einseitigen Lehre vom ‚Kampf ums Dasein'„ auseinander. Seine Sichtweise ist dabei erheblich vom eigenen elitären Denken geprägt. Er verspottet die zeitgenössischen britischen Naturforscher und ihre Herkunft: „Um den ganzen englischen Darwinismus herum haucht etwas wie englische Überbevölkerungs-Stickluft, wie Kleiner-Leutegeruch [so?] von Not und Enge" und fährt dann fort: [327, FRÖ349] „In der Natur *herrscht* nicht die Notlage, sondern der Überfluss, die Verschwendung, sogar bis ins Unsinnige. Der Kampf ums Dasein ist nur eine *Ausnahme*, eine zeitweilige Restriktion des Lebenswillens."

Die Herabsetzung des Menschen durch seine „äffische" Herkunft

Die peinliche biologische Entwicklung des vernunftbegabten Menschen aus dem Tierreich, seine Abstammung vom Wurm und vom Affen, charakterisiert Nietzsche als unmissverständliche Abwertung des bisherigen Menschenbildes: „Was ist der Affe für den Menschen? Ein Gelächter oder eine schmerzliche Scham." [450] Der menschliche Geist und das Bewusstsein als Resultat und Funktion des menschlichen Nervensystems bewegt Nietzsche dann auch zu sarkastischer Kritik am modernen Durchschnittsmenschen. In ihm sei noch „zu viel Äffisches, zu viel Bequemlichkeit“ vorhanden, die wieder ins Tierreich zurückkehren wollten. Für Nietzsche ist konsequenterweise der Mensch nur als Übergangswesen – literarisch verkörpert in Zarathustra als dem Übermenschen – denkbar.

Der Leib erschuf sich den Geist

Die Entwicklung vom Tier zum Menschen, der über Bewusstsein verfügt und seine Existenz bewusst reflektieren kann, ordnet Nietzsche aus einer Perspektive ein, die auch heute noch gültig ist: Das denkende und reflektierende Gehirn (vermutlich das, was heute populärwissenschaftlich Frontalkortex genannt wird), sei evolutionär die jüngste biologische Entwicklung. Er spricht dabei von der großen Vernunft des Leibes, der sich den Geist „als eine Hand des Willens“ erschaffen habe. So gesehen sei der menschliche Geist nur eine Fähigkeit oder ein Talent des Menschen. Nietzsche gelangt zu der höchst modernen Einsicht, es dominierten, vereinfacht gesagt, im menschlichen Gehirn nach wie vor übermächtig der Instinkt und die Affekte. Diese seelischen Mächte bestimmten letztlich immer noch maßgeblich das menschliche Tun. Beim künstlerisch und/oder wissenschaftlich geprägten Menschen sublimiert (so nannte es Freud) oder „veredelt“ der tätige Mensch die jeweils herrschende Kultur, die auf diesen vitalen und gelegentlich mörderischen Trieben beruht.

Zitate

Alle Wesen bisher schufen etwas über sich hinaus: und ihr wollt die Ebbe dieser großen Flut sein und lieber noch zum Tiere zurückgehen, als den Menschen überwinden?
Was ist der Affe für den Menschen? Ein Gelächter oder eine schmerzliche Scham. Und ebendas soll der Mensch für den Übermenschen sein: ein Gelächter oder eine schmerzliche Scham. [ZAR I; Vorrede 3 (4,14)]

wenn die gesamte Natur sich zum Menschen hindrängt, so gibt sie dadurch zu verstehen, dass er zu ihrer Erlösung vorn Fluch des Tierlebens nötig ist und dass endlich in ihm das Dasein sich einen Spiegel vorhält <> Das sind jene wahrhaften Menschen, jene NichtmehrTiere, die Philosophen, Künstler und Heiligen; bei ihrem Erscheinen und durch ihr Erscheinen macht die Natur, die nie springt, ihren einzigen Sprung, und zwar einen Freudensprung [ERZ 5 (1,378380)]

Wie wundervoll und neu und zugleich wie schauerlich und ironisch fühle ich mich mit meiner Erkenntnis zum gesamten Dasein gestellt! Ich habe für mich entdeckt, dass die alte Mensch- und Tierheit, ja die gesamte Urzeit und Vergangenheit alles empfindenden Seins in mir fortdichtet, fortliebe, forthasst, fortschließt – ich bin plötzlich mitten in diesem Traum erwacht, aber nur zum Bewusstsein, dass ich eben träume und dass ich weiterträumen muss, um nicht zugrunde zu gehen [FRÖ 54]

[Zarathustra:] Ihr habt den Weg vom Wurme zum Menschen gemacht, und vieles ist in euch noch Wurm. Einst wart ihr Affen, und auch jetzt noch ist der Mensch mehr Affe, als irgendein Affe. Wer aber der Weiseste von euch ist, der ist auch nur ein Zwiespalt und Zwitter von Pflanze und von Gespenst. [ZAR I, Vorrede 3 (4,14)]

Der Irrtum hat aus Tieren Menschen gemacht; sollte die Wahrheit imstande sein, aus dem Menschen wieder ein Tier zu machen? [MEN I, 519]

der Zusammen und Fortklang alles Menschlichen [<> ist] ebenso sehr das Werk von Zyklopen und Ameisen als von Genies [MEN II, Mei 186]

Ich fürchte, die Tiere betrachten den Menschen als ein Wesen ihresgleichen, das in höchst gefährlicher Weise den gesunden Tierverstand verloren hat [FRÖ 224]

In den Ausbrüchen der Leidenschaft und im Phantasieren des Traumes und des Irrsinns entdeckt der Mensch seine und der Menschheit Vorgeschichte wieder: die Tierheit <>, während sein zivilisierter Zustand sich aus dem Vergessen dieser Urerfahrungen, also aus dem Nachlassen jenes Gedächtnisses entwickelt. [MOR 312]

Der Mensch ist kränker, unsicherer, wechselnder, unfestgestellter als irgendein Tier sonst, daran ist kein Zweifel, – er ist das kranke Tier [GEN III, 13 (5,367)]

Wir haben umgelernt. Wir sind in allen Stükken bescheidener geworden. Wir leiten den Menschen nicht mehr vom „Geist", von der „Gottheit" ab, wir haben ihn unter die Tiere zurückgestellt. Er gilt uns als das stärkste Tier, weil er das listigste ist: Eine Folge davon ist seine Geistigkeit. Wir wehren uns andererseits gegen eine Eitelkeit, die auch hier wieder laut werden möchte: wie als ob der Mensch die große Hinterabsicht der tierischen Entwicklung gewesen sei. Er ist durchaus keine Krone der Schöpfung: Jedes Wesen ist, neben ihm, auf einer gleichen Stufe der Vollkommenheit ... Und indem wir das behaupten, behaupten wir noch zu viel: der Mensch ist, relativ genommen, das missratenste Tier, das krankhafteste, das von seinen Instinkten am gefährlichsten abgeirrte – freilich, mit alledem, auch das interessanteste! [ANT 14]

Der Mensch ist allmählich zu einem phantastischen Tier geworden, welches eine Existenzbedingung mehr als jedes andere Tier zu erfüllen hat: Der Mensch muss von Zeit zu Zeit glauben zu wissen, warum er existiert. Und immer wieder wird von Zeit zu Zeit das menschliche Geschlecht dekretieren: „Es gibt etwas, über das absolut nicht mehr gelacht werden darf!" [FRÖ 1]

im Schlaf und Traum machen wir das Pensum früheren Menschentums noch einmal durch. [MEN I, 12]

Alle Wesen bisher schufen etwas über sich hinaus: und ihr wollt die Ebbe dieser großen Flut sein und lieber noch zum Tiere zurückgehen, als den Menschen überwinden?
Was ist der Affe für den Menschen? Ein Gelächter oder eine schmerzliche Scham. Und eben das soll der Mensch für den Übermenschen sein: ein Gelächter oder eine schmerzliche Scham. [ZAR I, Vorrede 3 (4,14)]

Denkfalle 4

Glauben an jenseitige „Hinterwelten"

„Es gibt keine moralischen Phänomene, sondern nur eine moralische Ausdeutung von Phänomenen." [JEN 108]

Aufgewachsen in zwei spirituellen „Hinterwelten"

Kindheit und Jugend – geboren wird er 1844 als Sohn eines Pastors in Röcken (im heutigen Sachsen-Anhalt), der bereit fünf Jahre später stirbt – verbringt Friedrich Nietzsche in einem überaus engstirnig-religiösen Milieu. Er wächst in einem protestantischen Pfarrhaus und, nach dem Tod des Vaters, in Naumburg auf und wird dort von frömmelnd-moralisierenden und verklemmten Frauen – Mutter, Großmutter, Tanten – erzogen. Das Kind verinnerlicht das christlich-religiöse Geisteserbe. In der Grundschule wird der kleine Fritz von seinen Mitschülern als „kleiner Pastor" gehänselt, weil er offenbar aus dem Stegreif hingebungsvoll Bibeltexte rezitieren kann und sich stets höchst gravitätisch bewegt. Dann, 14-jährig an der elitären Erziehungsanstalt Schulpforta aufgenommen, lernt der junge Nietzsche neben Altgriechisch und Latein und den humanistischen Überlieferungen der griechischen und römischen Klassik auch die Jenseitsvorstellungen der klassischen Antike und eine Götterwelt näher kennen, die bereits zu Goethes und Schillers Zeiten eine Renaissance erlebt hatte.

Olymp oder Himmel und Hölle zur Auswahl

Christlicher Himmel und christliche Hölle und danach der Olymp der griechischen Götter: Beide jugendliche Prägungen entfalten bei dem künstlerisch-intellektuell hoch talentierten Friedrich Wilhelm Nietzsche nach dem (herausragend absolvierten) Abitur ihre akademische Wirkung: Zum Wintersemester 1864 schreibt er sich an der Bonner Universität noch zum Studium der Theologie und Philosophie ein, wählt schließlich aber dann die renommierte Altphilologie als Hauptfach.

Frühe kritische Reflexionen von Jenseitsvorstellungen

Im Einklang mit dem damaligen Zeitgeist entwickelt Nietzsche früh ein kritisches Verhältnis zum Christentum und zu anderen historischen Jenseitsvorstellungen. Atheismus war bekanntlich – als Resultat der Aufklärung und des naturwissenschaftlichen Fortschrittsdenkens – im 19. Jahrhundert keine Sensation mehr. Unter den freigeistigen und gebildeten Zeitgenossen von damals war vielmehr die Einsicht weit verbreitet, metaphysische Vorstellungen von einem Gott oder der Glaube an jenseitige Götterwelten seien nichts anderes als pure Projektionen des menschlichen Geistes, also vermenschlichte Erfindungen (sprich Anthropomorphismen) unseres Bewusstseins. Solche atheistische Ideen machte sich rasch auch der junge Nietzsche zu eigen, der damit früh ein quasi religions- und moralkritisches Kontrastprogramm zur Vorstellungswelt seiner Kindheits- und Jugendjahre entwarf. Auf seinem Wunschzettel zum siebzehnten Geburtstag stehen die Schriften des Atheisten Ludwig Feuerbach. Noch tiefer geprägt wird Nietzsche später in seinem philosophischen Denken vom Atheismus eines Arthur Schopenhauer und dessen Idee von der „Welt als Wille und Vorstellung".

Gott und Götter als Mutmaßung und als grobes Denkverbot

Ideen von der Allmacht göttlicher Instanzen über das Schicksal des einzelnen Menschen, über die moralischen Regeln der Gesellschaft, über den Lauf der Geschichte und über die von ihnen geschaffene Natur, haben sich – so verkündet Nietzsche auch in späteren Schriften – als fantasierte Wunsch- und Angstprojektionen des menschlichen Geistes erwiesen, ob damals im antiken Griechenland und Rom oder im Christentum. Gott und Götter werden nach Nietzsche konsequenterweise zu „Mutmaßungen" des Menschen. Für den freien Geist habe sich insbesondere der einst (und heute noch) herrschende christliche Glauben als „faustgrobes Denkverbot" entpuppt, das jegliche nüchterne Erkenntnis verhindern wolle.

Der Übermensch als Antwort auf den Tod Gottes

Bemerkenswert sind indessen Nietzsches Schlussfolgerungen aus der Erkenntnis, dass solche metaphysischen Hinterwelten eine Schöpfung des menschlichen

Geistes sind: Der mit Vernunft begabte, einfallsreiche Mensch, der sich einst Götterwelten und dann im Juden- und Christentum den alleinigen – den allwissenden und allmächtigen, gerechten und richtenden, gütigen, liebenden oder auch strafenden, einen ewigen und unvergänglichen – Gott phantasiert und in eine jenseitige Welt projiziert habe, gebiete damit dank solcher geistigen Schöpferkräfte jetzt selbst über ein gottgleiches, immanentes Schöpfertum im Diesseits.

Der Erde treu bleiben

Safranski nennt diesen Kerngedanken von Nietzsches Religionskritik „die Heiligung des Diesseits als Antwort auf den Tod Gottes". Mit anderen Worten: Gott oder Götter werden zum Synonym für die eigenschöpferischen (theogonischen) Talente des Menschen, dessen Geist sämtliche (poly- und monotheistischen) Gotteswelten erdacht und fantasievoll ausgestaltet hat. In diesem Sinne nutzt Nietzsche früh auch antike Gottesbilder als archetypische – künstlerische und gesellschaftspolitische – Denkfiguren und Gestaltungsprinzipien. Im Christentum tritt an die Stelle der „Furcht des Herrn" nunmehr ein aufrechtes Selbstbewusstsein, das die eigene Kraft der Erkenntnis und die eigenen diesseitigen Werke nicht mehr verachtet, wie dies die Religion einst lehrte, sondern sie sich selbst zurechnet und entsprechend selbstbewusst hochschätzt.

Zitate

Metaphysik haben einige noch nötig; aber auch jenes ungestüme Verlangen nach Gewissheit, welches sich heute in breiten Massen wissenschaftlich-positivistisch entladet, <> ist noch das Verlangen nach Halt, Stütze, kurz, jener Instinkt der Schwäche, welcher Religionen, Metaphysiken, Überzeugungen aller Art zwar nicht schafft, aber – konserviert. [FRÖ 347]

wozu ein Jenseits, wenn es nicht ein Mittel wäre, das Diesseits zu beschmutzen? [GÖT, Streifzüge 34]

Wenn man das Schwergewicht des Lebens nicht ins Leben, sondern ins „Jenseits“ verlegt – ins Nichts –, so hat man dem Leben überhaupt das Schwergewicht genommen.<> So zu leben, dass es keinen Sinn mehr hat, zu leben, das wird jetzt zum „Sinn“ des Lebens … [ANT 43 (6,217)]

Man soll ohne Vernunft, durch ein Wunder, in den Glauben hineingeworfen werden <> Man will Blindheit und Taumel und einen ewigen Gesang über den Wellen, in denen die Vernunft ertrunken ist! [MOR 89]

Die Wahrheit und der Glaube, dass etwas wahr sei: zwei ganz auseinander liegende Interessen-Welten, fast GegensatzWelten, – man kommt zum einen und zum anderen auf grundverschiedenen Wegen. Hierüber wissend zu sein – das macht im Orient beinahe den Weisen: So verstehen es die Brahmanen, so versteht es Plato, so jeder Schüler esoterischer Weisheit. [ANT 23]

Wie viel einer Glauben nötig hat, um zu gedeihen, wie viel „Festes“, an dem er nicht gerüttelt haben will, weil er sich daran hält, – ist ein Gradmesser seiner Kraft (oder deutlicher geredet, seiner Schwäche). [FRÖ 347)

Ein Gott, der die Menschen liebt, vorausgesetzt, dass sie an ihn glauben, und der fürchterliche Blicke und Drohungen gegen den schleudert, der nicht an diese Liebe glaubt! Wie? Eine verklausulierte Liebe als die Empfindung eines allmächtigen Gottes <> Wie orientalisch ist das alles! „Wenn ich dich liebe, was geht's dich an?“ – ist schon eine ausreichende Kritik des ganzen Christentums. [FRÖ 141]

Das Gebet ist für solche Menschen erfunden, welche eigentlich nie von sich aus Gedanken haben und denen eine Erhebung der Seele unbekannt ist oder unbemerkt verläuft: Was sollen diese an heiligen Stätten und in allen wichtigen Lagen des Lebens, welche Ruhe und eine Art Würde erfordern? Damit sie wenigstens nicht stören, hat die Weisheit aller Religionsstifter, der kleinen wie der großen, ihnen die Formel des Gebets anbefohlen, als eine lange mechanische Arbeit der Lippen, verbunden mit Anstrengung des Gedächtnisses und mit einer gleichen festgesetzten Haltung von Händen und Füßen und Augen! <> ihnen das Gebets-Geklapper verbieten heißt ihnen ihrer Religion nehmen: wie es der Protestantismus mehr und mehr an den Tag bringt. [FRÖ 128]

Wenn Gott ein Gegenstand der Liebe werden wollte, so hätte er sich zuerst des Richtens und der Gerechtigkeit begeben müssen: - ein Richter, und selbst ein gnädiger Richter, ist kein Gegenstand der Liebe. Der Stifter des Christentums empfand hierin nicht fein genug - als Jude. [FRÖ 140]

Wer ihn als einen Gott der Liebe preist, denkt nicht hoch genug von der Liebe selber. <>
<> *Was hat er uns darob gezürnt, dieser Zornschnauber, dass wir ihn schlecht verstünden! Aber warum sprach er nicht reinlicher?*
Und lag es an unseren Ohren, warum gab er uns Ohren, die ihn schlecht hörten? [ZAR IV, Dienst (4,324)]

Die „göttliche Vorsehung", wie sie heute noch ungefähr jeder dritte Mensch im „gebildeten Deutschland" glaubt, wäre ein Einwand gegen Gott, wie er stärker gar nicht gedacht werden könnte. [ANT 52]

Der Begriff „Gott" war bisher der größte Einwand gegen das Dasein ... Wir leugnen Gott, wir leugnen die Verantwortlichkeit in Gott: Damit erst erlösen wir die Welt. - [GÖT, Irrtümer 8]

Jede Art Glaube ist selbst ein Ausdruck von Entselbstung, von Selbstentfremdung ... [ANT 54]

In diesem Hin und Her zwischen christlich und antik, zwischen verschüchterter oder lügnerischer Christlichkeit der Sitte und ebenfalls mutlosem und befangenem Antikisieren lebt der moderne Mensch. [ERZ 2 (1,345)]

Denkfalle 5

Glauben an die Autorität geltender Sittengesetze

„Die Sitte repräsentiert die Erfahrung früherer Menschen über das vermeintlich Nützliche und Schädliche – aber das Gefühl für die Sitte (Sittlichkeit) bezieht sich nicht auf jene Erfahrungen als solche, sondern auf das Alter, die Heiligkeit, die Indiskutabilität der Sitte. Und damit wirkt dies Gefühl dem entgegen, dass man neue Erfahrungen macht und die Sitten korrigiert: das heißt, die Sittlichkeit wirkt der Entstehung neuer und besserer Sitten entgegen: Sie verdummt. *[MOR 19]*

Sittlichkeit: Klassische Außensteuerung durch das Gemeinwesen

Verständigt man sich auf die gängige Definition, dass Sitte auf Tradition und Gewohnheit beruht und alle Handlungsformen, Werturteile, Sichtweisen und Deutungsmuster umfasst, auf die sich eine Gemeinschaft verständigt hat, dann kann ein Sich-bewusst-Machen solcher extrinsischer Normen zu einem ersten Schritt werden in Richtung einer willentlichen Höherentwicklung des Individuums. Selbst dann, wenn sich – wie Nietzsche aus eigenen Erfahrungen weiß – ein solches „“Sich-Herausheben aus der Heerde“ schließlich als zu anstrengend, inopportun oder riskant herausstellen sollte angesichts der Ressentiments der Vielen, eröffnet dieses selbstkritische Nachdenken über die vorherrschende Sittlichkeit eine zusätzliche Denk- und Handlungsoption hin zum Verwirklichen der eigenen Tugenden und damit der „zweiten Natur“.

Sitte und Sittlichkeit: Pures Herkommen statt überirdisches Gesetz

„Sittlichkeit ist nichts anderes […] als Gehorsam gegen Sitten, welcher Art diese auch sein mögen. Sitten aber sind die herkömmliche Art zu handeln und abzuschätzen." Mit dieser Kernaussage aus der „Morgenröte" unter dem Rubrum „Sittlichkeit der Sitte" reduziert Nietzsche den Begriff auf seine gesellschaftliche Basis und nimmt jedem „Sittengesetz" damit seine absolute Gültigkeit oder gar eine geheiligt-jenseitige Bedeutung. Nietzsche erdet Sittlichkeit quasi aufs Neue („... bleibt der Erde treu") und relativiert sie komplett, nicht zuletzt, indem er sie von Philosophen des deutschen Idealismus dezidiert abgrenzt. Das Sittliche ist für ihn das Herkömmliche und/oder das als gesellschaftliche Normen Überlieferte. Es ist das, was wir „als sociale Zwangsjacke" von Vorfahren, von geltenden Kulturprinzipien und dem herrschenden ‚Zeitgeist' als traditionelle Verhaltensregeln, als Brauchtum, Tabus und Rituale übernommen haben. Und nach der Maxime „Der Mensch soll nicht hinaus, er soll in sich hineinsehen" (AC 6 228) gilt das im Zweifel auch für seelische Autoritäten, die wir als (moralische) Bedürfnisse des Gewissens und im Sinne des Drachens als „du-sollst" verinnerlicht haben. Gewissen – so stellt Nietzsche fest – macht die Menschen in der Gemeinschaft berechenbar. Sittlichkeit als Ergebnis überlieferter Traditionen hat ferner für die Massen eine ordnende gesellschaftliche Funktion. „Jede Sitte ist besser als keine Sitte." Zugleich gilt : Die jeweilige Sittlichkeit „wirkt der Entstehung neuer und besserer Sitten entgegen: sie verdummt." Geltende Sittlichkeit wird für Nietzsche so – über das Gewissen – zum „Zuchtmechanismus" und Instrument eines Normendiktats. Für Nietzsche bedeutet Sittlichkeit also letztlich das pure Ausüben von Macht. Darüber später ausführlicher.

Sitte: Ein moralisches Regelwerk mit Autorität für Gemeinschaften

Damit wendet sich Nietzsche gegen Sittlichkeit verherrlichende philosophische Auffassungen wie etwa die Kants: Der Mensch trage keinesfalls dank eines „Wunder-Ursprungs" irgendwelche (metaphysisch vorgegebenen) moralischen Vorstellungen und Empfindungen bereits ursprünglich in sich. Schaue man genauer hin, dann erweise sich Moral als Resultat von – egoistischen – Nützlichkeitsberechnungen. Sitte als in einem Gemeinwesen geltender Wertekanon organisiere bei Strafe die geltenden Gemeinschaftsregeln. Aus dem jeweiligen Gemeinwesen schlage dem Einzelnen deshalb allein schon ob seiner Individualität

Angst, Hass und Vergeltungsdrang entgegen. „Alles was den Einzelnen über die Heerde hinaushebt […] heißt von nun an böse." (JGB V 123). Dabei geht es vor allem um die Furchtsamkeit und die Ressentiments der „Schlechtweggekommenen", von denen in den späteren Kapiteln „Moral" und „Religion, Christentum und Glauben" noch ausführlich die Rede sein wird.

Der freie Mensch ist unsittlich

Nietzsche registriert in modernen Zeiten eine beachtlich rückläufige Sittlichkeit: „Im Verhältnis zu der Lebensweise ganzer Jahrtausende der Menschheit leben wir in einer sehr unsittlichen Zeit: die Macht der Sitte ist erstaunlich abgeschwächt und das Gefühl der Sittlichkeit so verfeinert und in die Höhe getragen, dass es ebenso gut als verflüchtigt bezeichnet werden kann." Dieses Phänomen der Moderne erklärt er so: „In Dingen, wo kein Herkommen befiehlt, gibt es keine Sittlichkeit; und je weniger das Leben durch Herkommen bestimmt ist, umso kleiner wird der Kreis der Sittlichkeit. Der freie Mensch ist unsittlich, weil er in allem von sich und nicht von einem Herkommen abhängen will: in allen ursprünglichen Zuständen der Menschheit bedeutet 'böse' so viel wie 'individuell', 'frei', 'willkürlich', 'ungewohnt', 'unvorhergesehen', 'unberechenbar'."[MOR 9;KGA V,22] Kurz: Die Autorität der „guten Sitten" schwächelt seit dem Machtverlust von Kirche und Staat über die Gewissen der Bürger und verliert erheblich an Verbindlichkeit und gesellschaftlichem Einfluss.

Zitate

Der freie Mensch ist unsittlich, weil er in allem von sich und nicht von einem Herkommen abhängen will [MOR 9])

Wer vom Herkömmlichen abweicht, ist das Opfer des Außergewöhnlichen; wer im Herkömmlichen bleibt, ist der Sklave desselben. Zugrunde gerichtet wird man auf jeden Fall. [MEN I, 552]

Im Verhältnis zu der Lebensweise ganzer Jahrtausende der Menschheit leben wir jetzigen Menschen in einer sehr unsittlichen Zeit: Die Macht der Sitte ist erstaunlich abgeschwächt und das Gefühl der Sittlichkeit so verfeinert und so in die Höhe getragen, dass es ebenso gut als verflüchtigt bezeichnet werden kann. [MOR 9]

In allen ursprünglichen Zuständen der Menschheit bedeutet „böse" soviel wie „individuell", „frei", „willkürlich", „ungewohnt", „unvorhergesehen", „unberechenbar". <> Der Sittlichste ist der, welcher am meisten der Sitte opfert: Die Selbstüberwindung wird nicht ihrer nützlichen Folgen halber, die sie für das Individuum hat, gefordert, sondern damit die Sitte, das Herkommen herrschend erscheine, trotz allem individuellen Gegengelüst und Vorteil: Der Einzelne soll sich opfern – Unter der Herrschaft der Sittlichkeit der Sitte hat die Originalität jeder Art ein böses Gewissen bekommen [MOR 9]

In dem Maß, in welchem der Sinn der Kausalität zunimmt, nimmt der Umfang des Reiches der Sittlichkeit ab: denn jedes mal, wenn man die notwendigen Wirkungen begriffen hat <>, hat man eine Unzahl phantastischer Kausalitäten, an welche als Grundlagen von Sitten bisher geglaubt wurde, zerstört – die wirkliche Welt ist viel kleiner als die phantastische [MOR 10]

Bei rohen Völkern gibt es eine Gattung von Sitten, deren Absicht die Sitte überhaupt zu sein scheint: peinliche und im Grunde überflüssige Bestimmungen <> zur Bekräftigung des großen Satzes, mit dem die Zivilisation beginnt: Jede Sitte ist besser als keine Sitte. [MOR 16]

Sittlichkeit und Verdummung. – Die Sitte repräsentiert die Erfahrungen früherer Menschen über das vermeintlich Nützliche und Schädliche – aber das Gefühl für die Sitte (Sittlichkeit) bezieht sich nicht auf jene Erfahrungen als solche, sondern auf das Alter, die Heiligkeit, die Indiskutabilität der Sitte. Und damit wirkt dies Gefühl dem entgegen, dass man neue Erfahrungen macht und die Sitten korrigiert: das heißt, die Sittlichkeit wirkt der Entstehung neuer und besserer Sitten entgegen: Sie verdummt. [MOR 19]

Ich leugne also die Sittlichkeit wie ich die Alchemie leugne, das heißt, ich leugne ihre Voraussetzungen: nicht aber, dass es Alchemisten gegeben hat, welche an diese Voraussetzungen glaubten und auf sie hin handelten. [MOR 103]

Denkfalle 6
Glauben an den allgemeinen Fortschritt zum Besseren

„Die Welt [...] ist mit Flausen eingehüllt; das brauchen wahrhaftig nicht nur religiöse Dogmen zu sein, sondern auch solche flausenhafte Begriffe wie „Fortschritt", „allgemeine Bildung", „national", „moderner Staat", „Kulturkampf"; ja man kann sagen, dass alle allgemeinen Worte jetzt einen künstlichen und unnatürlichen Aufputz an sich tragen." [ERZ 7 (1.407)]

Aufbruch in eine optimistische Moderne

Nach der Renaissance und später dem Jahrhundert der Aufklärung hat sich bei den Gebildeten ein metaphysisches Weltbild in nichts aufgelöst. Das Bürgertum des 19. Jahrhundert setzt nun ganz nüchtern auf die „Göttin Vernunft" und erwartet kontinuierlichen Fortschritt und einen positiven Gang der Geschichte. Die Neuzeit betreibt die Ablösung von Mythen und Aberglauben und setzt Darwins Lehre von der Entstehung der Arten – auch des Menschen – gegen den mittelalterlichen Glauben von der paradiesischen Entstehung des Menschengeschlechtes. Es ist das Zeitalter des naturwissenschaftlich-technischen und medizinischen Fortschritts und der Industrialisierung. Zugleich ist das Jahrhundert, in dem Nietzsche lebte, nachdachte und schrieb, die Periode einer ersten (missionarisch-kolonialistischen) Globalisierung sowie der Entfaltung und Durchsetzung einflussreicher Massenmedien. Die Natur – so die optimistische Überzeugung von Naturwissenschaftlern und des gehobenen Bürgertums – wird nun Schritt für Schritt erforscht, ihre Geheimnisse werden immer mehr entschlüsselt und sie damit der Herrschaft des menschlichen Geistes unterworfen. Die Menschheit befindet sich – so deuten es Nietzsches Zeitgenossen – auf einem stetigen Wege zum Besseren, Stärkeren und Höheren. Dieser optimistische Fortschrittglaube mit seinem siegesbewussten Vertrauen in eine positive Zukunft der Menschheit prägt in erheblichem Maße auch das philosophische Denken Nietzsches.

Kunst und Wissenschaften im Widerstreit

Der nachhaltige Einfluss des aufklärerischen, wissenschaftsgläubigen Zeitgeistes des 19. Jahrhunderts auf die „Biografie seines Denkens" – so der Titel des genannten, fabelhaften Buches von Rüdiger Safranski über Nietzsche – ist exemplarisch in verschiedenen Perioden seines Schriftstellerlebens unterschiedlich stark spürbar, je nachdem, ob mehr die Kunst oder die Wissenschaft im Fokus seines Philosophierens stehen. Bereits als Unterprimaner verfasst er – ganz Kind seiner Zeit – für seinen schulischen Freundeskreis eine philosophische Schrift mit dem Titel „Fatum und Geschichte". In ihr äußert er die Überzeugung, nur auf der Basis von Naturwissenschaft und Geschichte könne über Religion und Christentum unparteiisch und vorurteilsfrei geurteilt werden. Und später schreibt er einmal fast hymnisch: „In Hinsicht auf die Zukunft erschließt sich uns zum ersten Mal in der Geschichte der menschlich-ökumenischen, die ganze Erde umspannender Ziele. Zugleich fühlen wir uns der Kräfte bewusst, diese neue Aufgabe ohne Anmaßung selbst in die Hand nehmen zu dürfen, ohne übernatürlicher Beistände zu bedürfen. [...] Die Menschheit kann von nun an durchaus mit sich anfangen, was sie will."

Der Geist des historischer und naturwissenschaftlicher Rationalismus

Der damals herrschende Historismus – die Überzeugung, dass sich Ideen, Menschen, Institutionen und gesellschaftliche Prozesse rational und ohne metaphysischen Überbau aus ihrer geschichtlichen Entwicklung erklären – prägt zeitweise auch das philosophische und vor allem auch das religions- und moralkritische Denken Nietzsches. Es ist die damals gängige und heute noch vielfach vorherrschende optimistische Überzeugung, durch wissenschaftlichen Fortschritt und historisches Wissen lasse sich nicht nur prinzipiell die Welt immer besser kausal erklären und die Geheimnisse der Natur immer besser entschlüsseln, sondern die Natur werde durch zunehmende wissenschaftliche Erkenntnisse auch zunehmend beherrschbar. Der vernunftgeprägte, wissenschaftlich orientierten Skeptiker wird für eine lange Phase von Nietzsches philosophischem Schaffen zum „einzig anständigen Typus in der Geschichte der Philosophie", wie er später im „Antichrist" schreibt.

Kulturelle Dekadenz in Deutschland

Doch Nietzsche wäre nicht der epochale Denker und kritische Skeptiker auch der historischen und wissenschaftlichen Methodik, hätte er nicht diesen blauäugigen Optimismus kritisch hinterfragt und als Ideologie entlarvt. Am Beginn steht seine tiefe Enttäuschung über die gesellschaftlichen Folgen des deutsch-französischen Krieges 1870/1871. Der deutsche Sieg habe nicht zu einer Erneuerung des deutschen Geistes und kulturellen Wiederbelebung geführt. Vielmehr habe – im Gefolge der enormen Frankreich auferlegten Reparationszahlungen und des davon gespeisten wirtschaftlichen Aufschwungs in der deutschen Gründerzeit – dieser Kriegserfolg nur zu kleinkrämerischem Profitdenken, zu Chauvinismus, zu einer dominierenden Vorherrschaft von Wirtschaft und Staat und zu einer staatsfrommen Religion geführt, begleitet von einem kultureller Niedergang mit einem kommerzialisierten, privatisierten und zu purer Unterhaltung degenerierten deutschen Kunstleben.

Der neue Götze des Fortschritts

An die Stelle des toten Gottes – so Nietzsche – habe die Moderne neue Götzen gesetzt. Einer davon sei der Götze einer humanistischen Aufklärung, der zu überschätzten Erwartungen an die Ratio und damit zur Ideologie eines progressiven Fortschritts der Menschheit und einer Vervollkommnung des Menschen und der Gesellschaft durch wachsende wissenschaftliche Erkenntnisse geführt habe. Diese moderne Form eines unkritischen Glaubens und einer Verklärung von Wissen und Wissenschaften wird für Nietzsche – trotz des eigenen, zutiefst skeptischen Rationalismus seines Denkens und trotz seiner Lust an immer neuen Erkenntnissen – im Laufe seines philosophischen Schaffens zunehmend obsolet.

Kultur als jeweiliger Ausgleich von Rausch und Form

Bereits in seiner frühen Schrift „Die Geburt der Tragödie im Geiste der Musik" entwickelt Nietzsche die Idee eines prinzipiellen Spannungsverhältnisses zwischen der rausch- und triebhaften Elementargewalt des Lebens und einem Kulturwillen, der gegenüber Chaos und Rausch das lichthafte Prinzip von Form und Ordnung symbolisiert. Der Geist des Sokrates mit seinem nüchtern-theoretischen, rein erkenntnis- und wissensorientierten Wahrheitsdrang hat nach Nietzsches Überzeugung dann bereits im klassischen Griechenland das Tragische und Chaotische aus der Kunst eliminiert und nachfolgend eine abendländische Geistestradition erzeugt, die bis in den Nihilismus der Moderne fortwirke und sich quasi als Ersatz-Religion oder Ideologie der Wissenschaftsgläubigkeit manifestierte. Letztlich geht es nach Nietzsche sowohl für den einzelnen Menschen als auch für die Kultur der jeweiligen Gesellschaft um das jeweilige Kräfteverhältnis und um die richtige Balance zwischen chaotischen und ordnenden, kreativen und formenden Prinzipien. Nietzsche stellt das in der Tradition des sokratischen Geistes stehende moderne Glaubenssystem mit seinem optimistischen Fortschrittsglauben kritisch in Frage und entzaubert den Glauben an die Alleinherrschaft des Erkennens.

Zitate

Die Größe eines „Fortschritts" bemisst sich sogar nach der Masse dessen, was ihm alles geopfert werden musste; die Menschheit als Masse dem Gedeihen einer einzelnen stärkeren Spezies Menschen geopfert – das wäre ein Fortschritt ... – Ich hebe diesen Hauptgesichtspunkt <> hervor, umso mehr als er im Grunde dem gerade herrschenden Instinkt und Zeitgeschmack entgegengeht, welcher lieber sich noch mit der absoluten Zufälligkeit <> alles Geschehens vertragen würde, als mit der Theorie eines in allem Geschehen sich abspielenden Macht-Willens. [Gen II, 12 (5,315)]

Unsere ganze moderne Welt ist in dem Netz der alexandrinischen Kultur befangen und kennt als Ideal den mit höchsten Erkenntniskräften ausgerüsteten, im Dienste der Wissenschaft arbeitenden theoretischen Menschen, dessen Urbild und Stammvater Sokrates ist. Alle unsere Erziehungsmittel haben ursprünglich dieses Ideal im Auge: Jede andere Existenz hat sich mühsam nebenbei emporzuringen, als erlaubte, nicht als beabsichtigte Existenz. [TRA 18 (1,116)] *bei jedem Stück Geschichte, das man ernstlich betrachtet hat, und sei es das gelobteste Land der Vergangenheit, [wird man] zuletzt ausrufen: „Nur nicht dahin wieder zurück!* [MEN II, Mei 382]

Indem der Mensch aber in den Kreisen der Weltgeschichte mit fortgerissen wird, <> liegt jenes unendlich wichtige Problem angedeutet, <> das Grundverhältnis von Fatum und Geschichte.
<> Dem Fatum ist seine Stellung aber noch nicht gesichert [FAT (BAW II, 57)]

„Lieber irgendetwas tun als nichts" – auch dieser Grundsatz ist eine Schnur, um aller Bildung und allem höheren Geschmack den Garaus zu machen. <> die eigentliche Tugend ist jetzt, etwas in weniger Zeit zu tun als ein anderer. Gibt es noch ein Vergnügen an Gesellschaft und an Künsten, so ist es ein Vergnügen, wie es müde gearbeitete Sklaven sich zurechtmachen. [FRÖ 329]

„Wir haben das Glück erfunden" – sagen die letzten Menschen und blinzeln. Man liebt noch den Nachbar und reibt sich an ihm: denn man braucht Wärme. Ein wenig Gift ab und zu: das macht angenehme Träume. Und viel Gift zuletzt, zu einem angenehmen Sterben. Wer will noch regieren? Wer noch gehorchen? Beides ist zu beschwerlich. Kein Hirt und eine Herde! Jeder will das gleiche, jeder ist gleich: wer anders fühlt, geht freiwillig ins Irrenhaus. [ZAR I, Vorrede 5 (4,19f)]

Aus uns haben wir Modernen gar nichts; nur dadurch, dass wir uns mit fremden Zeiten, Sitten, Künsten, Philosophien, Religionen, Erkenntnissen anfüllen und überfüllen, werden wir zu etwas Beachtenswertem, nämlich zu wandelnden Enzyklopädien <> : auswendig hat der Buchbinder so etwas darauf gedruckt wie: Handbuch innerlicher Bildung für äußerliche Barbaren.
[HIS 4 (1,273f)]

Die wahre Welt haben wir abgeschafft: Welche Welt blieb übrig? die scheinbare vielleicht? ... Aber nein! mit der wahren Welt haben wir auch die scheinbare abgeschafft!
(Mittag; Augenblick des kürzesten Schattens; Ende des längsten Irrtums; Höhepunkt der Menschheit; INCIPIT ZARATHUSTRA.) [GÖT, Fabel 6]

Unsere moderne Bildung ist <> gar keine wirkliche Bildung, sondern nur eine Art Wissen um die Bildung (HIS 4 (1,273)]

Ein Gelehrter kann nie ein Philosoph werden; <> [weil dieser] die meiste Belehrung aus sich nehmen muss und weil er sich selbst als Abbild und Abbreviatur der ganzen Welt dient. [ERZ 7 (1,410)]

Das ist einer jener alten Tapferen: Er ärgert sich über die Zivilisation, weil er meint, dieselbe ziele darauf, alle guten Dinge, Ehren, Schätze, schöne Weiber auch den Feigen zugänglich zu machen. [MOR 153]

Denkfalle 7
Unreflektierte Nachfolge anderer Menschen und Vorbilder

„Über meiner Haustür"
Ich wohne in meinem eignen Haus
Hab Niemandem nie nichts nachgemacht
Und - lachte noch jeden Meister aus
Der nicht sich selber ausgelacht.
[Friedrich Nietzsche: Motto von „Die Fröhliche Wissenschaft 1887]

Identifikation mit anderen oder eigene „zweite Natur"

Nietzsches Denken und seine Schriften sind intensiv geprägt vom Vorbild herausragender künstlerischer, philosophischer Persönlichkeiten. Ihnen fühlt er sich innerlich verwandt, er verehrt sie, identifiziert sich in hohem Maße mit ihrer Gedankenwelt, ihren Werken und ihrem Tun – er würde sagen, dass er sie sich „einverleibt" –, bewundert sie und setzt ihnen in seinen eigenen Werken begeisterte literarische Denkmäler. Zeitweilig engagiert er sich auch öffentlich – wie im Falle Richard Wagners – impulsiv und enthusiastisch für ihre Anerkennung als einzigartige Geistesgrößen, deren historisches Auftreten für ihn auch Sinn jeglicher menschlicher Kultur ist. Was im Denken und philosophischen Schaffen Nietzsches – im Sinne eines Hinauswachsen über sich selbst – jedoch beispielhaft ist: Nie hat er die Identifikation mit diesen zeitweise hoch verehrten Vorbildern so weit getrieben, dass er ihnen sein Leben lang gedankenlos und blind gefolgt wäre und es sich gedankenlos in deren Geisteswelt gemütlich gemacht hätte.

Einwirkungen anderer und der freie Geist

Einwirkungen anderer Menschen – darin sieht Nietzsche in seinen Werken den Einfluss der gesamten Tradition der Geistesgeschichte und entsprechend auch seines zeitgenössischen Umfelds. Es sind dies in geltende Konventionen, in herrschende – staatliche und soziale – Repressionen verwandelte politische Ideen und Ideologien. Und es ist nicht zuletzt der christliche Glaube mit all seinen kultischen und moralischen Konsequenzen, der immer noch den Geist der Vielen beherrscht. Und in dessen Nachfolge sind es die humanistischen Ideen und Ideologien der Neuzeit, die aus Nietzsches Sicht zu ethischen Ersatzreligionen und einem unangemessenen Geniekult entartet sind. Gegen solche kulturellen, politischen und ethischen Traditionen und sonstige herkömmliche Prägungen setzt er den „freien Geist“[9]. Der schafft, so meint er, die Voraussetzung dafür, dass beim Individuum das bisher Verborgene – seine zweite Natur, seine ureigenen Potenziale – überhaupt erst entdeckt werden, zu Tage treten und willentlich gestaltet werden können. All diese äußeren Zwänge und Abhängigkeiten des eigenen Denkens und Handelns müssen aber erst einmal erkannt werden.

Literarische Vorbilder Nietzsches

Die Galerie der literarischen Vorbilder, die Nietzsche im Laufe seines Lebens verehrt und gepriesen hat, ist umfangreich und eindrucksvoll. Sie reicht – um nur einige Exponenten zu nennen – von den Heroen der deutschen Klassik, speziell Goethe, über Romantiker wie Novalis und Eichendorff über Adalbert Stifter, Stendhal und Dostojewski bis zu den von ihm hoch geachteten Dichtern Hölderlin und Heinrich Heine. Verehrung, kritische Distanz und Abneigung halten sich in Nietzsches Kommentaren zu diesen Autoren in etwa die Waage: So bezeichnete er etwa Schiller als „Moraltrompeter von Säckingen“, nannte Jean Paul „ein Verhängnis im Schlafrock“ und die zeitgenössische Schriftstellerin George Sand „eine Milchkuh mit schönem Stil“. Dostojewski hingegen bereitete ihm „viel Vergnügen und Überraschung: ein Psychologe, mit dem ich mich verstehe.“ Goethe war für ihn „die Inkarnation des Apollinischen und Gesunden“, während er eine tiefe innere Verwandtschaft mit Kleist als dem „Dionysischen und Kranken“ verspürte. Und über Heine sagte er in Ecce homo: „Den höchsten Begriff vom Lyriker hat mir *Heinrich Heine* gegeben.“

[9] Ein Buch für freie Geister – so der Untertitel von „Menschliches, Allzumenschliches“

Künstlerisches Vorbild und späte Ablehnung Richard Wagners

Wie intensiv sich Nietzsche mit künstlerischen Vorbildern identifizieren und sie zeitweise verehren und ihnen fast blind nachfolgen konnte: dafür ist Richard Wagner exemplarisch. Er begeisterte sich schon früh für Wagners Musik; während seiner Basler Professur lernte er ihn und seine Frau Cosima persönlich kennen und war ihnen lange Jahre eng verbunden. Das erste bedeutende Werk des erst 27-jährigen Philologie-Professors „Die Geburt der Tragödie aus dem Geiste der Musik" – mit dem er sich nebenbei die Achtung und das Wohlwollen der gesamten akademischen Zunft der Altphilologen dauerhaft verscherzte – geriet unter anderem zu einem Hymnus auf das künstlerische Genie Wagners. Nur durch dessen Musik könne die verloren gegangene, urtümlich-mythische Weltsicht der Hörer neu belebt werden. Wagner habe endlich das rauschhafte Element in der Kunst neu erweckt; in seinen Musikdramen sei es verwirklicht und somit die wahre (deutsche) Kultur wiedergeboren worden.

Dieses freundschaftliche Verhältnis zu Richard Wagner und (erotisch kräftig eingefärbt auch zu) Cosima veränderte sich in Nietzsches späteren Schriften – ebenso hoch emotional – ins Aggressive.; aus dieser Haltung heraus entstand die Schrift „Nietzsche contra Wagner". Er kritisiert an Wagner dessen künstlerische „décadance", nimmt ihm die Rückkehr zu christlicher Mythologie und Symbolik (in dem von Wagner als „Bühnenweihfestspiel" bezeichneten, 1882 uraufgeführten „Parsifal") übel, nennt schließlich seine Musik ein Verderben, denn sie ziele „auf die Nerven" und verbreite eine schwere, schwüle Atmosphäre. Es gehe Wagner als dem „größten Schauspieler" – wenn auch auf geniale Weise, wie Nietzsche einräumt – um nichts anderes als um „Wirkung", urteilt er schließlich über den einst verehrten väterlichen Freund sarkastisch: „Alles, was Wagner kann, wird ihm niemand nachmachen, hat ihm keiner vorgemacht, soll ihm keiner nachmachen ... Wagner ist göttlich!"

Nietzsches ambivalentes Verhältnis zu Wagner wurzelt zweifellos in der Konkurrenz mit dem Bayreuther Meister: Nietzsche träumte zeitlebens von einer genialen Rolle als Musiker und Komponist. Mit seinen eigenen Kompositionen erhielt er bei Auftritten am Klavier von Wagner und bei Hans von Bülow mehrfach eine spöttische Abfuhr.

Sokrates: Persönliches Vorbild und zugleich rigorose Herabsetzung seiner Philosophie

Das Verhältnis des Denkers Nietzsche zu Sokrates ist zeitlebens ähnlich ambivalent wie das zu Wagner. Charakteristisch ist eine Äußerung aus dem Nachlass: „Socrates, um es nur zu bekennen, steht mir so nahe, dass ich fast immer einen Kampf mit ihm kämpfe." Er zollt ihm hohe Anerkennung, da er die „Epochenschwelle" der abendländischen Philosophie markiere, und fühlt sich ihm als „erster Lebensphilosoph" eng verbunden. „Das Denken dient dem Leben, während bei allen früheren Philosophen das Leben dem Denken und Erkennen diente". Verwandt fühlt er sich ihm auch als „großer Zweifler"; gewürdigt wird Sokrates, weil er in der Dummheit aller Übel Anfang sah und sich über die unreflektierten Massen- und Herdenmenschen erhob. Und nicht zuletzt verehrt er Sokrates als einen „Märtyrer der Wahrheit", der ungerührt um der philosophischen Wahrheitssuche willen seinen Opfertod mit dem Schierlingsbecher auf sich nahm. Sieht er in Sokrates einerseits ein Vorbild und einen Geistesverwandten, so beschuldigt er ihn andererseits, für die Vernichtung der klassischen Kunst – sprich der griechischen Tragödie – verantwortlich zu sein. In Sokrates sieht er den Urvater eines vom Dionysoskult entleerten, pur rationalistischen, Theorie-orientierten und aufklärerischen Intellektualismus der griechischen und fortwirkend auch der späteren abendländischen Denktradition. Kurz: Es geht um die Tragödie des Untergangs des Tragischen, des Instinktiven und Irrationalen in Kunst und Kultur.

Platons hinterweltlerische Ideenwelt

Ähnlich zwiespältig wie zu Sokrates ist Nietzsches Verhältnis zu dessen ebenso berühmten Schüler Platon. Freilich aus ganz anderen philosophischen oder besser: aus moralkritischen Gründen. Vereinfacht gesagt und auf den vielleicht wichtigsten Aspekt reduziert: Attackiert Nietzsche den Plebejer Sokrates, weil er Kultur und Kunst durchrationalisiert, intellektualisiert, ihnen so quasi den sinnlichen und emotionalen Boden unter den Füßen und damit die – affektive und sinnliche – Lebenskraft entzogen habe, so ist Platon, der „Jüngling aus vornehmem Hause" für ihn primär wegen seines dualistischen metaphysischen Denkens zum Erzfeind und „größten Malheur Europas" – so in einem Brief an seinen Freund Overbeck –

geworden. „So floh Platon vor der Wirklichkeit und wollte die Dinge nur in den blassen Gedankenbildern anschauen". Es ist Platons philosophisches System, sein moralischer Idealismus, die Zweiteilung der Welt in eine niedrige, nur scheinbare Welt der Sinne einerseits und in eine höhere, „wahre Welt" der geistigen Ideen andererseits, die für Nietzsche auch den Platonismus mit dem Christentum verbindet: Eine Zwei-Welten-Lehre von einem Jenseits, das ewig und unveränderlich ist, das die moralischen Regeln und Tugendanforderungen für ein diesseitiges, sinnenhaftes Leben setzt. Diese dualistischen Lehren – für Nietzsche eine Illusion des menschlichen Geistes – werten das Leben hier ab und diffamieren es gleichermaßen. Damit wird Nietzsches „Kampf gegen Plato" zugleich, „um es verständlicher fürs 'Volk' zu sagen, der Kampf gegen den christlich-kirchlichen Druck von Jahrtausenden – denn Christentum ist Platonismus fürs Volk." Dagengen lässt Nietzsche seinen Zarathustra appellieren: „Ich beschwöre euch, meine Brüder, *bleibt der Erde treu* und glaubt Denen nicht, welche euch von überirdischen Hoffnungen reden."

Weitere philosophische Vorbilder und Anreger für Nietzsche

Unter den zeitgenössischen Philosophen hatte eine der bedeutendsten Geistesgrößen – Arthur Schopenhauer – den wohl nachhaltigsten Einfluss auf Nietzsches Denken. Er inspirierte ihn zu seinen Gedanken über den Willen als „Ursubstanz", beflügelte seine Gesellschaftskritik, seine atheistische und religionskritische Haltung und begeisterte ihn durch seine individualistische und zugleich höchst unkonventionelle Denk- und Handlungsweise. In den „Unzeitgemäßen Betrachtungen" von 1874 feiert er Schopenhauer als seinen Erzieher und als Befreier seiner philosophischen Talente. Gemeinsam ist beiden Philosophen ihr Verhältnis zu Schmerz und Leiden und wohl auch ihr geistesaristokratischer Hochmut, der in Nietzsches vornehmer „Herrenmoral" ihren arroganten Ausdruck findet. Ausdrücklich und wortreich distanziert sich Nietzsche später vom Denken Schopenhauers im Hinblick auf dessen Weltverneinung, Pessimismus, lebensverneinenden dunklen Nihilismus und Überzeugung von der Wert- und Sinnlosigkeit des Lebens. Dem setzt Nietzsche den Willen zur Macht als Ausdruck eines bedingungslosen Bejahens des Lebens entgegen.

Zitate

Ein wenig Gift ab und zu: das macht angenehme Träume. Und viel Gift zuletzt, zu einem angenehmen Sterben. <> Wer will noch regieren? Wer noch gehorchen? Beides ist zu beschwerlich. Kein Hirt und eine Herde! Jeder will das gleiche, jeder ist gleich: wer anders fühlt, geht freiwillig ins Irrenhaus. [ZAR I, Vorrede 5 (4,19f)]

Zu den größten Wirkungen der Menschen, welche man Genies und Heilige nennt, gehört es, dass sie sich Interpreten erzwingen, welche sie zum Heile der Menschheit missverstehen. [MEN I, 126])

Insofern das Genie <> die Glut der Überzeugungen unterhält und Misstrauen gegen den vorsichtigen und bescheidenen Sinn der Wissenschaft weckt, ist es ein Feind der Wahrheit und wenn es sich auch noch so sehr als deren Freier glauben sollte. [MEN I, 635]

Wagner den Rücken zu kehren war für mich ein Schicksal; irgendetwas nachher wieder gern zu haben ein Sieg. [WAG, Vorwort]

Die Menschen der erhabenen und verzückten Augenblicke <> betrachten jene Augenblicke als das eigentliche Selbst. Diesen schwärmerischen Trunkenbolden verdankt die Menschheit viel Übles: denn sie sind die unersättlichen Unkraut-Aussäer der Unzufriedenheit mit sich und den Nächsten, der Zeit- und Weltverachtung. Wie die Wilden jetzt schnell durch das „Feuerwasser" verdorben werden und zugrunde gehen, so ist die Menschenheit im Ganzen und Großen langsam und gründlich durch die geistigen Feuerwässer trunken machender Gefühle verdorben worden: Vielleicht geht sie noch daran zugrunde [MOR 50]

Weil wir gut von uns denken, aber doch durchaus nicht von uns erwarten, dass wir je den Entwurf eines raffaelischen Gemäldes oder eine solche Szene wie die eines shakespeareschen Dramas machen könnten, reden wir uns ein, das Vermögen dazu sei ganz übermäßig wunderbar, eine Begnadigung von oben. So fördert unsere Eitelkeit, unsere Selbstliebe, den Kultus des Genies [MEN I, 162]

Richard Wagner, scheinbar der Siegreichste, in Wahrheit ein morsch gewordener, verzweifelnder Romantiker, sank plötzlich, hilflos und zerbrochen, vor dem christlichen Kreuze nieder ... Hat denn kein Deutscher für dieses schauerliche Schauspiel damals Augen im Kopfe, Mitgefühl in seinem Gewissen gehabt? War ich der Einzige, der an ihm – litt? Genug, mir selbst gab dies unerwartete Ereignis wie ein Blitz Klarheit über den Ort, den ich verlassen hatte <> „Cave musicam" ist auch heute noch mein Rat an alle, die Manns genug sind, um in Dingen des Geistes auf Reinlichkeit zu halten <> Gegen die romantische Musik wendete sich damals mein erster Argwohn, meine nächste Vorsicht; und wenn ich überhaupt noch etwas von der Musik hoffte, so war es in der Erwartung, es möchte ein Musiker kommen, kühn, fein, boshaft, südlich, übergesund genug, um an jener Musik auf eine unsterbliche Weise Rache zu nehmen. – [MEN II, Mei, Vorrede 3]

Wer seiner Natur nach gegen Personen rücksichtsvoll oder ängstlich ist, aber seinen Mut gegen die Sachen hat, scheut sich vor neuen und näheren Bekanntschaften und beschränkt seine alten: damit sein Inkognito und seine Rücksichtslosigkeit in der Wahrheit zusammenwachsen. [MOR 512]

Was sagt dein Gewissen? – „Du sollst der werden, der du bist." [FRÖ 270]

Kein Strom ist durch sich selber groß und reich: sondern dass er so viele Nebenflüsse aufnimmt und fortführt, das macht ihn dazu. [MEN I, 521]

Eine gute Haltung zu Pferd stiehlt dem Gegner den Mut, dem Zuschauer das Herz – wozu erst noch angreifen? Sitze wie einer, der gesiegt hat. [MEN II, Mei 354]

Denkfalle 8
Glauben an eine göttliche Allmacht aus dem Jenseits

„Ein Gott, der allwissend und allmächtig ist und der nicht einmal dafür sorgt, dass seine Absicht von seinen Geschöpfen verstanden wird - sollte das ein Gott der Güte sein?“
[MOR 91]

Moral, die aus dem Jenseits stammt

„Gott ist tot“: Das ist wohl – auch heute noch – der meistzitierte Satz, wenn der Name Friedrich Nietzsches fällt. Die für viele Zeitgenossen immer noch verwirrende und erschreckende Konsequenz dieser Äußerung: Die zweitausendjährige Moral des christlichen Abendlandes fällt wie ein Kartenhaus in sich zusammen. Da gibt es keine göttliche Instanz mehr, die aus dem Jenseits mit absoluter Autorität das diesseitige Leben wertet. Die bestimmt, was gut und schlecht ist, sündig und gottwohlgefällig, sexuell richtig und falsch, gerecht und ungerecht, ethisch zu loben und zu verdammen – was alles in allem überhaupt moralisches Denken und Handeln ist. Verlustig geht mit dem Tode Gottes auch die Vorstellung von Himmel, Fegefeuer und Hölle, von Sünde, Schuld, Gnade und Vergebung, vom Sinn des Lebens, von göttlicher Strafe oder Belohnung im Paradies und vom Jüngsten Gericht, vor dem wir arme Sünder uns nach unserem Tode zu verantworten haben.

Wir sind alle allzumal Sünder: Der Geist des passiven Nihilismus

Dank der Erbsünde – so der christliche Glaube – kommen wir bereits mit einem unermesslich großen Schuldkonto auf die Welt, das nur durch Gott, Jesus, die Heiligen oder Gottes Stellvertreter auf Erden auf dem Gnadenwege glattgestellt werden kann. Wenn Gott tot ist, gibt es auch keine göttliche Vorsehung, keine göttliche Natur, keinen jenseitigen Sinn unseres diesseitigen Lebens mehr:

Wir fallen ins moralische Nichts, verfallen dem Nihilismus. Gibt es denn andere Autoritäten, die uns verbindlich sagen können, wie wir zu denken und zu handeln haben, was richtig und falsch, gut und schlecht ist?

Ist Nihilismus die letzte Konsequenz des Glaubensverlustes?

Wenn keine Autorität uns mehr sagt, wo es moralisch langgeht, dann verlieren wir doch – so argumentieren und klagen die Gläubigen – jede innere Sicherheit, jedes Vertrauen in den Sinn des Lebens und landen in einem moralischen Vakuum. Und in der Tat: Wenn uns niemand mehr – wie früher die Eltern, die Lehrer oder der Pfarrer, später der Polizist, ein Richter oder eine andere Respektperson – als Erwachsene verbindlich und im Wortsinne zwingend vorschreiben, welche Werte und Verhaltensregeln gelten, was wir also zu tun und zu lassen haben, was in unserem Leben Sinn hat, dann fehlt uns jegliche moralische Orientierung, dann bleiben nur noch Zweifel und Verzweiflung, dann stehen wir buchstäblich vor dem moralische Nichts (lateinisch nihil). Das ist richtig und nur folgerichtig, sagen atheistische Philosophen vom Schlage eines Feuerbach, Schopenhauer oder Nietzsche. Schopenhauer endet mit seiner atheistischen Philosophie bei der totalen Weltverneinung und im Nirwana. Auch Nietzsche folgt der philosophischen Sicht vom „Wertlos-werden der obersten Werte“ (entsprechend Martin Heidegger in „Holzwege“). Der sich in modernen Zeiten rasant ausbreitende Glaubens- und Werteverlust, zumindest im gebildeten Bürgertum, führe direkt hinein in einen immer düster werdenden Nihilismus und damit auch in den unvermeidlichen Niedergang der Kultur.

Glaubens- und Kulturverfall

Den Ursprung dieses modernen kulturellen Verfalls verortet Nietzsche Jahrtausende zuvor: bei der jüdischen (und in deren Nachfolge) bei der christlichen Religion. Sie habe die ritterlich aristokratischen „antiken Werthe“ herabgesetzt und sie erfolgreich als „böse“ diffamiert zugunsten einer Verteidigung der Schwachen und der Vielen. Demgemäß argumentiert Nietzsche: Bereits das Judentum und das Christentum und deren Synagogen und Kirchen hätten erbarmungslos von Anfang an die vitalen Werte des diesseitigen Lebens entwertet. Juden und

Christen seien, historisch gesehen, somit die ersten, „passiven" Nihilisten gewesen, weil sie („Die Erde als Jammertal") die weltlichen Werte zugunsten einer imaginären himmlischen Belohnung der Gläubigen im Jenseits herabgesetzt und verleumdet hätten.

Von der Selbstreflexion zum Selbstvertrauen

Die berühmte Parabel „Der tolle Mensch" aus „Die fröhliche Wissenschaft" warnt unverblümt und pathetisch vor einem solchen Nihilismus der Verzweiflung angesichts des ermordeten Gottes: „Das Heiligste und Mächtigste, was die Welt bisher besass, es ist unter unseren Messern verblutet – wer wischt dieses Blut von uns ab?" Der Aphorismus endet mit richtungsweisenden Fragen: „Ist nicht die Größe dieser Tat zu groß für uns? Müssen wir nicht selber zu Göttern werden, um nur ihrer würdig zu erscheinen?" Mit dem Wegfall der von Gott gegebenen Moral selber zu Göttern zu werden bedeutet nichts anderes, als nicht mehr den Umweg über Gott, die Religion und deren moralische Forderungen zu gehen, sondern durch Reflexion, Selbstbeobachtung und Selbstgestaltung das moralische Vertrauen zu sich selbst zu finden. Es ist der Weg auf schwankendem Seil über den Abgrund des Nichts zum Übermenschen, wie er im „Zarathustra" beschrieben wird: „Todt sind alle Götter, nun wollen wir, dass der Übermensch lebe."

Die Vision vom schöpferischen Menschen der Zukunft

Es ist nach Nietzsches Überzeugung ein langer Weg in das individuelle Schöpfertum – und in die Einsamkeit: „Aber irgendwann, in einer stärkeren Zeit als dieser morschen, selbstzweiflerischen Gegenwart, muss er uns doch kommen, der *erlösende Mensch* der großen Liebe und Verachtung, der schöpferische Geist, den seine drängende Kraft aus allem Abseits und Jenseits immer wieder wegtreibt, dessen Einsamkeit vom Volk missverstanden wird [...] . Dieser Mensch der Zukunft, der [...] uns erlösen wird, von dem, was in ihm wachsen musste, vom großen Ekel, vom Willen zum Nichts, vom Nihilismus [...] dieser Antichrist und Antinihilist, dieser Besieger Gottes und des Nichts – *er muss einst kommen ...*" Mit Nietzsches Lebensphilosophie begeben wir uns auf die schwierige Suche nach eigenen Werten, nach einer individuellen Moral „jenseits von Gut und Böse".

Die persönliche „Immoralität" kann der Einzelne in sich selbst nur aus seiner individuellen Perspektive heraus finden, wenn es ihm durch Selbstbeobachtung und Reflexion gelungen ist, dem Gefängnis bestehender religiöser Werte und fremder Normen zu entkommen und er sich dann auf seine eigenen Kräfte und Stärken besinnt.

Zitate

Christentum war von Anfang an, wesentlich und gründlich, Ekel und Überdruss des Lebens am Leben, welcher sich unter dem Glauben an ein„anderes" oder „besseres" Leben nur verkleidete, nur versteckte, nur aufputzte. Der Hass auf die „Welt", der Fluch auf die Affekte, die Furcht vor der Schönheit und Sinnlichkeit, ein Jenseits, erfunden, um das Diesseits besser zu verleumden, im Grunde ein Verlangen ins Nichts [TRA, Selbstkritik 5]

das Christentum <> [ist] die ausschweifendste Durchfigurierung des moralischen Themas, welche die Menschheit bisher anzuhören bekommen hat. [TRA, Selbstkritik 5]

Christentum ist Platonismus fürs „Volk" [JEN, Vorrede (5,12)]

Weder die Moral noch die Religion berührt sich im Christentum mit irgendeinem Punkt der Wirklichkeit. Lauter imaginäre Ursachen („Gott", „Seele", „Ich", „Geist", „der freie Wille" - oder auch „der unfreie"); lauter imaginäre Wirkungen („Sünde", „Erlösung", „Gnade", „Strafe", „Vergebung der Sünde"). Ein Verkehr zwischen imaginären Wesen („Gott", „Geister", „Seelen"); eine imaginäre Naturwissenschaft (anthropozentrisch; völliger Mangel des Begriffs der natürlichen Ursachen); eine imaginäre Psychologie <> Diese reine Fiktionswelt unterscheidet sich dadurch sehr zu ihren Ungunsten von der Traumwelt, dass Letztere die Wirklichkeit widerspiegelt, während sie die Wirklichkeit fälscht, entwertet, verneint. <> jene ganze Fiktions-Welt hat ihre Wurzel im Hass gegen das Natürliche (- die Wirklichkeit! -), sie ist der Ausdruck eines tiefen Missbehagens am Wirklichen ... [ANT 15]

Das Christentum hat einige Feinheiten auf dem Grunde, die zum Orient gehören. Vor allem weiß es, dass es an sich ganz gleichgültig ist, ob etwas wahr ist, aber von höchster Wichtigkeit, sofern es als wahr geglaubt wird. [ANT 23]

man ist nicht Philologe und Arzt, ohne nicht zugleich auch Antichrist zu sein. Als Philologe schaut man nämlich hinter die „heiligen Bücher", als Arzt hinter die physiologische Verkommenheit des typischen Christen. Der Arzt sagt „unheilbar", der Philologe „Schwindel" ... [ANT 47]

Die christliche Kirche ist eine Enzyklopädie von vorzeitlichen Kulten und Anschauungen der verschiedensten Abkunft und deshalb so missionsfähig: <> Nicht das Christliche an ihr, sondern das UniversalHeidnische ihrer Gebräuche ist der Grund für die Ausbreitung dieser Weltreligion [MOR 70]

wenn euer Glaube euch selig macht, so gebt euch auch als selig! Eure Gesichter sind immer eurem Glauben schädlicher gewesen als unsere Gründe! Wenn jene frohe Botschaft eurer Bibel euch ins Gesicht geschrieben wäre, ihr brauchtet den Glauben an die Autorität dieses Buches nicht so halsstarrig zu fordern [MEN II, Mei 98]

ein Christ, der zugleich Künstler wäre, kommt nicht vor ... Man sei nicht kindlich und wende mir Raffael ein oder irgendwelche homöopathischen Christen des neunzehnten Jahrhunderts: Raffael sagte Ja, Raffael machte Ja, folglich war Raffael kein Christ ... [GÖT, Streifzüge 9]

dies ist die Art, wie Religionen abzusterben pflegen: wenn nämlich die mythischen Voraussetzungen einer Religion unter den strengen, verstandesmäßigen Augen eines rechtgläubigen Dogmatismus als eine fertige Summe von historischen Ereignissen systematisiert werden [TRA 10 (1,74)]

Das Christentum entstand, um das Herz zu erleichtern; aber jetzt müsste es das Herz erst beschweren, um es nachher erleichtern zu können. Folglich wird es zugrunde gehen. [MEN I, 119]

die Resignation und Bescheidenheit zur Gottheit erhoben, – das ist das Beste und Lebendigste, was vom Christentum noch übrig geblieben ist. Aber man sollte doch merken, dass damit das Christentum in einen sanften Moralismus übergetreten ist: <> es ist die Euthanasie des Christentums. [MOR 92]

Denkfalle 9

Weitere Denkfalle: Genies, Heilige, Gurus, Stars und andere Lichtgestalten

„Und wohin ich auch steige, überall hin folgt mir mein Hund, der heißt ‚Ich'". *(Nachgelassene Fragmente 1882-1884)*

Keine Zeit zum Nachdenken und zum Philosophieren?

Sie kennen das alltägliche Dilemma auch? Eingeklemmt zu sein zwischen den Herausforderungen in Beruf und Karriere oder eine innere Mission für eine bedeutende Idee und Anforderungen in privaten Beziehungen, etwa für einen Lebenspartner, für eine eigenen Familie oder pflegebedürftige Eltern? Tag für Tag mit nahezu besinnungslosem Machen und Tun, unterwegs zu sein, so gut wie keine freie Zeit mehr zu haben, um das eigene Leben zu reflektieren? In „Menschliches, Allzumenschliches" nennt Nietzsche solche intensiv geforderten Zeitgenossen die „Überzeugungstreuen" und beschreibt sie so: "Wer viel zu tun hat, behält seine allgemeinen Ansichten und Standpunkte fast unverändert bei. Ebenso jeder, der im Dienst einer Idee arbeitet: er wird die Idee selber nie mehr prüfen, dazu hat er keine Zeit mehr; ja es geht gegen sein Interesse, sie überhaupt noch für diskutierbar zu halten." [MA 1]. Das ist leider für viele Erwachsene, mehr noch als damals, der heute übliche und alltägliche Konflikt.

Ideell für ein ganzes Leben geprägt zu sein

Ja, als wir noch Kind und Jugendliche, also jung und stark, bildungshungrig, neugierig und mühelos beeinflussbar von fremden Idolen, Stars und anderen Lichtgestalten waren, uns von deren Äußerem und deren Ideen begeistern ließen – also extrinsisch geistig enorm formbar waren –, da hatten wir auch noch die Zeit und zugleich das starke Bedürfnis, solche strahlende Figuren zu entdecken, zu imitieren und sie zu stilisieren, zu überhöhen[= auf einen Sockel stellen], zu vergötterten, uns mit ihnen manchmal blind zu identifizieren. So etwas gelingt im begeisterungsfähigen Alter erfahrungsgemäß umso besser, je ferner uns diese Heldenfiguren zeitlich und räumlich sind. Heutzutage klappt das am einfachsten über die elektronischen Medien, von denen uns derartige Stars Abend für Abend auf die Matt-Scheibe (welch treffender Name!) in unsere Wohnung projiziert werden. Solche Stars sind am wenigsten greifbar und wenn man meint, ihnen ganz nah zu sein, dann ist das wohl eine wundersame Illusion.

Geniale Wegbegleiter auch für spätere Zeiten

Für die meisten von uns folgen spätestens nach der Ausbildung stressige Zeiten. Nennen wir sie mal unsere Berufs- und Beziehungs-Hochzeiten. Wir verehelichen uns quasi doppelt – erstens mit einer Person, eventuell auch mit einer Familie –, vor allem aber mit Beruf und Karriere. „Der ist mit seinem Beruf verheiratet" drückt in unserer konkurrenz-intensiven Leistungsgesellschaft durchaus Annerkennung aus. Nietzsche beschreibt das treffend: Es mangelt später an Muße, an freier Zeit zum Innehalten und an wirklichem Interesse, das eigene Leben gelassen zu reflektieren: um ernsthaft zu überprüfen, ob und wie solche jugendlichen Meinungen, Standpunkte und Ideen noch zu uns passen, zusammen mit den Idolen und Lichtgestalten, die sie einst verkörpert hatten. Wir nehmen sie vielmehr ungeprüft als Gepäck mit auf die Reise ins Erwachsenenleben. Weil wir eben viel zu tun haben, weil das Nachdenken darüber bei unserem Dauerstress leider auf der Strecke bleibt. Stimmt's?

Nietzsche hatte Glück – und wir damit auch

Der Nietzsche hatte gut reden, denkt jetzt wohl mancher Macher mitten im Berufs- und Familienstress. Der hatte doch mit all seinen Talenten ein total cooles, privilegiertes Leben geführt: Primus am Elite-Internat, eine brillante Unikarriere, gefördert von einem wohlwollenden, einflussreichen Professor, dessen Ehefrau den jungen Sprachwissenschaftler dann auch noch mütterlich umsorgt, anschließend noch vor der Promotion von seinem Promoter direkt ins akademische Amt als außerordentlicher Professor an die Basler Universität katapultiert. Und als er dort dann nach zehn Jahren so ernsthaft erkrankt und von seinem Lehramt so belastet ist, dass er das Lehren aufgeben muss, fällt er materiell weich: Dank einer generösen Pension kann es sich der vom Dienst befreite, fast noch jugendliche

Herr Professor leisten, als freier Philosoph mit uneingeschränkter Freizeit öfter mal in die Schweiz und nach Italien zu reisen, wenn das Klima dort bekömmlicher ist. Bedenken wir aber bitte: Sein so kraftvolles Gesamtwerk wäre vermutlich kaum ohne den Luxus dieses materiell sorglosen Schriftstellerdaseins entstanden – eine gigantische Hinterlassenschaft, die heute noch den Geist unzähliger Intellektueller bewegt, begeistert und provoziert … Was für ein Glück für Nietzsche – aber wohl mehr noch für uns, seine Leser!

Anhaltende Verführung durch geheiligte Lichtgestalten

Nietzsche hatte also die Zeit und außerdem das Talent, seinen kritischen, tief gründenden Geist auch ausgiebig mit dem damaligen Geniekult zu beschäftigen. Er begeisterte sich früh und fast grenzenlos für den genialen Künstler und väterlichen Freund (Richard Wagner) und für den genialen, hoch verehrten Philosophen (Arthur Schopenhauer) und wird – wie er später sinngemäß nüchtern und selbstkritisch schreibt – von deren Strahlkraft auch nachhaltig verführt. Andere Menschen verehren andere, kleinere musikalische oder philosophische Kaliber. Von denen und von anderen diffuseren Lichtgestalten soll jetzt eher die Rede sein, die auf ihre Verehrer und Jünger zumeist viel diffuser und geheimnisvoller aus größerer – zeitlicher und räumlicher – Distanz einwirken. Im Religiösen waren das die Heiligen: Sie werden (auch heute noch) wegen der Wunder verehrt, die sie gewirkt haben sollen. Solche „Heiligenbilder" verbreiten, wie Gläubige wissen, eine Aura um sich. Sie blenden stärker und entrücken solche verehrten Personen weit weg von den Normalos, „verhimmeln" sie bestenfalls. Auch zeitlich: Man wird bekanntermaßen ja erst heiliggesprochen, wenn man schon geraume Zeit tot ist (auch wenn die katholischen Kirche inzwischen die Wartezeit für die Heiligsprechung deutlich knapper bemisst). Der früh atheistisch gewordene Nietzsche seinerseits kennt andere, modernere Heilige. Er erlebt noch die Nachwirkungen des Geniekults von Sturm und Drang und Romantik. In seinen Spätwerken sezierte er dann diesen Kult für solcherart ebenfalls entrückten Lichtgestalten analog zur Heiligen- und Asketen-Verehrung. Deren Vergöttlichung interpretiert er als eine Art „Phantomschmerz" der dekadenten Kultur zu seiner Zeit. Will sagen: Weil den Gebildeten der metaphysische Glaube abhandengekommen ist, beten sie stattdessen jetzt andere „humanistische" Figuren an und „heiligten" deren charismatische Wirkungen.

Ganz moderne Heilige

In unseren Zeiten gibt es neue, andere Heiligengalerien. Wir haben es da eher mit „virtuellen Avataren" zu tun. Die Bandbreite dieser aktuell verehrten Lichtgestalten ohne Schatten ist beachtlich. Heutige Idole werden uns deutlich – etwa per „BUNTE" oder via Bildschirm – noch weiter entrückt als im 19. Jahrhundert die geistigen und künstlerischen Heroen. Das Spektrum reicht vom harmlosen Promikult für derart blendende Diven und Bildschirmgrößen in Film, TV, auf dem Sportplatz und beim Hochadel bis zu den von PR-Profis auffrisierten, im Zeitgeschmack geschminkten und herausgeputzten Show-Leitfiguren unterschiedlichster Provenienz. Solche Strahlefrauen und Strahlemänner werden dann begeistert von vielen Zeitgenossen imitiert und nachgeäfft. Am anderen Ende des Promi-Regenbogens finden wir blenderische Großmäuler und gelegentlich auch recht düsteren Meister, Gurus und Seelenfänger, die es sogar schaffen können, ihre Anhänger souverän in den gemeinsamen Massensuizid zu bugsieren. Nietzsche hat bereits die Vielfalt und letztlich auch die Einfalt solcher Verführerfiguren unter dem Stichwort „Genies" trefflich karikiert: „Die Genies verstehen sich besser als die Talente darauf, den Leierkasten zu verstecken, vermöge ihres umfänglicheren Faltenwurfs, aber im Grund können sie auch nicht mehr, als ihre alten sieben Stücke immer wieder spielen."[MEN II, Mei 155]. Seine Kulturkritik von damals dürfte im Übrigen auch heute noch gut zutreffen: „Es ist immer das größte Verhängnis der Kultur gewesen, wenn Menschen angebetet wurden." [MA II].

Der künftige Übermensch: Auch ein Idol?

Für Nietzsche war die Quelle seiner philosophischen Schaffenskraft, wie er hervorhebt, vor allem seine körperlichen und psychischen Leiden – bei all seinen sonst ziemlich komfortablen materiellen Lebensumständen. Sie gaben ihm die Impulse auch dafür, jegliche Form von blinder Verehrung und von Kultgetöse psychologisch zu erforschen und zu entschleiern. Er entschlüsselt Idealisierungen und die in sie hineinprojizierten persönlichen Geltungswünsche und lässt sie wie Seifenblasen zerplatzen.

Aber wie steht es da mit seinem ‚Übermenschen'? Ist das nicht ebenso eine idealisierte, neu erfundene Kultfigur? Hören wir dazu Rüdiger Safranskis nüchterne Interpretation: „In den frühen Werken waren der Genius, und der Heilige [...] für Nietzsche die *Verzückungsspitze* der Welt, es waren Asketen, Ekstatiker, geistvolle und schöpferische Menschen, aber noch keine Cesare-Borgia-Typen, keine Vitalitätsheroen und Kraftnaturen, keine Athleten der Amoralität. In der Zarathustra-Zeit und danach tilgt Nietzsche einige idealistische und halbreligiöse Züge aus dem Bild seines Übermenschen. Erst im fünften Buch der 'Fröhlichen Wissenschaft' tritt der Übermensch als ruchloser Spieler, als Bürgerschreck und amoralische Kraftnatur auf. Er spricht dort *vom Ideal eines Geistes, der naiv, das heißt ungewollt und aus überströmender Fülle und Mächtigkeit mit allem spielt, was bisher heilig, gut, unberührbar, göttlich hieß [...]; das Ideal eines menschlich-übermenschlichen Wohlseins und Wohlwollens, das oft genug unmenschlich erscheinen wird.' [3,637, FW].*" Hat hier die Selbstüberhöhung des Philosophengenies den unbekannten, unverehrten Schriftsteller in ganz späten Werken sozusagen „kalt erwischt" und er ein Eigentor geschossen?

Fazit

Die Warnung des nüchternen, spottlustigen Nietzsche an Erwachsene lautet alles in allem schlicht: Wenn wir ungeprüft und unkritisch – frühe oder späte – Menschen idealisieren und diese Lichtgestalten im Alter auch noch konservieren, wenn wir unseren jugendlichen Kult als gereifte Menschen mit ihnen weiter betreiben, sie unbedenklich überhöhen und vergöttlichen – meist einfach nur, weil uns die Zeit fehlt, sie denkerisch sozusagen wieder auf Trinkstärke zu bringen –, dann tappen wir unweigerlich in die nächste Denkfalle. Es lohnt sich deshalb, ab und zu die klassische Tugend der Muße und des angeblich nutzlosen Philosophierens zu kultivieren – trotz allen Berufs- und Familienstresses und anderer egomaner Geschäftigkeiten im beruflichen und privaten Alltags

Zitate

Die Menschen der erhabenen und verzückten Augenblicke <> betrachten jene Augenblicke als das eigentliche Selbst <> Diesen schwärmerischen Trunkenbolden verdankt die Menschheit viel Übles: denn sie sind die unersättlichen Unkraut-Aussäer der Unzufriedenheit mit sich und den Nächsten, der Zeit- und Weltverachtung <> Wie die Wilden jetzt schnell durch das „Feuerwasser" verdorben werden und zugrunde gehen, so ist die Menschenheit im Ganzen und Großen langsam und gründlich durch die geistigen Feuerwässer trunken machender Gefühle <> verdorben worden: Vielleicht geht sie noch daran zugrunde [MOR 50]

Die armen Schafe sagen zu ihrem Zugführer: „Gehe nur immer voran, so wird es uns nie an Mut fehlen, dir zu folgen." Der arme Zugführer aber denkt bei sich: „Folgt mir nur immer nach, so wird es mir nie an Mut fehlen, euch zu führen." [MOR 419]

Die Erfindung von Göttern, Heroen und Übermenschen aller Art, sowie von Neben- und Untermenschen, von Zwergen, Feen, Zentauren, Satyrn, Dämonen und Teufeln war die unschätzbare Vorübung zur Rechtfertigung der Selbstsucht und Selbstherrlichkeit des Einzelnen: Die Freiheit, welche man dem Gotte gegen die anderen Götter gewährte, gab man zuletzt sich selber gegen Gesetze und Sitten und Nachbarn. Der Monotheismus dagegen, <> der Glaube an einen Normalgott, neben dem es nur noch falsche Lügengötter gibt – war vielleicht die größte Gefahr der bisherigen Menschheit <> Im Polytheismus lag die Freigeisterei und Vielgeisterei des Menschen vorgebildet [FRÖ 143]

Weil wir gut von uns denken, aber doch durchaus nicht von uns erwarten, dass wir je den Entwurf eines raffaelischen Gemäldes oder eine solche Szene wie die eines shakespeareschen Dramas machen könnten, reden wir uns ein, das Vermögen dazu sei ganz übermäßig wunderbar, <> eine Begnadigung von oben. So fördert unsere Eitelkeit, unsere Selbstliebe, den Kultus des Genies [Men I, 162]

Nichts wird mir von Jahr zu Jahr deutlicher, als dass alles griechische und antike Wesen, so schlicht und weltbekannt es vor uns zu liegen scheint, sehr schwer verständlich, ja, kaum zugänglich ist, und dass die übliche Leichtigkeit, mit der von den Alten geredet wird, entweder eine Leichtfertigkeit oder ein alter erblicher Dünkel der Gedankenlosigkeit ist. [MOR 197]

Euripides war in gewissem Sinne nur Maske: Die Gottheit, die aus ihm redete, war nicht Dionysos, auch nicht Apollo, sondern ein ganz neugeborener Dämon, genannt Sokrates. Dies ist der neue Gegensatz: das Dionysische und das Sokratische, und das Kunstwerk der griechischen Tragödie ging an ihm zugrunde. [TRA 12 (1,83)]

Während doch bei allen produktiven Menschen der Instinkt gerade die schöpferisch affirmative Kraft ist und das Bewusstsein kritisch und abmahnend sich gebärdet: wird bei Sokrates der Instinkt zum Kritiker, das Bewusstsein zum Schöpfer eine wahre Monstrosität per defectum! [TRA 13 (1,90)]

War es nun der Tod oder das Gift oder die Frömmigkeit oder die Bosheit – irgendetwas löste ihm in jenem Augenblick die Zunge und er sagte: „Oh Kriton, ich bin dem Asklepios einen Hahn schuldig." Dieses lächerliche und furchtbare „letzte Wort" heißt für den, der Ohren hat: „Oh Kriton, das Leben ist eine Krankheit!". <> – Ach Freunde! Wir müssen auch die Griechen überwinden! [FRÖ 340]

man sich aber, was eigentlich am ganzen Phänomen des Heiligen den Menschen aller Art und Zeit, auch den Philosophen, so unbändig interessant gewesen ist: so ist es ohne allen Zweifel der ihm anhaftende Anschein des Wunders, nämlich der unmittelbaren Aufeinanderfolge von Gegensätzen, von moralisch entgegengesetzt gewerteten Zuständen der Seele: man glaubte hier mit Händen zu greifen, dass aus einem „schlechten Menschen" mit einem Mal ein „Heiliger", ein guter Mensch werde. Die bisherige Psychologie litt an dieser Stelle Schiffbruch [JEN 47 (5,68f)]

Denkfalle 10

Weitere Denkfalle: Nietzsches Gebrauch des Begriffs „Züchtung" für Menschen und Übermenschen?

„Gesetzt dass es wahr wäre, was jetzt jedenfalls als „Wahrheit" geglaubt wird, dass es eben der Sinn aller Kultur sei, aus dem Raubtier „Mensch" ein zahmes und zivilisiertes Tier, ein Haustier herauszuzüchten, so müsste man all jene Reaktions- und Ressentiments-Instinkte, mit deren Hilfe die vornehmen Geschlechter samt ihren Idealen schließlich zuschanden gemacht und überwältigt worden sind, als die eigentlichen Werkzeuge der Kultur betrachten. [GEN I, 11(5.276)]

Angeborene Talente und Züchtung

Die Genforschung und damit die planmäßige Züchtung von Pflanzen, Tieren und inzwischen auch von Menschen hat seit der Wiederentdeckung der Mendel'schen Regeln 1900 unerhörte Fortschritte gemacht. Auch wenn immer klarer wird, wie sehr diese Forschung auch heute noch in den Kinderschuhen steckt. Jeder Biologe, der sich mit der Erforschung des Humangens befasst, wird vermutlich auch heute noch der Feststellung Nietzsches uneingeschränkt zustimmen: „Jeder hat *angeborenes Talent,* aber nur wenigen ist der Grad von Zähigkeit, Ausdauer, Energie angeboren und anerzogen, so dass es wirklich ein Talent wird, also *wird,* was er ist, das heißt: Es in Werken und Handlungen entladet." (MEN 1, 263). In diesem Satz ist eine Grundidee Nietzsches und zugleich ein Grundmissverständnis der (antifaschistischen und demokratischen) Nietzsche-Kritik versteckt, dessen Spur ein kluger Linguist und Soziologe – Gerd Schank – in seinem Buch „*'Rasse' und 'Züchtung' bei Nietzsche*" (2000) – folgt.

Der alterthümliche, doppelsinnige Wortgebrauch von „Züchtung" und „Zucht" bei Nietzsche

Schanks These: Nach dem heute völlig veralteten Sprachgebrauch gelte der Begriff „Zucht" oder „Züchtung" damals allgemein bei Pflanzen und Tieren für planmäßige Auswahl und Veredelung. Was die Züchtung von Menschen angeht, gab es zwar zu Nietzsches Zeiten bereits den Begriff der Eugenik (geprägt von dem Briten Francis Galton, der Nietzsche um 11 Jahre überlebte); seine Anwendung auf die menschliche Züchtung wurde aber erst wissenschaftlich möglich, als um 1900 die Mendel'schen Regeln wiederentdeckt wurden und später bekanntlich auf menschenverachtende Weise missbraucht wurden. Gerd Schank zufolge stand noch in der zweiten Hälfte des 19. Jahrhunderts – auch bei Nietzsche – das Wort „Züchter" primär für „Lehrer" und „Erzieher", allerdings für recht strenge Zuchtmeister und Moralisten. Veraltet ist bei uns heute ja auch das Wort „züchtig" für „anständig" und „brav"; das veraltete „züchtigen" die körperliche Bestrafung, die bis Mitte des 20. Jahrhunderts für Erzieher oft noch das „Mittel der Wahl" war.

Einengung des Begriffs auf das Biologische

„Unzucht" bedeutet heute immer noch eine unsittliche sexuelle Handlung; Zuchthäuser dagegen waren Erziehungs- und Besserungsanstalten. Kurz: „Zucht" hieß, auf Menschen bezogen, an erster Stelle, sie geistig zu erziehen, sie Anstand zu lehren und sie durch Züchten (und Züchtigungen) im moralischen Sinne zu bessern. Mit anderen Worten: Der fast ausschließliche Gebrauch von Züchtung mit dem Fokus auf biologisches Tun, also dann auch eugenisch beim Menschen, ist ein sehr modernes, eng gefasstes Gedankenkonstrukt, eine wissenschaftliche Errungenschaft und eine ungeheuerliche Einladung zum Missbrauch der humangenetischen Erkenntnisse für rassistische Zwecke des 20. und 21. Jahrhunderts.

Der vornehme Mensch

Schank weist an vielen Beispielen nach, dass Nietzsche die Begriffe „Zucht" und „Züchtung" in einem viel weiteren „geistigen" und moralischen Sinne gebraucht, als das heute üblich ist. So nennt Nietzsche Schopenhauer seinen

„Zuchtmeister", Zuchthäuser nannte man damals noch Treibhäuser für Pflanzen; vor allem gebraucht Nietzsche den Begriff in seiner altertümlichen Bedeutung im moralischen Kontext. So züchte etwa das Christentum „Heerdenthiere" heran, die Demokratie in Europa nennt er eine „unfreiwillige Veranstaltung zur Züchtung von Tyrannen". In diesen Rahmen passt auch Nietzsches Verehrung für das Aristokratische des Geistes, aber sicherlich auch das Aristokratische durch vornehme Geburt, also durch geplante noble Partnerwahl. Noch ein letzter Hinweis, der diese Interpretation stützt: Er findet sich in Nietzsches Kritik an Darwin und seinem pur materiellen Denken. Darwin habe bei seinen Erkenntnissen „schlicht den Geist vergessen".

Nobles Denken, vornehme Moral und Selbstzucht

Nietzsches Verehrung des Vornehmen und Individualistischen durchzieht sein gesamtes Werk. Die biologische Züchtung sei – so Schank – für sein aristokratische Denken eher nebensächlich gewesen. Sein vornehmes Bild vom gereiften Aristokraten stellt die geistige Noblesse in den Mittelpunkt, zu der strenge Erziehung (Zucht), vornehme Distanz, aber auch unabdingbar eine rigorose Selbstzucht und Selbstbeherrschung gehören sowie ein unehrgeiziger, disziplinierter Umgang mit den eigenen, noblen Eigenschaften.. Zu adeligen Offizieren fällt ihm ein, dass zur (erblichen) Kunst des Befehlens und Gehorchen es nützlich wäre, wenn sich „etwas Geist und Geistigkeit hinzutun, hinzuzüchten ließe." [5.194, 30-195-1]. Mit anderen Worten: Nietzsche geht es – unter den biologischen und sozialen Rahmenbedingungen – in erster Linie darum, aus diesem schicksalhaften Erbe etwas zu machen, die enormen Potenziale – sprich: Chancen – zu verwirklichen, um sich emporzuentwickeln. Wie stark sein Hang zum Noblen allerdings ausgeprägt war, das kam zum Vorschein, als er am Ende seines literarischen Schaffens wahnhaft phantasierte, er sei der Nachkomme eines polnischen Adeligen

Zitate

„Die geborenen Aristokraten des Geistes sind nicht zu eifrig; ihre Schöpfungen erscheinen und fallen an einem ruhigen Herbstabend vom Baum, ohne hastig begehrt, gefördert, durch Neues verdrängt zu werden. Das unablässige Schaffenwollen ist gemein und zeigt Eifersucht, Neid, Ehrgeiz an. Wenn man etwas ist, so braucht man eigentlich nichts zu machen – und tut doch sehr viel. Es gibt über dem „produktiven" Menschen noch eine höhere Gattung" [MEN I, 210]

Es ist das Zeitalter der Massen: Die liegen vor allem Massenhaften auf dem Bauch. Und so auch in politicis. Ein Staatsmann, der ihnen einen neuen Turm von Babel, irgendein Ungeheuer von Reich und Macht auftürmt, heißt ihnen „groß" [JEN 241 (5,181)]

wenn der Christ die „ Welt" verurteilt, verleumdet, beschmutzt, so tut er es aus dem gleichen Instinkt, aus dem der sozialistische Arbeiter die Gesellschaft verurteilt, verleumdet, beschmutzt: Das „jüngste Gericht" selbst ist noch der süße Trost der Rache – die Revolution, wie sie auch der sozialistische Arbeiter erwartet, nur etwas ferner gedacht ... [GÖT, Streifzüge 34]

Die Art, mit der im Ganzen bisher die Ehrfurcht vor der Bibel in Europa aufrechterhalten wird, ist vielleicht das beste Stück Zucht und Verfeinerung der Sitte, das Europa dem Christentum verdankt: Solche Bücher der Tiefe und der letzten Bedeutsamkeit brauchen zu ihrem Schutz eine von außen kommende Tyrannei von Autorität, um jene Jahrtausende von Dauer zu gewinnen, welche nötig sind, sie auszuschöpfen und auszuraten. [JEN 263 (5,218)]

Es gibt Gefühle, die den Einsamen töten wollen; gelingt es ihnen nicht, nun, so müssen sie selber sterben! [ZAR I, Weg (4,81)]

Der Besitz besitzt. – Nur bis zu einem gewissen Grad macht der Besitz den Menschen unabhängiger, freier; eine Stufe weiter – und der Besitz wird zum Herrn, der Besitzer zum Sklaven [MEN II, Mei 317]

Nur wer Geist hat, sollte Besitz haben: Sonst ist der Besitz gemeingefährlich. Der Besitzende nämlich, der von der freien Zeit, welche der Besitz ihm gewähren könnte, keinen Gebrauch zu machen versteht, wird immer fortfahren, nach Besitz zu streben: Dieses Streben wird seine Unterhaltung, seine Kriegslist im Kampf mit der Langeweile sein. So entsteht zuletzt, aus mäßigem Besitz, welcher dem Geistigen genügen würde, der eigentlich Reichtum: und zwar als das gleißende Ergebnis geistiger Unselbständigkeit und Armut. <> Dadurch erweckt er Neid bei den Ärmeren und Ungebildeten <> und bereitet allmählich eine soziale Umwälzung vor [MEN II, Mei 310]

Wille zum rücksichtslosen Entwerten

„... und wer ein Schöpfer sein will im Guten und Bösen, der muss ein Vernichter erst sein und Werthe zerbrechen. Also gehört das höchste Böse zur höchsten Güte: diese aber ist das Schöpferische." (Zarathustra)

„Unterschätzen wir dies nicht: wir selbst, wir freien Geister, sind bereits eine ‚Umwertung aller Werthe', eine leibhaftige Kriegs- und Siegs-Erklärung an alle alten Begriffe von ‚wahr' und ‚unwahr'". (Der Antichrist, KSA 6 179)

Das Individuum ist sich seiner extrinsischen Prägungen bewusst geworden

Das heißt, es hat klug – wie in Teil A beschrieben – die zahlreichen Denkfallen auf dem Wege zu seiner „zweiten Natur" erkannt und vermieden, die ihn in herkömmlichen Glaubensweisen, unhinterfragten Verhaltensregeln und ungeprüften Überzeugungen, in komfortablen Abhängigkeiten, in gängigen Normen und starren Haltungen nieder- und vor einer selbstbestimmten Lebensführung abhalten. Sie arbeiten an Ihrem Weg zu Ihrem persönlichen Übermenschen, indem Sie solchen überflüssig gewordenen seelischen Ballast kurz entschlossen über Bord werfen.

Nichts ist wahr, alles ist erlaubt

„Nachdem der jasagende Teil meiner Aufgabe gelöst war, kam die neinsagende, neintuende Hälfte derselben an die Reihe: die Umwertung der bisherigen Werte selbst, der große Krieg – die Heraufbeschwörung eines Tags der Entscheidung."

So martialisch beschreibt Nietzsche in Ecce Homo rückblickend seine Rolle als radikaler Denker im Kampf gegen tradierte Werte seiner Epoche und gegen moralische Wertungen allgemein. Seine unbequeme philosophische Aufgabe sieht er als säkularer Freigeist im heroischen Kampf gegen jegliche Form von Glaubenssystemen seiner Zeit: „Der freigewordene Mensch, um wie viel mehr der freigewordene Geist, tritt mit Füßen auf die verächtliche Art von Wohlbefinden, von dem Krämer, Christen, Kühe, Weiber, Engländer und andere Demokraten träumen. Der freie Mensch ist Krieger." (GÖT, Streifzüge 38 (6,139). Seine historische Mission ist – so erläutert er enorm selbstbewusst in diesen Spätwerk – „die Umwertung aller Werte: [das ist] meine Formel für einen Akt höchster Selbstbesinnung der Menschheit, der in mir Fleisch und Genie geworden ist. Mein Los ist, dass ich der erste anständige Mensch sein muss, dass ich mich gegen die Verlogenheit von Jahrtausenden im Gegensatz weiß ... Ich erst habe die Wahrheit entdeckt, dadurch, dass ich zuerst die Lüge als Lüge empfand – roch ... Mein Genie ist in meinen Nüstern ..." Nietzsche macht auch nicht Halt davor, die Axiome des Denkens selbst, des Bewusstseins und eines tradierten Wahrheitsglaubens rigoros anzuzweifeln und tiefsinnig zu hinterfragen. Der Mut zu dieser einsamen denkerischen Größe und Selbsteinschätzung wuchs in seinen Spätwerken ins Überdimensionale – und endete schließlich im Wahn.

Der zweite methodische Denk- und Willensschritt

Wenn uns bewusst wird, welche mächtigen (extrinsischen) Außensteuerungen unser Denken, unser Fühlen und Wollen letztlich bestimmen und lenken, wenn wir sie uns bewusst machen und uns dies seelisch „einverleiben", dann ist es intellektuell fast unvermeidlich, dass wir uns sogleich auch mit dem Wert solcher Konditionierungen kritisch auseinandersetzen. Um dann selbstbewusst zu entscheiden, welche wir beibehalten und welche wir entwerten und damit – für uns selbst – zerstören wollen. Dennoch scheint es für ein tieferes Verständnis von Nietzsches Philosophie zweckmäßig zu sein, den allgemeinen Willen zur Veränderung, zum Wachsen über sich selbst hinaus klar und deutlich zu unterscheiden von einem zweiten Willensakt, nämlich vom dem Entwerten und auch dem Zerstören der bisherigen Werte. Und dabei intensiv nachzudenken, mit welchen philosophischen Argumenten wir es konkret tun. Das ist der Gegenstand von Teil 2 dieses Buches. Er befasst sich exemplarisch mit zehn „Perspektiven", die für Nietzsche wohl die wesentlichen Gegenstände seiner gedanklichen Attacken auf „höchste Werte" waren.

Den eigenen Aufstieg wagen

Folgen wir dieser vorgeschlagenen Denkmethode weiter, dann geht es jetzt darum, die individuelle Kritik beim eigenen herausgefundenen Wertesystem „perspektivisch" – also aus eigener aktueller Sicht – gedanklich abzuwägen, ob es unseren derzeitigen „Tugenden" gerecht wird oder ob diese nicht besser hinweggefegt und zerstört gehören, frei nach Nietzsches Maxime „Nichts ist wahr, alles ist erlaubt." [ZAR, der Schatten].Wenn wir Nietzsche auf seinem Zerstörungsweg begleiten, dann gilt auch hier die kluge Mahnung an seine Leser, kritisch und selbstbewusst den individuellen denkerischen Weg zu beschreiten. Nietzsche selbst wünscht sich nichts mehr als den „kraft- und sinnvollen Leser" und dessen Einwände. „Ah! Wie es mich anwidert, einem anderen die eigenen Gedanken *aufzudrängen.* Wie ich mich jeder Stimmung und heimlicher Umkehr in mir freue, bei der die Gedanken *anderer* gegen die eignen zu Recht kommen." Er will mit seinen Schriften keine neuen trügerischen Denkmäler auf einen Sockel stellen: „Das Letzte, was ich versprechen würde, wäre, die Menschheit zu 'verbessern'. Von mir werden keine neuen Götzen aufgerichtet; die alten mögen lernen, was es mit tönernen Beinen auf sich hat. Götzen (mein Wort für 'Ideale') umwerfen – das gehört schon eher zu meinem Handwerk." (ECC, Vorwort 2) Lexikon 86]. Ein solches unerbittliches und kriegerisches Infragestellen aller Werte bezeichnet er als „Entgiftungskur", die neue, klare Erkenntnisse zum Ziel hat – zur Heilung von fremden und auch von früheren eigenen Ideen, bis neue Erkenntnisse diese dann wiederum vom Sockel stoßen.

Natur ist sinn- und ziellos

Die nüchterne Einsicht, dass die Natur – auch die menschliche – letztlich absolut amoralisch ist, dass alle positiven und negativen Attribute der Natur Erfindungen oder Projektionen, kurz Vermenschlichungen oder Anthropomorphismen, dass sie mythische „Selbst-Verzauberungen" des menschlichen Geistes sind und „lebensdienliche Illusionen" unserer psychischen Innenwelt nur dazu da sindd, um den Schrecken vor der „unpersönlichen" Essenz des Seins überhaupt aushalten zu können: Das sind zentrale Ideen von Nietzsches philosophischem Denken. Einer seiner Kernvorwürfe gegen die sokratische Philosophie ist: Der unbedingte Wille des Sokrates zum Wissen und zur Erkenntnis und somit auch der abendländische Nach-Denker in seinem Gefolge sei nicht radikal und kalt genug gewesen. Er habe das Gute und das Gerechte quasi zur Funktion der Erkenntnis gemacht, ein höheres Sein damit hinzu erfunden und damit ohne den „kalten ernüchternden Blick der Vernunft" eine transzendente Moral in der Welt der Ideen angesiedelt. Darin besteht für Nietzsche die „Verlogenheit" von Jahrtausenden philosophischer Tradition. Sein weiterer Vorwurf an das Judentum – und nachfolgend an das Christentum – ist, dass ein analoger Jenseitsglauben das Diesseits und damit das menschliche Leben selbst in den Dreck gezogen habe mit all seiner Sinnlichkeit und unbekümmerten Vitalität. „Wozu ein Jenseits, wenn es nicht ein Mittel wäre, das Diesseits zu beschmutzen?" [GÖT, Streifzüge 34]. Nietzsche zeigt allerdings zugleich tiefes psychologisches Verständnis für den ungeheuerlichen Schrecken, der einen Menschen übermannen kann, wenn er mit der Amoral der Natur und des Universums konfrontiert wird, und spricht einfühlsam von einer „Uterussehnsucht" nach einem organischen (menschlicheren) All.

Kampf des heldenhaften Löwen gegen den Drachen des „du sollst"

Es ist – wir erinnern uns an die drei Verwandlungen – der erbarmungslose Kampf des Löwen gegen den Drachen des „du sollst", also gegen fremde Autoritäten jeglicher Art. „Freiheit sich schaffen und ein heiliges Nein auch vor der Pflicht dazu [...] bedarf es des Löwen" im Kampf gegen den großen Drachen, der „Du sollst" heißt". Die Metapher von den „drei Verwandlungen"– nebenbei die Gliederungsschablone für dieses Buch – verdeutlicht , wohin der Wille zur Entwertung den Einzelnen führen kann und soll. Um diese geistige Freiheit zu gewinnen, befasst sich Nietzsche hartnäckig und leidenschaftlich mit philosophisch selten hinterfragten Begriffen, mit der Psychologie innerer Zwänge und gesellschaftlicher Konditionierungen, die das Denken und Empfinden seiner (und vielfach noch das unserer westlichen) Zeitgenossen immer noch fundamental bestimmen.

Entwertung 1: Im ersten Kapitel geht es um **Natur, um menschliche Werte, um Freiheit und Verantwortung.** Das Thema einer amoralischen Natur, ihrer vermuteten Eigenschaften, die nur allzu gern vermenschlicht werden, wird hier wieder aufgegriffen. Wir sind Natur, und unser Leben ist es natürlich auch. Nietzsche fragt nach den seelischen Motiven für solche Anthropomorphismen und setzt sie konsequent in Beziehung zu menschlichem Schuldgefühlen, Gewissen und subjektiver Verantwortung für das menschliche Tun. Kern dieser Fragen ist: Gibt es überhaupt menschliche Freiheit? Und wenn das bezweifelt wird: Wie sollen wir überhaupt frei entscheiden, wenn eh alles kausal determiniert zu sein scheint?

Entwertung 2: Danach geht es sozusagen moralisch ans Eingemachte: Unter dem Titel **Entwerten von Moralen** – nach Safranski eine „lebenslange Obsession Nietzsches" – unternimmt Nietzsche immer wieder den Versuch, historisch und weltanschaulich die Entstehung und die Herrschaft antiker, jüdischer und christlicher Moral herzuleiten und schlüssig zu interpretieren. Es geht schlussendlich um die Frage, wie unterschiedliche „Moralen" die Macht ergreifen und das Verhalten Einzelner und ganzer Kollektive jahrtausendelang bestimmen können, unter Androhung grausamer Sanktionen für unartige, sündige Gläubige. Welche schicksalhafte Wurzeln und welche sozialen Umstände bewirken faktische Handlungsmuster, oder -konventionen, -regeln oder -prinzipien – so eine gängige Definition von Moral – bei Individuen, Gruppen oder Kulturen?

Entwertung 3: Bei der **Be- und Entwertung von Bewusstsein und Ich** vertieft sich Nietzsche in die Evolutionstheorien seiner Zeit und kommt zu höchst erstaunlichen Denkergebnissen und Schlussfolgerungen, die seiner Zeit weit vorauseilen. Gegenstand seiner Reflexionen ist die Wahrnehmung des menschlichen Innern durch das Phänomen des Bewusstseins, das sich selbst reflektieren kann.

Wie bildet sich Ich-Bewusstsein, wie laufen seelische Prozesse bei einzelnen Individuen ab, wie bewusst oder bewusstlos leben wir überhaupt?

Entwertung 4: **Entwertung von Wahrheits- und Wirklichkeitsvorstellungen.** Das nächste Kapitel greift die bis dahin noch kaum hinterfragten, zumeist verabsolutierten philosophischen Begriffe von „Wahrheit" und „Wirklichkeit" heraus und attackiert sie. Mit anderen Worten: Thema sind die „ersten und letzten Dinge"; es geht um die Grenzen der Vernunft, um den chaotischen Urgrund des menschlichen Seins und um die Unmöglichkeit, ihn denkerisch zu ergründen.

Entwertung 5: **Entwertung des zeitgenössischen Fortschrittsglaubens.** Das Jahrhundert der Aufklärung, die Entwertung tradierter christlicher Glaubenssysteme durch technische, wissenschaftliche und gesellschaftliche Neuerungen, der sokratisch bewirkte, verabsolutierte Glauben an den Sieg der Erkenntnis über Nichtwissen und Dummheit und schließlich die gewaltigen wirtschaftlichen Fortschritte durch die Industrialisierung und den wachsenden Wohlstand des Bürgertums – all dies sorgte zu Nietzsches Lebzeiten für einen allgemeinen Fortschrittsglauben und Zivilisationsoptimismus, den er skeptisch und gründlich sezierte, entwertete und teilweise ad absurdum führte. Wie er das tat, damit befasst sich dieses fünfte Kapitel von Teil B.

Entwertung 6: **Entwerten und Relativieren von Standpunkten, Meinungen und Lebensperspektiven.** Was sind objektiv verlässliche Erkenntnisse, richtige Standpunkte, unbezweifelbare Meinungen? Oder entstammen solche Äußerungen nicht alle den jeweils unterschiedlichen, individuellen Lebensperspektiven? Und wenn ja: Welche Kräfte bestimmen, was zu gelten hat? Herrscht hier nicht auch jeweils ein individuelles oder soziologisches Machtspiel – bestimmt nicht letztlich der „Wille zur Macht", welche Standpunkte und Meinungen die Oberhand gewinnen, sich im Wortsinn verwirklichen und allgemeine Geltung erlangen?

Entwertung 7: **Klärungen und Entwertung des Gottesglaubens.** Nietzsche verweilt nicht bei dem Versuch, die Existenz jenseitiger Welten zu widerlegen; er fragt vielmehr, welche psychologische und historischen Motive sich hinter dem „Fundament aller vorhandenen Religionen und Metaphysen" verbergen. Damit stellt sich die Frage nach der irdischen Herkunft der jeweiligen „Moralen" als Konsequenzen religiöser Jenseitsvorstellungen und der jeweils geltenden Herrschaftsverhältnisse. Denn die Natur ist wertfrei, auch wenn Menschen ihr gern eine göttliche Ordnung andichten, sie zur „Mutmaßung" machen. Wenn Gott tot ist, dann wird auch sein Einwirken auf die menschliche Gesellschaft und auf die Geschichte desolat. Nietzsche nennt die Befreiung freier Geister vom Gottesglauben eine heitere „Morgenröthe", die neue geistige Horizonte eröffnet.

Entwertung 8: **Entwertung von religiösem Glauben, vom Christentum und der Macht der Kirche.** Es geht in diesem Kapitel um die Macht von christlichen „Stellvertretern" Gottes über die Seelen der Gläubigen, um Schuld, Strafe und Vergebung, um die irdische Macht der Repräsentanten des Überirdischen, um die von Nietzsche so genannte Sklavenmentalität und -moral der Juden und Christen und ihre Deutungshoheit über das irdische Leben der Gläubigen. Und nicht zuletzt geht es um die Leibfeindlichkeit der Christen und um die Feindseligkeit der Kirche gegen wissenschaftliche Erkenntnisse.

Entwertung 9: **Entwertung von gleichmacherischen politischen Ideen, von Staatsgläubigkeit, Demokratie und Sozialismus.** Nietzsche war sein Leben lang höchst kritisch gegenüber zeitgenössischen gesellschaftspolitischen Ideen und revolutionären Bewegungen eingestellt. Seine Vorstellungen von „vornehmen" Machteliten steht in engem Zusammenhang mit seiner Moralkritik und mit einem Weltbild, das wenigen extraordinären Persönlichkeiten und nicht den Massen die quasi natürliche Herrschaft über die unselbständigen „Heerdenthiere" eines Volkes zuordnet. Nur dadurch und nicht durch Gleichmacherei lasse sich eine höhere Kultur schaffen – für ihn Maßstab neuer Hochkulturen. Entsprechend zwiespältig ist seine philosophische Haltung gegenüber dem Staat – einerseits als unverzichtbare Ordnungsinstanz, zum anderen als ausbeuterischer Räuber.

Entwertung 10: **Entwertung idealistischer, positivistischer und wissenschaftlicher Gedankenwelten.** Die „Krankheit des Idealismus" habe ihn spät erst zur Vernunft gebracht, bekannte Nietzsche im Rückblick auf seine frühen – philosophisches und künstlerischen – Ideen. Er setzte sich im Laufe seines späteren Lebens radikal kritisch mit zeitgenössischen Gedankengebäuden auseinander, die nach der Aufklärung, im Zuge des Geniekult der deutschen Klassik und Romantik wirkten. Gleichermaßen engagiert befasste er sich mit dem Positvismus von Auguste Comte, einem französischen Philosophen und Mitbegründer der Soziologie und seiner Anhänger und analysierte den britisch eingefärbten Utilitarismus, der mit Darwins Evolutionsideen die Wissenschaft in Deutschland prägte. Das wissenschaftliche Denken selbst mit seinem Wahrheitsanspruch provozierte Nietzsche ebenfalls und veranlasste ihn, die Grenzen der Logik und damit die affekt- und instinktfeindliche Haltung der Naturwissenschaften zu definieren und die „Unergründlichkeit der Natur" zu postulieren.

Zitate

Ich habe alles zu leugnen versucht: oh, niederreißen, ist leicht, aber aufbauen! <> Die Macht der Gewohnheit, das Bedürfnis nach Höherem, <> der Zweifel, ob nicht zweitausend Jahre schon die Menschheit durch ein Trugbild irre geleitet, das Gefühl der eigenen Vermessenheit und Tollkühnheit: das alles kämpft einen unentschiedenen Kampf [FAT (BAW II, 55)]

Es gibt mehr Götzen als Realitäten in der Welt: Das ist mein „böser Blick" für diese Welt, das ist auch mein „böses Ohr" ... Hier einmal mit dem Hammer Fragen stellen und, vielleicht, als Antwort jenen berühmten hohlen Ton hören, der von geblähten Eingeweiden redet - welches Entzücken für einen, der Ohren noch hinter den Ohren hat - für mich <>, vor dem gerade das, was still bleiben möchte, laut werden muss ... [GÖT, Vorwort]

Das Letzte, was ich versprechen würde, wäre, die Menschheit zu „verbessern". Von mir werden keine neuen Götzen aufgerichtet; die alten mögen lernen, was es mit tönernen Beinen auf sich hat. Götzen (mein Wort für „Ideale") umwerfen – das gehört schon eher zu meinem Handwerk.
[ECC, Vorwort 2]

Die Aufgeklärtesten bringen es nur so weit, sich von der Metaphysik zu befreien und mit Überlegenheit auf sie zurückzusehen: während es doch auch hier, wie im Hippodrom, Not tut, um das Ende der Bahn herumzubiegen.
[MEN I, 20]

Jeder weiß jetzt, dass Widerspruch-vertragen-Können ein hohes Zeichenvon Kultur ist. Einige wissen sogar, dass der höhere Mensch den Widerspruch gegen sich wünscht und hervorruft, um einen Fingerzeig über seine ihm bisher unbekannte Ungerechtigkeit zu bekommen. [FRÖ 297]

ich zog den Vorhang weg von der Verdorbenheit des Menschen. Dies Wort, in meinem Munde, ist <> moralinfrei gemeint: <> meine Behauptung ist, dass alle Werte, in denen jetzt die Menschheit ihre oberste Wünschbarkeit zusammenfasst, décadence-Werte sind. [ANT 6]

Ich verderbe jedermann den Geschmack an seiner Partei: – das verzeiht mir keine Partei. [FRÖ 172]

Willenslähmung: Wo findet man nicht heute diesen Krüppel sitzen! Und oft noch wie geputzt! Wie verführerisch herausgeputzt! Es gibt die schönsten Prunk- und Lügenkleider für diese Krankheit; und dass zum Beispiel das meiste von dem, was sich heute als „Objektivität", „Wissenschaftlichkeit", „l'art pour l'art", „reines willensfreies Erkennen" in die Schauläden stellt, nur aufgeputzte Skepsis und Willenslähmung ist – für diese Diagnose der europäischen Krankheit will ich einstehen. [JEN 208]

Entwertung 1
Umwerten von menschlichen Werten und die Frage nach Freiheit und Verantwortung

„Wahrscheinlichkeit, aber keine Wahrheit, Freischeinlichkeit aber keine Freiheit - diese beiden Früchte sind es, deretwegen der Baum der Erkenntnis nicht mehr mit dem Baum des Lebens verwechselt werden kann." [MEN II, Wan 1]

Böse und gute Natur

„Wir haben uns eine Welt zurechtgemacht, in der wir leben können. [...] Aber Leben ist kein Argument; unter den Bedingungen des Lebens könnte der Irrtum sein." [FRÖ 121] Unsere Welt und speziell die „Natur der Natur", ist unergründbar und wird vom Menschen stets vermenschlicht – stellt Nietzsche ernüchtert fest. Und schreibt an anderer Stelle: „Die Welt, in der wir leben, ist ungöttlich, unmoralisch, ‚unmenschlich'‚– wir haben sie uns allzu lange falsch und lügnerisch, aber nach Wunsch und Willen unserer Verehrung, das heißt nach einem Bedürfnis ausgelegt. Denn der Mensch ist ein verehrendes Tier." Die Menschen hätten sich zuerst „in die Natur hineingedichtet", als sie Natur noch als böse und launenhaft erlebten. „Dann kam einmal eine Zeit, da sie sich wieder aus der Natur herausdichteten, die Zeit Rousseaus; [...] man erfand die ‚gute Natur'." [MOR 17]

Natur ist indifferent, rücksichtslos und ungerecht

Rousseaus Motto „Zurück zur Natur" gilt daher Nietzsches ganzer Spott: „Gemäß der Natur wollt ihr *leben?* Oh ihr edlen Stoiker, welche Betrügerei der Worte! Denkt euch ein Wesen, wie es die Natur ist, verschwenderisch ohne Maß, gleichgültig ohne Maß, ohne Absichten und Rücksichten, ohne Erbarmen und Gerechtigkeit, fruchtbar und öde und ungewiss zugleich, denkt euch die Indifferenz selbst als Macht – wie *könntet* ihr gemäß dieser Indifferenz leben?" [JEN 9]. Kurz: Von der Natur – und Nietzsche setzt den Begriff mit „Leben" gleich – lassen sich keine Werte herleiten; all dies sind eben Projektionen menschlicher Eigenschaften und Werte in ein vollkommen indifferentes natürliches Geschehen – so wie der Mensch auch seine Gottes- oder Götterbilder mit menschlichen Eigenschaften und Werten ausgestattet hat. Wie könnte er denn auch sonst seine Welt anders denken, fürchten oder verehren? Angesichts der ungeheuerlichen moralischen Indifferenz der Natur seien Werte ein Versuch, dazu im Bewusstsein ein Gegengewicht – eben eine Moral – zu schaffen als Ausgleich für diese natürlichen Ungerechtigkeiten.

Natürliche Kausalität versus menschliche Freiheit

Ähnlich sarkastisch setzt sich Nietzsche mit der menschlichen Freiheit als „drittes Heiligtum des religiös-metaphysischen Denkens“ (Safranski) auseinander. Er stellt ihr das kausale Denken und damit die kausale Zurechenbarkeit von menschlichem Handeln und somit von menschlicher Schuld und menschlicher Verantwortlichkeit gegenüber. Man habe den Menschen hintereinander verantwortlich gemacht für seine Wirkungen, für seine Handlungen, dann für seine Motive und schließlich auch für sein Wesen. Das Fazit: Zuletzt ist der Mensch dann für nichts mehr verantwortlich. „Die völlige Unverantwortlichkeit des Menschen für sein Handeln und sein Wesen ist der bitterste Tropfen, den der Erkennende schlucken muss, wenn er gewohnt war, in der Verantwortlichkeit und der Pflicht den Adelsbrief seines Menschtums zu sehen.“[MEN I, 107]

Dennoch entscheiden, als ob der Mensch eine Wahl hätte

Unter dem Rubrum „Antinomie der Freiheit“ fasst Safranski folgendermaßen Nietzsches Argumentation zusammen: „Nietzsche beurteilt weiterhin die menschlichen Angelegenheiten so, als ob die Menschen eine Wahl hätten und sich frei entscheiden könnten. Als spontan handelndes Wesen erfahre ich auf meiner inneren Bühne die Freiheit des Handelns. Der Verstand belehrt mich eines anderen. Im Augenblick des Handelns hilft uns aber die Kausalität nichts, wir müssen uns trotzdem entscheiden“. Auf eine sprachlich geniale Wortschöpfung und die knappste Formel gebracht: Nietzsche nennt es „Freischeinlichkeit“, also das subjektive (scheinbare) Gefühl der eigenen Freiheit und Verantwortlichkeit, das er damit zum Irrtum und zur Fiktion erklärt.

Zitate

Was ist das Siegel der erreichten Freiheit? - Sich nicht mehr vor sich selber schämen. [FRÖ 275]

Wir sind von vornherein unlogische und daher ungerechte Wesen und können dies erkennen: Dies ist eine der größten und unauflösbarsten Disharmonien des Daseins. [MEN I, 32]

Eure Arbeit sei ein Kampf, euer Friede sei ein Sieg! [ZAR I, Krieg (4,59)]

[Zarahustra:] Drei Verwandlungen nenne ich euch des Geistes: wie der Geist zum Kamele wird, und zum Löwen das Kamel, und zum Kinde zuletzt der Löwe.

<> Was ist schwer? So fragt der tragsame Geist, so kniet er nieder, dem Kamele gleich, und will beladen sein.

<> <> Alles dies Schwerste nimmt der tragsame Geist auf sich, dem Kamele gleich, das beladen in die Wüste eilt, also eilt er in seine Wüste.

Aber in der einsamen Wüste geschieht die zweite Verwandlung: zum Löwen wird hier der Geist, Freiheit will er sich erbeuten und Herr sein in seiner eigenen Wüste.

<> „Du-sollst" heißt der große Drache. Aber der Geist des Löwen sagt „ich will".

<> Wahrlich, es soll kein „Ich will" mehr geben!" Also spricht der Drache.

<> Freiheit sich schaffen und ein heiliges Nein auch vor der Pflicht: dazu, meine Brüder, bedarf es des Löwen.

<> Aber sagt, meine Brüder, was vermag noch das Kind, das auch der Löwe nicht vermochte? Was muss der raubende Löwe auch noch zum Kinde werden? Unschuld ist das Kind und Vergessen, ein Neubeginnen, ein Spiel, ein aus sich rollendes Rad, eine erste Bewegung, ein heiliges Ja-Sagen.

[ZAR I, Verwandlungen (4,29)]

Es gibt vielleicht auch für das Lachen noch eine Zukunft! Dann, wenn der Satz „die Art ist alles, Einer ist immer Keiner" - sich der Menschheit einverleibt hat <> Einstweilen <> ist die Komödie des Daseins sich selber noch nicht „bewusst geworden", einstweilen ist immer noch die Zeit der Tragödie, die Zeit der Moralen und Religionen. [FRÖ 1 (3,370)]

Dass man gegen seine Handlungen keine Feigheit begeht! dass man sie nicht hinterdrein im Stich lässt! – Der Gewissensbiss ist unanständig. [GÖT, Sprüche 10]

Unsere Anhängervergeben es uns nie, wenn wir gegen uns selbst Partei ergreifen: denn dies heißt, in ihren Augen, nicht nur ihre Liebe zurückweisen, sondern auch ihren Verstand bloßstellen. [MEN II, Mei 309]

Viel zu viele leben und viel zu lange hängen sie an ihren Ästen. Möchte ein Sturm kommen, der all dies Faule und Wurmfressene vom Baume schüttelt! [ZAR I, Tode (4,94)]

Auch törichte Gesetze geben Freiheit und Ruhe des Gemüts, sofern sich nur viele ihnen unterworfen haben. [MEN II, Mei 209]

[Der] zurückgedrängte, zurückgetretene, ins Innere eingekerkerte und zuletzt nur an sich selbst noch sich entladende und auslassende Instinkt der Freiheit: Das, nur das ist in seinem Anbeginn das schlechte Gewissen. [GEN II, 17 (5,325)]

jeder [hält] sich dort am meisten für frei <> , wo sein Lebensgefühl am größten ist, also <> bald in der Leidenschaft, bald in der Pflicht, bald in der Erkenntnis, bald im Mutwillen. [MEN II, Wan 9]

So lange wir nicht fühlen, dass wir irgendwovon abhängen, halten wir uns für unabhängig: ein Fehlschluss, welcher zeigt, wie stolz und herrschsüchtig der Mensch ist. <> „Freiheit des Willens" heißt eigentlich nichts weiter, als keine neuen Ketten fühlen. [MEN II, Wan 10]

Das Verlangen nach „Freiheit des Willens", in jenem metaphysischen SuperlativVerstande, wie er leider noch immer in den Köpfen der Halb-Unterrichteten herrscht, das Verlangen, die ganze und letzte Verantwortlichkeit für seine Handlungenselbst zu tragen und Gott, Welt, Vorfahren, Zufall, Gesellschaft davon zu entlasten, ist <> nichts Geringeres, als <> sich selbst aus dem Sumpf des Nichts an den Haaren ins Dasein zu ziehen. [JEN 21]

Entwertung 2
Entwertung von Moralen

„In der Moral behandelt sich der Mensch nicht als individuum, sondern als dividuum.“ [MEN I,57]

Nietzsches moralkritischer Denkansatz

Gegen herkömmliche Moral, die es zu überwinden gilt, hat Nietzsche sein Leben lang in fast allen philosophischen Schriften einen „großen Krieg“ geführt. Seine intellektuelle Kriegsstrategie nennt es die Umwertung bisheriger Werte. In Teil A hatten wir uns mit den „Denkfallen“ befasst, die Moral und Sitte allgemein und insbesondere die christliche Moral all jenen stellt, die nicht selbstbewusst mit ihren individuellen Lebenseinflüssen und Gedankenwelten reflektieren, sondern sie unkritisch, gläubig und fatalistisch übernehmen und sich ihnen fraglos unterordnen. Nietzsches Moralkritik interessiert sich dabei nicht so sehr für die Inhalte und die abstrakte Gültigkeit moralischer und sittlicher Spielregeln, sondern er erkundet und hinterfragt vielmehr – historisch, kulturgeschichtlich und psychologisch – deren Herkunft und ihr Entstehen im Blick auf die jeweiligen gesellschaftlichen Herrschaftsverhältnisse. Er betreibt eine Art Meta-Moralkritik.

Ausbruch aus dem Gefängnis „hinterweltlerischer“ Moralen

Mit der Moralkritik führt Nietzsche bekanntlich einen Zweifrontenkrieg. Hauptgegner ist das Christentum und dessen Vertreter auf Erden, die sich auf die göttliche Herkunft der christlichen Moralgesetze und Verhaltensnormen aus dem Jenseits oder – nach Nietzsche – auf eine „Hinterwelt“ berufen. An einer zweiten philosophischen Front kämpft Nietzsche gegen die sokratische und vor allem gegen die platonische Weltsicht, die sich ebenfalls als eine „Hinterwelt“ entpuppt, die höhere „wahre Welt“ der Ideen erdichtet, eine als objektiv erdachte moralische Welt mit Tugenden wie Tapferkeit und der höchsten, der Welt zugrunde liegenden Idee des Guten. Unter diesem Aspekt ist Platons Philosophie für Nietzsche der

„schlimmste, langwierigste und gefährlichste aller Irrtümer", denn sie habe die „Erfindung vom reinen Geiste und vom Guten an sich" in die Welt gebracht.

Das gemeinsame dualistische Weltbild von Platonismus und Christentum

Es ist eine Ideenwelt, zu der sich die platonische Philosophie und der christliche Glaube vereinigt haben. Platons Jenseitswelt einer unveränderlichen Ideenwelt habe, so Nietzsche, mit der christlichen Metaphysik gemeinsam, dass sie unsere diesseitige Erfahrungswelt mit all ihrer Sinnlichkeit, Körperlichkeit und ihrem triebhaftem Untergrund abwerte und als letztlich weniger wahr und unwirklich denunziere. Diese dualistische Teilung und Verdopplung der Welt entpuppt sich aus der Sicht Nietzsches als pure, lügenhafte Fiktion unseres Denkens.

Herrschaft und Macht erzeugen Moral

Es ist eine Konstante in Nietzsches Philosophie: Seine Vorstellung, dass die jeweils geltende Moral ihren Ursprung in den jeweiligen „Herrschafts-Gebilden", im Willen zur Macht, hat: Wir werden schicksalhaft – biologisch, sozial und kulturell – in vornehm aristokratische oder niedrige Lebensumstände hineingeboren. Es liegt dann am einzelnen Individuum, wie es im Rahmen dieser fatalen Existenzbedingungen willentliche Bestrebungen aktiviert, um die eigenen Talente zu entfalten und für seine persönliche Höherentwicklung zu nutzen.

Perspektivismus als Grundbegriff von Nietzsches Moralkritik

Nietzsche setzt an die Stelle der von anderen Philosophen traditionell absolut gesetzten moralischen Werte eine individuelle Moral jenseits althergebrachter religiöser oder gesellschaftlicher Überlieferungen und Dogmen, also „jenseits von Gut und Böse"[10]. Diese „Immoralität" orientiert sich an der subjektiven Bewertungen des Lebens durch den „Perspektivismus freier Geister." Die Natur selbst sei gegenüber dem menschlichen Leben, seinen Bedürfnissen und Wünschen völlig

[10] So der Titel seines Spätwerks „Jenseits von Gut und Böse. Vorspiel einer Philosophie der Zukunft", erschienen 1886

indifferent. Natur sei „verschwenderisch ohne Maass, gleichgültig ohne Maass, ohne Absichten und Rücksichten, ohne Erbarmen und Gerechtigkeit, fruchtbar und öde und ungewiss zugleich." Deswegen lasse sich von ihr auch keine „natürliche" Moral oder etwas absolut Gutes (im Sinne von Platon) ableiten.

Es ist allein der Mensch, der subjektiv wertet

Stattdessen zähle es zu den „Grundbedingungen des Lebens", dass der Mensch aus seiner individuellen Sicht – also perspektivisch – stets seine Welt bewerte und interpretiere. „Leben – ist das nicht gerade ein Anders-sein-wollen als diese Natur ist? Ist Leben nicht Abschätzen, Vorziehn, Ungerechtsein, Begrenztsein, Different-sein-wollen? (JGB 9).Weil wir die Welt in diesem Sinne perspektivisch sähen und es deshalb eben auch höchst unterschiedliche Perspektiven und somit auch unterschiedliche „Moralen" gebe, könne Moral keinerlei absolute Gültigkeit besitzen. Die Welt wird zur möglichen „Fiktion". Damit erübrigen sich auch Fragen nach deren letztem Grund und deren Urheber.

Aus der Perspektive der Sklaven- und Herrenmoral: Gut und schlecht oder gut und böse?

Nach Nietzsche definieren alle Menschen stets ihre Moral aus der Perspektive ihrer eigenen hierarchischen Stellung. Daraus schließt er, dass es nicht nur historisch für unterschiedliche Gesellschaftsformen, sondern auch für den einzelnen Menschen im Laufe seines Lebens und seiner geistigen Entwicklung solche unterschiedlichen Moralen gebe. Stets gehe dies jedoch auf schicksalhafte natürliche Unterschiede zurück. Ethik wird so für Nietzsche zu einer „Lehre von den Herrschaftsverhältnissen [...], unter denen das Phänomen ‚Leben' entsteht." (JGB 19). Sie stamme bereits aus archaischen „vormoralischen" Zeiten. Damals herrschten – so legt er dar - die Werte einer elitären Herrenmoral. „Gut" bedeutete zu dieser Zeit noch Stärke, Vornehmheit, das Wahrnehmen von Privilegien sowie Härte gegen sich selbst, aber auch gegen die Ansprüche der Massen.

Die jüdisch-christliche Wertumkehr

Historisch betrachtet habe dann die Religion der Juden und in ihrem Gefolge das Christentum eine totale „Wertumkehr" von der vormoralischen zur moralischen Gesellschaft bewirkt. Dies sei dann im Laufe der beiden letzten Jahrtausende zur herrschenden Weltanschauung und Weltordnung geworden, zur Weltherrschaft gelangt. Seither dominiere eine „Sklavenmoral" aus der Perspektive der Massen, der Unterprivilegierten und der Mittelmäßigen. Als deren Werte nennt Nietzsche Gleichheit, Gehorsam, Altruismus, Beseitigung von Privilegien und Armut, „ ... Gemeinsinn, Wohlwollen, Rücksicht, Fleiß, Mäßigkeit, Bescheidenheit, Nachsicht und Mitleiden". Der geschichtliche Erfolg des Christentums habe darin bestanden, die ursprünglich geltenden Verhaltensregeln der Starken gegen sie in Ressentiments der Schwachen zu verkehren. Resultat dieser Entwertung war – so Nietzsche – das Diffamieren der Moral der Starken als „böse" und die der Schwachen als „gut". „Die Sklavenmoral macht diejenigen zu Bösen, die in der natürlichen Ordnung die Guten waren."

Noble Grausamkeit contra christliches und humanistisches Mitleid

Die von Nietzsche beschriebene, erfolgreiche Umkehrung der moralischen Rangordnung durch das Christentum veranlasst ihn besonders beim Begriff „Mitleid" zu Interpretationen, die zu seinem Bild vom vornehmen Menschen passend gemacht werden. Für den vornehmen Menschen sei es eine Frage seiner angeborenen Selbstachtung, stark, entschlossen und angstfrei zu leben und zu handeln. Das bedeute auch, grausame Vergeltung zu üben, wenn er angegriffen werde. Dem niedrigen Menschen dagegen fehle es an eigener Wertschätzung und damit auch an der Kraft, sich zu wehren; er erdulde stattdessen demütig die Ungerechtigkeit der Starken. Das führt – so Safranski – zu einer „Dialektik des Mitleids: Es sei die geheime Macht der Schwachen, beim vornehmen Menschen Mitleid zu erregen, die der Starken, dieses Mitleid zu empfinden.

Ressentiment und Rache als Quelle christlicher Moral

Diese Verurteilung der Starken entstamme dem sklavischen Ressentiment, der „Lieblingsrache der Geistig-Beschränkten" (JGB 219). Den Ursprung des Hasses der Beschwerten und Minderbemittelten sieht Nietzsche primär im Neid. Letztlich erkennt Nietzsche darin das Herabsetzen der diesseitigen Welt und zugleich das Durchsetzen von Gruppeninteressen und von sozialem Ausgleich. Die jüdischen Propheten „haben ‚reich', ‚gottlos', ‚böse', ‚gewalttätig', ‚sinnlich' in Eins geschmolzen und zum ersten Mal das Wort ‚Welt' zum Schandwort umgemünzt." Und umgekehrt: „Überall, wo die Sklavenmoral zum Übergewicht kommt, zeigt die Sprache eine Neigung, die Worte ‚gut' und ‚dumm' einander anzunähern." (JGB 260). Aus dieser Deutung von christlich-abendländischer Moral führt ein direkter Weg zu den politischen Urteilen von Nietzsche über Demokratie, und Revolutionen, Sozialismus und Menschenrechte, von denen später ausführlich die Rede sein wird.

„Vornehme Moral": Für Nietzsche ein Lebensthema

Eine vorwärts gerichtete, aristokratische Moral, die „den schlechten Geschmack von sich abthut, mit Vielen übereinstimmen zu wollen", und die die herrschenden Kategorien von ‚Gut' und ‚Böse' überwindet: Das ist zeitlebens eine nahezu unverrückbare Überzeugung und ein starkes Anliegen dieses individualistischen Philosophen. Sie bringt zugleich einzelne vornehme und zugleich schöpferische Persönlichkeiten mit dem „Pathos der Distanz" hervor, die stolz sind, an sich selbst glauben, kühn und unternehmerisch denken und handeln und die bereitwillig Verantwortung für das eigene Leben übernehmen. „Auf die Gefahr hin, unschuldige Ohren missvergnügt zu machen, stelle ich hin: der Egoismus gehört zum Wesen der vornehmen Seele. Ich meine jenen unverrückbaren Glauben, dass einem Wesen, wie ‚wir sind', andere Wesen von Natur unterthan sein müssen und sich zu opfern haben." Diese Vorstellung von der Ungleichheit der Menschen ist fester Bestandteil seines Denkens und veranlasst ihn, konsequent jeglichen Egalitarismus abzulehnen und zu verachten.

Zitate

Vielleicht ist in ähnlicher Weise, wie <> das Gute nur die subtile Entwicklung des Bösen aus sich heraus sein kann, der freie Wille nicht als die höchste Potenz des Fatums. [FAT (BAW II,59)]

Worin wir alle unvernünftig sind. – Wir ziehen immer noch die Folgerungen von Urteilen, die wir für falsch halten, von Lehren, an die wir nicht mehr glauben – durch unsere Gefühle. [MOR 99]

Einer, der gegen sich öffentlich ehrlich ist, bildet sich zuallerletzt etwas auf diese Ehrlichkeit ein: denn er weiß nur zu gut, warum er ehrlich ist – aus demselben Grund, aus dem ein anderer den Schein und die Verstellung vorzieht. [MEN II, Mei 56]

Das Verlangen nach Freiheit, der Instinkt für das Glück und die Feinheiten des Freiheitsgefühls gehört ebenso notwendig zur Sklavenmoral und -moralität, als die Kunst und Schwärmerei in der Ehrfurcht, in der Hingebung das regelmäßige Symptom einer aristokratischen Denk- und Wertungsweise ist.– Hieraus lässt sich ohne weiteres verstehen, warum die Liebe als Passion – es ist unsere europäische Spezialität – schlechterdings vornehmer Abkunft sein muss: Bekanntlich gehört ihre Erfindung den provençalischen Ritter-Dichtern zu, jenen prachtvollen erfinderischen Menschen des „gai saber", denen Europa so vieles und beinahe sich selbst verdankt. – [JEN 260 (Schluss)]

Es gibt Herrenmoral und Sklavenmoral; – ich füge sofort hinzu, dass in allen höheren und gemischteren Kulturen auch Versuche der Vermittlung beider Moralen zum Vorschein kommen, noch öfter das Durcheinander derselben und gegenseitige Missverstehen, ja bisweilen ihr hartes Nebeneinander – sogar im selben Menschen, innerhalb einer Seele. [JEN 260 (5,208)]

Der Moralität geht der Zwang voraus, ja sie selber ist noch eine Zeitlang Zwang, dem man sich, zur Vermeidung der Unlust, fügt. Später wird sie Sitte, noch später freier Gehorsam, endlich beinahe Instinkt: Dann ist sie wie alles lang Gewöhnte und Natürliche mit Lust verknüpft – und heißt nun Tugend. [MEN I, 99]

Wenn die Tugend geschlafen hat, wird sie frischer aufstehen. [MEN I, 83]

Die beiden entgegengesetzten Werte „gut und schlecht", „gut und böse" haben einen furchtbaren, Jahrtausende langen Kampf auf Erden gekämpft; und so gewiss auch der zweite Wert seit langem im Übergewicht ist, so fehlt es doch auch jetzt noch nicht an Stellen, wo der Kampf unentschieden fortgekämpft wird. Man könnte selbst sagen, dass er inzwischen immer höher hinaufgetragen und eben damit immer tiefer, immer geistiger geworden sei: so dass es heute vielleicht kein entscheidenderes Abzeichen der „höheren Natur", der geistigeren Natur gibt, als zwiespältig in jenem Sinne und wirklich noch ein Kampfplatz für jene Gegensätze zu sein. [GEN I, 16 (5,285f)]

Es gibt ein fortwährendes Umwandeln und Arbeiten an der Moral - das bewirken die Verbrechen mit glücklichem Ausgang (wozu zum Beispiel alle Neuerungen des moralischen Denkens gehören). [MOR 98]

Moralität ist Herdeninstinkt im Einzelnen. [FRÖ 116]

Das Über-Tier. - Die Bestie in uns will belogen werden; Moral ist Notlüge, damit wir von ihr nicht zerrissen werden. Ohne die Irrtümer, welche in den Annahmen der Moral liegen, wäre der Mensch Tier geblieben. [MEN I, 40]

In der Moral behandelt sich der Mensch nicht als individuum, sondern als dividuum. [MEN I, 57]

es [kommt] fortwährend vor, dass der Einzelne sich selbst, vermittels seiner Sittlichkeit, majorisiert. [MEN II, Mei 89]

Es gibt vielleicht jetzt kein besser geglaubtes Vorurteil als dies: dass man wisse, was eigentlich das Moralische ausmache. [MOR 132, (3,124)]

Ist ein Moralist nicht das Gegenstück eines Puritaners? Nämlich als ein Denker, der die Moral <> als Problem nimmt? Sollte Moralisieren nicht - unmoralisch sein? [JEN 228 (5,164)]

Die ältere Moral, namentlich die Kants, verlangt vom Einzelnen Handlungen, welche man von allen Menschen wünscht: Das war eine schöne naive Sache; als ob ein jeder ohne weiteres wüsste, bei welcher Handlungsweise das Ganze der Menschheit wohlfahre, also welche Handlungen überhauptwünschenswert seien [MEN I, 25]

Entwertung 3
Neubewertung von Bewusstsein und Ich

„Die längste Zeit hindurch hat man bewusstes Denken als das Denken überhaupt betrachtet: Jetzt erst dämmert uns die Wahrheit auf, dass der allergrößte Teil unseres geistigen Wirkens uns unbewusst, ungefühlt verläuft.“ (FRÖ 333)

Der Mensch, das bewusst gewordene, „vom Fluche des Tierlebens erlöste“ Tier

In der Evolutionsgeschichte ist – ganz im Sinne Darwins – für Nietzsche das menschliche Bewusstsein als „letzte und späteste Entwicklung des Organischen noch unfertig und unkräftig.“ Auf das Bewusstsein allein – oder mit heutigen Worten auf das Funktionieren des Frontalkortex – ist für Nietzsche ohne die Unterstützung des „viel älteren Verband der Instinkte als Regulator“ (aus heutiger Sicht von Stamm- oder Reptilienhirn und vom limbischem System) kann sich der Mensch nicht verlassen. Damit wird auch jeglicher platonischen Idee, durch fortschreitendes Erkennen werde die wirkliche Welt erfassbar, geordnet und gerecht, radikal widersprochen. Auch die innere Wirklichkeit des Menschen ist ohne höheren Zweck und Sinn und dem Bewusstsein des Einzelnen nur punktuell und fragmentarisch zugänglich.

Der Urgrund des Seins und das Bewusstsein davon

Der chaotische Urgrund des Seins gilt für Nietzsche als der „ungeheure Lebensprozess selbst“ (Safranski). Er verortet ihn nicht nur in der Natur und im Rausch der Masse, sondern auch in der menschlichen Innenwelt. „Wir haben so viel Mühe gehabt, zu lernen, dass die äußeren Dinge nicht so sind, wie sie uns erscheinen – nun wohlan! Mit der inneren Welt steht es ebenso.“ Das Bewusstsein selbst verlagert Nietzsche jedoch nicht – wie etwa Freud – ins menschliche Innere: Die Innenwelt betrachtet er phänomenologisch. Sie ist für ihn, ebenso wie die

Außenwelt, pure Erscheinung. Der Mensch nimmt sie draußen mit seinen Sinnen – oder eben gedanklich und emotional innerlich, etwa als Leiden, Schmerz oder Lust – wahr. Wie unzuverlässig solche Wahrnehmungen (und damit das Bewusstsein selbst) sein können, das spitzt Nietzsche in der Feststellung zu, „dass es zwischen Wachen und Träumen keinen *wesentlichen* Unterschied gibt". Und fährt fort (MOR 119) „dass all unser Bewusstsein ein mehr oder weniger phantastischer Kommentar über einen ungewussten, vielleicht unwissbaren, aber gefühlten Text ist." Anders gesagt: Ebenfalls im Inneren des Menschen, in seinem Selbst, existiert für Nietzsche das Ungeheure, das chaotische Sein, ob es dem Einzelnen bewusst wird – oder auch nicht.

„Bewusstsein selbst ist aber weder drinnen noch draußen, sondern dazwischen. Es ist jeweils bei dem Selbst, wovon es Bewusstsein ist. Bewusstsein ist das sich selbst bewusste Sein" (Safranski).

Bewusstsein ist gerichtetes Sein

Nietzsche befasst sich intensiv mit dem Phänomen Bewusstsein. Es ist aus seiner Sicht nicht leer und wird dann mit Inhalten gefüllt, sondern bezieht sich absichtsvoll immer schon auf etwas, ist schließlich diese Bezogenheit selbst. Er unterscheidet unterschiedlichste Bewusstseinsvorgänge. Bewusstsein kann emotional eingefärbt sein, etwa distanziert, aber auch neugierig, ängstlich oder hoffnungsvoll. Dem folgt ein wesentlicher weiterer Gedankenschritt: Bewusstsein ist nicht identisch mit dem Sein, bildet auch keinesfalls das (äußere oder innere) Sein 1:1 ab. Sondern: „Alles was uns bewusst wird, ist durch und durch erst zurechtgemacht, vereinfacht, schematisiert, ausgelegt." (13.53).. Die radikale Schlussfolgerung: Auch das Bewusstsein des eigenen Seins ist stets nur Bewusstsein.

Der Blick aus dem „Bewusstseinszimmer" hinab

Das Ungeheure – sprich das Chaotische des Seins – verbirgt sich im individuellen Selbst des Lebens. So kann Selbst-Bewusstsein entstehen: Der Mensch wird sich (selbst) seiner Natur bewusst, als „verfeinertes Raubttier" mit all seiner „ekelhaften inneren Gier". „Wehe der verhängnissvollen Neubegier, die durch eine Spalte einmal aus dem Bewusstseinszimmer heraus und hinab zu sehen vermöchte und die jetzt ahnte, dass auf dem Erbarmungslosen, dem Gierigen, dem Unersättlichen, dem Mörderischen der Mensch ruht, in der Gleichgültigkeit seines Nichtwissens und gleichsam auf dem Rücken eines Tigers in Träumen hängend." Dieses ungeheuerliche Erkennen werde nur allzu gerne vermieden.

Das Ich als Fiktion

Ich entsteht, so überlegt Nietzsche weiter, wenn der Einzelne sein Bewusstsein reflektiert. Es ist sein Denken, das Ich-Bewusstsein erzeugt: Im „Bewusstsein des Bewusstseins" zerlegt er die Welt in das Ich-Subjekt (im Inneren) und in die Objekt-Welt (im Draußen), in eine „Phantasterei von ‚Ich' und ‚Nicht-Ich'". Unreflektiert hingegen löst sich die Vorstellung vom subjektiven Innenraum und objektiven Außenraum in nichts auf und erübrigt sich; das „Ich" stellt sich damit als gedankliches Konstrukt, als „Hinzuerfindung" heraus. Der Einzelne schützt sich jedoch vor dem Grauen des Gewahrseins seines triebhaften Untergrundes, indem er sich auf die Suche nach eben jenem gedanklichen Konstrukt „Ich", nach dem „Phantom des „Ego" begibt. Nur ein starker Wille – Nietzsche nennt es „dionysische Weisheit" – könne dagegenhalten und ertrage mehr oder weniger gelassen den Blick in den Abgrund des inneren Selbst, in seine eigene (natürliche) Wirklichkeit.

Leben ohne Bewusstsein

Das „Sich-Bewusst-Werden" oder Bewusstsein wird nach Nietzsche erst dann problematisch, wenn erkannt wird, dass die meisten – auch die mentalen – Lebensprozesse unbewusst, also unreflektiert ablaufen. „Wir können nämlich denken, fühlen, wollen, uns erinnern, wir können ebenfalls ‚handeln' in jedem Sinn des Wortes: und trotzdem braucht das alles nicht ‚uns ins Bewusstsein zu treten' […] Das ganze Leben wäre möglich, ohne dass es sich gleichsam im Spiegel sähe: wie ja tatsächlich auch jetzt der bei weitem überwiegende Teil dieses Lebens sich ohne diese Spiegelung abspielt." (FW 354). Letztlich bleibt das Individuelle singulär, die innere Wirklichkeit des Menschen ist für Nietzsche einzigartig, geheimnisvoll, und vor allem irrational.

Was kann (und will) bewusst und gesagt werden?

„Das Bewusstsein verfehlt das Individuelle“ und ist nicht Teil des Individuums, das weitgehend unsagbar bleibt, da auch Sprache simplifiziert und verfälscht. Im Gegensatz zur Perspektive Platons ist Bewusstsein damit kein „Medium der Selbstverständigung“ und der Selbsterkenntnis. Nietzsche reduziert es stattdessen „auf die mittlere Zone des vergesellschaften Bewusstseins“, auf zwischenmenschliche, sprachliche Beziehungen; Bewusstsein „gehört zu dem, was an ihm Gemeinschafts- und Heerdennatur ist.“ Es geht deshalb darum, die Kraft der Sprache in dieser Welt des Dazwischen auszudehnen, um sich untereinander über das eigene Sein besser mitteilen zu können.

Zitate

Selbst in den heitersten Augenblicken unseres wachen Geistes [sind wir] ein wenig von den Gewöhnungen unserer Träume gegängelt. [JEN 193]

Selig sind die Vergesslichen: denn sie werden auch mit ihren Dummheiten „fertig“. [JEN 217]

Unter friedlichen Umständen fällt der kriegerische Mensch über sich selber her. [JEN 76]

Mutige Leute überredet man dadurch zu einer Handlung, dass man dieselbe gefährlicher darstellt als sie ist. [MEN I, 308]

Wir sind alle nicht das, als was wir nach den Zuständen erscheinen, für die wir allein Bewusstsein und Worte – und folglich Lob und Tadel – haben; wir verkennen uns nach diesen gröberen Ausbrüchen, die uns allein bekannt werden, wir machen einen Schluss aus einem Material, in welchem die Ausnahmen die Regel überwiegen, wir verlesen uns in dieser scheinbar deutlichsten Buchstabenschrift unseres Selbst. Unser Meinung über uns aber, die wir auf diesem falschen Weg gefunden haben, das sogenannte „Ich“, arbeitet fürderhin mit an unserem Charakter und Schicksal, [MOR 115]

Das Greisenhafteste, was je über den Menschen gedacht worden ist, steckt in dem berühmten Satz „das Ich ist immer hassenswert"; das Kindlichste in dem noch berühmteren „liebe deinen Nächsten wie dich selbst". - bei dem einen hat die Menschenkenntnis aufgehört, bei dem anderen noch gar nicht angefangen. [MEN II, Mei 385]

Die gewöhnlichste Lüge ist die, mit der man sich selbst belügt; das Belügen anderer ist relativ der Ausnahmefall. [ANT 55 (6,238)]

Man sieht sich selber immer einige Schritte zu nah; und den Nächsten immer einige Schritte zu fern. So kommt es, dass man ihn zu sehr in Bausch und Bogen beurteilt und sich selber zu sehr nach einzelnen gelegentlichen unbeträchtlichen zügen und Vorkommnissen. [MEN II, Mei 387]

Dadurch, dass wir seit Jahrtausenden mit moralischen, ästhetischen, religiösen Ansprüchen, mit blinder Neigung, Leidenschaft oder Furcht in die Welt geblickt und uns in den Unarten des unlogischen Denkens recht ausgeschwelgt haben, ist diese Welt allmählich so wundersam bunt, schrecklich, bedeutungstief, seelenvoll geworden, sie hat Farbe bekommen, – aber wir sind die Koloristen gewesen [MEN I, 16]

Nicht die Welt als Ding an sich, sondern die Welt als Vorstellung (als Irrtum) ist so bedeutungsreich, tief, wundervoll, Glück und Unglück im Schoße tragend. Dies Resultat führt zu einer Philosophie der logischen Weltverneinung: welche übrigens sich mit einer praktischen Weltbejahung ebenso gut wie mit deren Gegenteil vereinigen lässt. [MEN I, 29]

Das Lernen verwandelt uns <> Aber im Grunde von uns, ganz „da unten", gibt es freilich etwas Unbelehrbares, einen Granit von geistigem Fatum, von vorherbestimmter Entscheidung und Antwort auf vorherbestimmte ausgelesene Fragen. Bei jedem kardinalen Problem redet ein unwandelbares „das bin ich" [JEN 231]

Der Mensch <> nahm erst den Begriff Sein aus dem Begriff Ich heraus, er hat die „Dinge" als seiend gesetzt nach seinem Bilde <> Was Wunder, dass er später in den Dingen immer nur wieder fand, was er in sie gesteckt hatte? [GÖT, Irrtümer 3]

Wir sprechen von Natur und vergessen uns dabei: Wir selber sind Natur, quand même –. Folglich ist Natur etwas ganz anderes als das, was wir beim Nennen ihres Namens empfinden. [MEN II, Wan 327]

[364]unser Leib ist ja nur ein Gesellschaftsbau vieler Seelen <> . L'effet c'est moi [JEN 19 (5,33)]

Liegt nicht im Kopf das, was die Menschen verbindet – das Verständnis für gemeinsamen Nutzen und Nachteil –, und im Herzen das, was sie trennt – das blinde Auswählen und Zutappen in Liebe und Hass [MEN II, Mei 197]

Man ist am meisten in Gefahr, überfahren zu werden, wenn man eben einem Wagen ausgewichen ist. [MEN I, 564]

Entwertung 4
Entwerten von Wirklichkeit und die Illusion der Wahrheit

„Wahrheiten sind Illusionen, von denen man vergessen hat, dass sie welche sind." [LÜG 1 (1880f)]

Die Suche nach Wahrheit ist unbequem

Es sei bequemer zu glauben, was einen tröstet, und schwerer, der Wahrheit nachzustellen – schreibt Nietzsche bereits in jungen Jahren an seine Schwester. Er selbst „klettert unverdrossen im Gebirge der Wahrheit": Die Unbequemlichkeit und schließlich auch die relative Fragwürdigkeit jeglicher Wahrheitssuche prägen sein gesamtes philosophisches Leben. Seine radikale Kritik richtet sich dabei schließlich gegen Sokrates, den Begründer der abendländischen Erkenntnis- und Wissenstradition, und gegen dessen Anspruch, durch beharrliches Erkennen und mehr Wissen zur Wahrheit der Ideen selbst zu gelangen.

Nietzsche, der „perspektivische" Lebensphilosoph

Nietzsche bestreitet nachdrücklich die Idee, wie sie etwa Platon verkündet, man könne Geist und Idee als absolute Wirklichkeit setzen. Philosophie müsse vom Menschen ausgehen. Zu dessen Grundeigenschaften gehöre es, sein Leben nach seinen subjektiven Ansprüchen und Bedürfnissen einzurichten. Er nennt dies, wie bereits dargestellt, das „Perspektivische". Es ist für ihn eine „Grundbedingung des Lebens" (JGB, Einleitung). Die Frage nach dem letzten Grund und dem Urheber der Welt sei deshalb irrelevant. Nietzsche schreibt: „Warum dürfe die Welt, die uns etwas angeht –, nicht eine Fiktion sein. Und wer da fragt 'aber zur Fiktion gehört ein Urheber?' – dürfte dem nicht rund geantwortet werden: Warum? Gehört dieses ‚gehört' nicht vielleicht mit zur Fiktion?" (JGB 34). Oder, wie er an anderer Stelle sagt: „Wir kennen keinen Urtext, es gibt nur Interpretationen."

Sich befreien von den „ersten und letzten Dingen"

Nietzsche wendet sich gegen den metaphysischen Grundsatz, am Anfang und Ursprung stehe das Primäre, das Grundlegende und damit das Höhere, also die eigentliche Wahrheit. Der Denkfehler sei, „die Entstehung [zu] verherrlichen, was meinen macht, am Anfang aller Dinge stehe das Wertvollste und Wesentlichste." Er setzt dagegen: Es gibt keine objektive Wahrheit. Sie ist die Art der menschlichen Illusion, die sich als nützlich, als „lebensdienlich" erwiesen hat.

Auch Unwahrheit kann nützlich sein

Wenn sie dem Leben dienlich sind, dann – so Nietzsche – hätten auch Unwahrheit oder Illusionen ihre Berechtigung. Und damit Mythos und Kunst, also Dichtung, Malerei und insbesondere die Musik als Quelle von Phantasie und Kreativität. Sie bewirkten ebenso eine „perspektivische" Scheinwelt wie Metaphysik oder Religion. Stelle man also diese traditionellen Werte und damit die traditionelle Philosophie in Frage, so eröffneten sich vollkommen neue Wertperspektiven. „Der Wille zur Wahrheit, der uns noch zu manchem Wagnisse verführen wird, jene berühmte Wahrhaftigkeit, von der alle Philosophen bisher mit Ehrfurcht geredet haben, was für Fragen hat dieser Wille zur Wahrheit uns schon vorgelegt? [...] Gesetzt wir wollen Wahrheit: warum nicht lieber Unwahrheit? Und Ungewissheit? Selbst Unwissenheit?"

Natürliche Grenzen des Willens zur Wahrheit und zum Wissen

Nietzsches eigener scharfsinniger Wahrheits- und Erkenntnistrieb führt ihn schließlich an die Grenzen und zur vehementen Kritik des Wissens. Dazu die bekannte fabelhafte Geschichte, mit der er seinen Aufsatz „Über Wahrheit und Lüge im außermoralischen Sinne" einleitet: „In irgend einem abgelegenen Winkel des in zahllosen Sonnensystemen flimmernd ausgegossenem Weltalls gab es einmal ein Gestirn, auf dem kluge Thiere das Erkennen erfanden. Es war die hochmüthigste und verlogenste Minute der ‚Weltgeschichte': aber doch nur eine Minute. Nach wenigen Athemzügen erstarrte das Gestirn und die klugen Thiere mussten sterben. – So könnte Jemand eine Fabel erfinden und würde doch nicht genügend illustrirt haben, wie kläglich, wie schattenhaft und flüchtig, wie zwecklos und beliebig sich der menschliche Intellekt innerhalb der Natur ausnimmt."[11] Nietzsche entwertet und zerstört mit seiner Kritik des Intellekts die sokratische (und platonische) Denktradition, die den Willen zum Wissen und zur Wahrheit und damit die Wissenschaft verabsolutiert. Er kehrt, wie Safranski schreibt, „den Stachel des Wissens gegen das Wissen." Gegen den aufklärerischen Geist des Intellektualismus, gegen den „Typus des theoretischen Menschen", den für ihn Sokrates verkörpert, der „eine immer höher werdende Wissenspyramide aufhäuft" und der den Wahrheits- und Erkenntnistrieb ins Extrem getrieben hat.

Schonungslose intellektuelle Redlichkeit und Authentizität

Kritisches Denken und Selbstprüfung, intellektuelle Redlichkeit – Nietzsche nennt es „intellectuales Gewissen" – sind die Maxime von Nietzsches hinterfragender Philosophie. Sie dienen als „Waffe", um sich gegen fremde Einflüsse zu verteidigen und seinem autonomen Wesen auf die Spur zu kommen. Gemeint ist damit nicht eine einmalige gedankliche Entscheidung, sondern eine konstante intellektuelle Grundhaltung, die überlieferte geltende „Wahrheiten" und proklamierte Werte stetig in Frage stellt. Diesem denkerischen Vorgehen, von anderen Menschen übermittelte Gedanken und Werte konsequent und immer wieder aufs Neue zu überprüfen, sie im Wortsinn fragwürdig und anzweifelbar zu machen, sie zu entwerten und zu vernichten: Mit dieser willentlichen „Umwertung aller Werte" zerstört Nietzsche tausendjährige Denk- und Glaubenstraditionen.

[11] „In irgendeinem abgelegenen Winkel des in zahllosen Sonnensystemen flimmernd ausgegossenen Weltalls gab es einmal ein Gestirn, auf dem kluge Tiere das Erkennen erfanden. Es war die hochmütigste und verlogenste Minuteder »Weltgeschichte«: aber doch nur eine Minute. Nach wenigen Atemzügen der Natur erstarrte das Gestirn, und die klugen Tiere mussten sterben." - 1 (KSA 1: 875)

Zitate

Ohnmacht zur Lüge ist lange noch nicht Liebe zur Wahrheit.
[ZAR IV, Menschen 9 (4,361)]

Der Phantast verleugnet die Wahrheit vor sich, der Lügner nur vor anderen.
[MEN II, Mei 6]

Die Menschen glauben an die Wahrheit dessen, was ersichtlich stark geglaubt wird. [MEN I, 52]

Was zwingt uns überhaupt zur Annahme, dass es einen wesenhaften Gegensatz von „wahr" und „falsch!" gibt? Genügt es nicht, Stufen der Scheinbarkeit anzunehmen und gleichsam hellere und dunklere Schatten und Gesamttöne des Scheins - verschiedene valeurs, um die Sprache der Maler zu reden? Warum dürfte die Welt, die uns etwas angeht -, nicht eine Fiktion sein?
[JEN 34]

Es genügt, neue Namen und Schätzungen und Wahrscheinlichkeiten zu schaffen, um auf die Länge hin neue „Dinge" zu schaffen. [FRÖ 58]

Der Irrtum hat aus Tieren Menschen gemacht; sollte die Wahrheit imstande sein, aus dem Menschen wieder ein Tier zu machen? [MEN I; 519]

Der unbefangenste Astronom selber kann die Erde ohne Leben kaum anders empfinden als wie den leuchtenden und schwebenden Grabhügel der Menschheit. [MEN II; Wan 14]

Grundeinsicht. - Es gibt keine prästabilisierte Harmonie zwischen der Förderung der Wahrheit und dem Wohl der Menschheit. [MEN I, 517]

ich wüsste nicht, warum die Alleinherrschaft und Allmacht der Wahrheit zu wünschen wäre; mir genügte schon, dass sie eine große Macht habe. Aber sie muss kämpfen können und eine Gegnerschaft haben, und man muss sich von ihr im Unwahren ab und zu erholen können [MOR 507]

In vino veritas: Es scheint, dass ich auch hier wieder über den Begriff „Wahrheit" mit aller Welt uneins bin: - bei mir schwebt der Geist über dem Wasser ...
[ECC, klug 1 (6,281)]

die Erkenntnis auch der hässlichsten Wirklichkeit [ist] schön <> Das Glück der Erkennenden mehrt die Schönheit der Welt [MOR 550 (3,320)]

„Schein" [ist] nicht der Gegensatz irgendeines Wesens – was weiß ich von irgendwelchem Wesen auszusagen, als eben nur die Prädikate seines Scheins! [FRÖ 54]

die Kraft der Erkenntnisse liegt nicht in ihrem Grad von Wahrheit, sondern in ihrem Alter, ihrer Einverleibtheit, ihrem Charakter als Lebensbedingung. [FRÖ 110 (3,469)]

Was sind denn zuletzt die Wahrheiten des Menschen? – Es sind die unwiderlegbaren Irrtümer des Menschen. [FRÖ 265]

Wahrscheinlichkeit, aber keine Wahrheit: Freischeinlichkeit, aber keine Freiheit, – diese beiden Früchte sind es, derentwegen der Baum der Erkenntnis nicht mit dem Baum des Lebens verwechselt werden kann. [MEN II, Wan 1]

Die Wissenschaft nötigt uns, den Glauben an einfache Kausalitäten gerade dort aufzugeben, wo alles so leicht begreiflich scheint und wir die Narren des Augenscheins sind. [MOR 6]

Es ist eine gut bewiesene Sache, dass die Menschen aus dem Mutterleib hervorgehen: Trotzdem lassen erwachsene Kinder, die neben ihrer Mutter stehen, die Hypothese als sehr ungereimt erscheinen; sie hat den Augenschein gegen sich. [MOR 340]

Die Antithese ist die enge Pforte, durch welche am liebsten der Irrtum zur Wahrheit schleicht. [MEN I,187]

Wahrheiten sind Illusionen, von denen man vergessen hat, dass sie welche sind, <> Münzen, die ihr Bild verloren haben und nun als Metall, nicht mehr als Münzen in Betracht kommen. [LÜG 1 (1,880f)]

Entwertung 5
Entwertung des materiell-biologischen Fortschrittsglaubens und heutige Chancen und Grenzen der Genetik

[703] Die Größe eines „Fortschritts" bemisst sich sogar nach der Masse dessen, was ihm alles geopfert werden musste; die Menschheit als Masse dem Gedeihen einer einzelnen stärkeren Spezies Menschen geopfert - das wäre ein Fortschritt ... - Ich hebe diesen Hauptgesichtspunkt <> hervor, umso mehr als er im Grunde dem gerade herrschenden Instinkt und Zeitgeschmack entgegengeht, welcher lieber sich noch mit der absoluten Zufälligkeit <> alles Geschehens vertragen würde, als mit der Theorie eines in allem Geschehen sich abspielenden Macht-Willens. *(Gen II, 12 (5,315)*

Darwin hat schlicht den menschlichen Geist vergessen

Mit seiner Ablehnung der Idee, das darwinistische Prinzip – genauer: eine bewusstlos im Tierreich wirkenden Entwicklung – lasse sich auch auf die Erwartung übertragen, die Fortentwicklung der Menschheit verlaufe zwangsläufig und eigendynamisch weiter, distanziert sich Nietzsche vom naiven Wunschdenken seiner Zeitgenossen und vom materiellen Dogma von Anpassung und Selektion. Es widerspricht der Logik eines Zarathustra und somit seiner Philosophie. Nietzsches Argumentation ist vielmehr: Im Bewusstsein des einzelnen Menschen werden wie in einem Spiegel diese Entwicklungsprozesse reflektiert. Die menschliche Erkenntnis und ein individueller Gestaltungswille übernehmen dann die Regie – oder auch nicht. Darwin habe in seiner Evolutionslehre eben schlicht „den Geist vergessen".

Fragwürdige biologische Evolutionsideen im 19. Und 20 Jahrhundert

Nietzsches Vision, die sich im Zarathustra und anderen Spätschriften äußert, der Übermensch könne sich nicht nur durch selbstbewusstes und selbstkritisches Denken in späteren Jahrhunderten verwirklichen, sondern auch durch aktives biologisches Handeln des Einzelnen – etwa durch eine gezielte Paarung – und zugleich durch eine rationale Kasten- und Rassenpolitik, könne also gesellschaftspolitisch ebenfalls durch freies Handeln und aktives menschliches Schöpfertum verwirklicht werden, war (und ist noch heute) Anlass zu massiver, vielfach auch ideologisch eingefärbter Kritik geworden. Nietzsche wurde für die unselige Rassenpolitik der Nationalsozialisten als deren philosophischer Wegbereiter jahrzehntelang nach dem Ende des Dritten Reiches mit verantwortlich gemacht und verunglimpft, obwohl er den rassistischen Pöbel zutiefst verachtete.[12] Die kompetente Auseinandersetzung mit Nietzsches Individualismus und dessen Widerspruch zur NS-Massenideologie hat inzwischen solche unbedachte und undifferenzierte, wenn auch verständliche Polemik der Nachkriegszeit wieder versachlicht.

Anbiederung seiner Schwester bei den NS-Rassisten

Elisabeth Förster-Nietzsche manipulierte bekanntlich den Nachlass ihres Bruders erheblich und versuchte, ihn in den letzten Jahren ihres Lebens vor allem auch rassistisch so passend zu machen, dass er dem Zeitgeist und den Auffassungen der NS-Ideologen Alfred Rosenberg und Alfred Baeumler besser entspreche.

[12] Die jahrzehntelange Diffamierung Nietzsches sei hier in gebotener Kürze eine Rede von Peter Sloterdijk zu dessen hundertstem Todesstag gegenübergestellt, die zu einer gelassenen Würdigung von Nietzsches Visionen auffordert: „Hätte er nicht wissen können, dass aus dem Gesindel, das er zurückstieß, sein klebrigstes Klientel werden sollte?" In den „Werbefeldzügen der NS-Bewegung" habe Nietzsche nur deshalb eine Rolle spielen können, weil man „seine unversöhnlich individualistischen und avantgardistischen Grundwertungen" nicht beachtet habe.
Sloterdijk fährt fort: Die Erfolgsstrategie Hitlers habe darin bestanden, „einen Pop-Nationalismus mit einem Event-Militarismus so zu verbinden, dass er die Massennarzissmen auf dem kürzesten Weg befriedigte". Für das „Kitsch-System der Nationalsozialisten" sei Nietzsche wegen seiner antideutschen, antikollektivistischen, antimilitaristischen und anti-antisemitischen Haltung völlig ungeeignet gewesen.

Nietzsches Erwartungen einer biologischen Höherentwicklung sind in der Tat erheblich nüchterner und bescheidener: Theoretisch denkbar sei zwar, dass die künftige Evolution der Menschheit irgendwann einmal zu einem biologisch-materiellen „übermenschlichen" Ergebnis führe. Die Tatsache aber, dass wir im Jetzt von einem solchen eigendynamischen Bewusstseinsprozess noch meilenweit entfernt seien, der zu solchen Ergebnissen führt, begründet seine klare Aufforderung, heute den eigenen Willen anzuspornen, um sich auf das Seil zu begeben, das den Abgrund zum individuell geprägten Übermenschen überbrückt. Eine solche Entscheidung sei bereits für jeden Einzelnen unmittelbar jetzt möglich.

Rasanter biologischer Fortschritt und ethische Zuspitzung seit Nietzsche

Viel interessanter als die müßige Frage, ob Nietzsche mit seinem Denken letztlich zum Aufstieg des Dritten Reiches Entscheidendes beigetragen habe, scheint die Überlegung, inwiefern sich seine biologischen Visionen – in ziemlich anderer Form als von ihm vorausgesehen – heutzutage tatsächlich verwirklicht haben. Als Friedrich Nietzsche 1900 starb, begannen die Forschungsergebnisse des „Vaters der Genetik", des österreichischen Augustinermönchs und Pflanzenforschers Gregor Mendel, Schritt für Schritt zum wissenschaftlich Allgemeingut zu werden. Seither hat sich die Genetik gewaltig weiterentwickelt. Unsere erst kürzlich entschlüsselte DNA hat bekanntermaßen enormen Einfluss auf unser Dasein, auf unsere gesamte Biologie – etwa auf unser Aussehen, auf unsere subjektive Gesundheit, auf unseren Stoffwechsel und schließlich auch auf unser Lebensalter – und damit auch auf unsere Psyche. Darwins damals umwälzende Gedanken, die das zeitgenössische naturwissenschaftliche Denken prägten und Nietzsche zu Visionen vom Menschen als Übergangswesen und von zur „Höherbildung des Leibes und nicht nur des Gehirns" mit inspirierten, haben inzwischen noch größere – biologische und ethische – Bedeutung erlangt.

Heutiger Fortschrittsglaube an die Allmacht der Genetik

Wir debattieren heute leidenschaftlich über genetisch veränderte Lebensmittel, über geklonte Stammzellen bei Tier und Mensch und über unterschiedliche

Methoden der künstlichen Befruchtung – sprich über eine rationalisierte menschliche Zuchtwahl. Nietzsche hätte vermutlich einerseits durch diese biologische Revolution seit der Entschlüsselung des Genoms und andere Ergebnisse der aktuellen Molekular- und Epigenetik und deren Perspektiven zur „Höherentwicklung des Leibes" seine Vorstellungen vom Übermenschen teilweise bestätigt gesehen. Er war andererseits, wie wir wissen, höchst allergisch gegen solcherlei naive humanistische Fortschrittsspekulationen. Sicherlich hätte er deshalb auch die Ergebnisse der wissenschaftlichen Forschung mit eineiigen Zwillingen begrüßt, die nachweisen, dass eine identische genetische Ausstattung bei unterschiedlichen Daseinsverhältnissen keinesfalls zwangsläufig zu identischen Lebensabläufen führt, auch wenn sich diese Prägungen deutlich sichtbar verkörpern. Dass aber, banal gesagt, auch Gene „nur" Potenziale für die menschliche Entwicklung sind und dass – wie dies bereits Nietzsche postuliert – der Wille zu dem, was wir aus unserem Leben machen, ebenfalls für unsere Existenz eine gewaltige Rolle spielt: An dieser wissenschaftlichen Einsicht hat sich seither nur wenig verändert.

Zitate

Ich misstraue allen Systematikern und gehe ihnen aus dem Weg. Der Wille zum System ist ein Mangel an Rechtschaffenheit. [GÖT, Sprüche 26]

Die Maschine als Lehrerin. – Ihre allgemeinste Wirkung ist, den Nutzen der Zentralisation zu lehren. [MEN II, Wan 218]

Die Presse, die Maschine, die Eisenbahn, der Telegraph sind Prämissen, deren tausendjährige Konklusion noch niemand zu ziehen gewagt hat. [MEN II, Wan 278]

Der moderne Mensch schleppt zuletzt eine ungeheuere Menge von unverdaulichen Wissenssteinen mit sich herum, die dann bei Gelegenheit auch ordentlich im Leibe rumpeln, wie es im Märchen heißt. [HIS 4 (1,272)] *wie soll der große produktive Geist es unter einem Volk noch aushalten, das seiner einheitlichen Innerlichkeit nicht mehr sicher ist und das in Gebildete mit verbildeter und verführter Innerlichkeit und in Ungebildete mit unzugänglicher Innerlichkeit auseinander fällt.* [HIS 4 (1,277)]

Die historische Bildung ist <> eine Art angeborener Grauhaarigkeit, und die, welche ihr Zeichen von Kindheit her an sich tragen, müssen wohl zu dem instinktiven Glauben vom Alter der Menschheit gelangen: Dem Alter aber gebührt jetzt eine greisenhafte Beschäftigung, nämlich Zurückschauen, Überrechnen, Abschließen, Trost suchen im Gewesenen, durch Erinnerungen, kurz historische Bildung. [HIS 8 (1,303)]

Der Gebildete ist zum größten Feind der Bildung abgeartet, denn er will die allgemeine Krankheit weglügen und ist den Ärzten hinderlich. [ERZ 4 (1,366)]

Etwas Unbekanntes auf etwas Bekanntes zurückführen, erleichtert, beruhigt, befriedigt, gibt außerdem ein Gefühl von Macht. <> Der Ursachentrieb ist also bedingt und erregt durch das Furchtgefühl. [GÖT, Irrtümer 5]

In der Wissenschaft haben die Überzeugungen kein Bürgerrecht, so sagt man mit gutem Grund: Erst wenn sie sich entschließen, zur Bescheidenheit einer Hypothese, eines vorläufigen Versuchs Standpunktes, einer regulativen Fiktion herabzusteigen, darf ihnen der Zutritt und sogar ein gewisser Wert innerhalb des Reichs der Erkenntnis zugestanden werden, – immerhin mit der Beschränkung, unter polizeiliche Aufsicht gestellt zu bleiben, unter die Polizei des Misstrauens. [FRÖ 344 (3,574f)]

eine tiefsinnige Wahnvorstellung, welche zuerst in der Person des Sokrates zur Welt kam, [ist] jener unerschütterliche Glaube, dass das Denken, an dem Leitfaden der Kausalität, bis in die tiefsten Abgründe des Seins reiche, und dass das Denken das Sein nicht nur zu erkennen, sondern sogar zu korrigieren imstande sei. Dieser erhabene metaphysische Wahn ist als Instinkt der Wissenschaft beigegeben und führt sie immer und immer wieder zu ihren Grenzen, an denen sie in Kunst umschlagen muss: auf welche es eigentlich, bei diesem Mechanismus, abgesehen ist. [TRA 15 (1,99)] *die Wissenschaft [ist] als möglichst getreue Anmenschlichung der Dinge zu betrachten, wir lernen immer genauer uns selber beschreiben, indem wir die Dinge und ihr Nacheinander beschreiben. Ursache und Wirkung: eine solche Zweiheit gibt es wahrscheinlich nie - in Wahrheit steht ein Kontinuum vor uns, von dem wir ein paar Stücke isolieren <> Ein Intellekt, der <> den Fluss des Geschehens sähe,- würde den Begriff Ursache und Wirkung verwerfen* [FRÖ 112]

Man soll nicht „Ursache" und „Wirkung" fehlerhaft verdinglichen, wie es die Naturforscher tun (und wer gleich ihnen heute im Denken naturalisiert) gemäß der herrschenden mechanistischen Tölpelei, welche die Ursache drücken und stoßen lässt, bis sie „wirkt" [JEN 21 (5,35)]

Es gibt keine allein wissendmachende Methode der Wissenschaft! Wir müssen versuchsweise mit den Dingen verfahren, bald böse, bald gut gegen sie sein und Gerechtigkeit, Leidenschaft und Kälte nacheinander für sie haben. [MOR 432]

Der Umfang und der Turmbau der Wissenschaften ist ins Ungeheuere gewachsen, und damit auch die Wahrscheinlichkeit, dass der Philosoph schon als Lernender müde wird <> : so dass er gar nicht mehr auf seine Höhe, nämlich zum Überblick, Umblick, Niederblick kommt. [JEN 205]

Was bedeutet überhaupt, als Symptom des Lebens angesehen, alle Wissenschaft? Wozu, schlimmer noch, woher - alle Wissenschaft? Wie? Ist Wissenschaftlichkeit vielleicht nur eine Furcht und Aus flucht vor dem Pessimismus? Eine feine Notwehr gegen - die Wahrheit? Und, moralisch geredet, etwas wie Feig und Falschheit? Unmoralisch geredet, eine Schlauheit? [TRA, Selbstkritik 1]

Entwertung 6
Entwertung von Standpunkten und Perspektiven

„Auf welchen Standpunkt der Philosophei man sich heute auch stellen mag: von jeder Stelle aus gesehen ist die Irrtümlichkeit der Welt, in der wir zu leben glauben, das Sicherste und Festeste, dessen unser Auge noch habhaft werden kann.“ [JEN 34 (5,52)]

Das Perspektivische als „Grundbedingung des Lebens“

Menschen haben – bedingt durch Herkunft, Lebensumstände, Denkweisen und sonstige Prägungen – zwangsläufig unterschiedliche Standpunkte und sehen die Welt aus ihrer jeweiligen Perspektive. Das ist eine im Grunde recht banale Einsicht. Mit dem Wegfall des philosophischen Standpunktes, der perspektivischen Sicht des Menschen stehe eine objektive – universale göttliche – Allgegenwart und Zeitlosigkeit mit einer „Totalperspektive“ und einem absoluten Bewusstsein gegenüber (wie sie etwa noch Leibnitz vertrat), betritt Nietzsche philosophisches Neuland. Er entwertet unerbittlich auch alle Phantasien von einem absolut gültigen Weltprinzip. Mit seiner grundlegenden Kritik von Metaphysik, Moralphilosophie und Religion wird „das Perspektivische“ für Nietzsche zum Kerngedanken seines Weltbildes. In „Jenseits von Gut und Böse“ nennt er das Perspektivische die „Grundbedingung des Lebens“.

Jegliche Erkenntnis ist perspektivisch, jegliche „Objektivität“ bleibt relativ

Wir verabsolutieren sozusagen unsere jeweiligen individuellen Wahrnehmungen, plustern sie auf zu unbedingten Erkenntnissen und machen daraus eine angeblich objektive Realität. Aus der philosophischen Perspektive Nietzsches hingegen gibt es nur graduelle Objektivität: „Es gibt nur ein perspektivisches Sehen, nur ein perspektivisches ‚Erkennen‘ und je mehr Affekte wir über eine

Sache zu Wort kommen lassen, je mehr Augen, verschiedene Augen wir uns für dieselbe Sache einzusetzen wissen, umso vollständiger wird unser ‚Begriff' dieser Sache, unsere ‚Objektivität' sein." Unterschiedliche Standpunkte, Sichtweisen und „perspektivische" Wahrnehmungen führen somit zu mehr Wirklichkeit (was auch immer das jeweils sein mag); je besser wir also befähigt sind, Standpunkte oder Perspektiven zu wechseln, desto „wirklicher" wird unser Denken, Erkennen und schließlich auch unser Handeln. Nietzsche interpretiert den Menschen und die Welt in diesem Sinne jeweils als Organismen, die sich in ständigen Werden (und Vergehen) befinden, als Gegeneinander und Spiel von Willenskräften und Mächten. Jeder Organismus führe aus seiner eigenen Perspektive einen solchen Kampf: „Leben wäre zu definieren als eine dauernde Form von Prozeß der Kräftefeststellungen, wo die verschiedenen Kämpfenden ihrerseits ungleich wachsen."

Die subjektive Vielfalt der Wirklichkeiten

Erkenntnis hängt für Nietzsche einerseits fundamental ab vom jeweiligen individuellen Standpunkt und vom jeweiligen Blickwinkel des Individuums. Und andererseits unter anderem auch von dessen Fähigkeiten zum Perspektivwechsel, also von seiner Intelligenz und Geschicklichkeit, im Wortsinn eigene „Gesichtspunkte" zu ändern, die Dinge – wie man so sagt – „mit anderen Augen zu sehen". Zweite Schlussfolgerung: Es gibt damit eine Vielfalt unterschiedlicher Wirklichkeiten, die wir in unserem Bewusstsein selbst konstruieren und variieren. Mit solchen tiefgehenden Gedanken kann Nietzsche durchaus als Vordenker philosophischer, psychologischer, soziologischer und wissenschaftstheoretischer Strömungen des 20. Jahrhunderts, etwa des Konstruktivismus, gesehen werden.

Von der Subjektivität zum Willen zur Macht

Nietzsches radikaler Subjektivismus, der sich in seinem Perspektivismus-Begriff widerspiegelt, verdeutlich den hohen Rang des Willens zur Macht – jener grundlegenden Denkfigur, die seinen Spätwerken zu eigen ist: „Dass der Werth der Welt in unserer Interpretation liegt (… daß vielleicht irgendwo noch andere Interpretationen möglich sind als bloß menschliche –), daß die bisherigen Interpretationen perspektivische Schätzungen sind, vermöge deren wir uns im Leben, das heißt im Willen zur Macht, zum Wachstum der Macht erhalten, dass jede Erhöhung des Menschen die Überwindung engerer Interpretationen mit sich bringt, dass jede erreichte Verstärkung und Machterweiterung neue Perspektiven aufthut und an neue Horizonte glauben heißt – die geht durch meine Schriften.“ Etwas flapsig gesagt und gedeutet: Und täglich grüßt der geistige Nomade.

Zitate

Der Mensch ist gegen sich selbst, gegen Auskundschaftung und Belagerung durch sich selber, sehr gut verteidigt, er vermag gewöhnlich nicht mehr von sich als seine Außenwerke wahrzunehmen. Die eigentliche Festung ist ihm unzugänglich, selbst unsichtbar, es sei denn, dass Freunde und Feinde die Verräter machen und ihn selber auf geheimem Wege hineinführen. [MEN I, 491]

Man hört nur die Fragen, auf welche man imstande ist, eine Antwort zu finden. [FRÖ 196]

Unsere Unwissenheit und unser geringer Durst nach Wissen verstehen sich trefflich darauf, als Würde, als Charakter einherzustolzieren. [MOR 565]

Sich häuten. – Die Schlange, welche sich nicht häuten kann, geht zugrunde. Ebenso die Geister, welche man verhindert, ihre Meinungen zu wechseln; sie hören auf, Geist zu sein. [MOR 573]

Das Misstrauen [ist] der Prüfstein für das Gold der Gewissheit [MEN II, Wan 145]

Der Dialektiker überlässt seinem Gegner den Nachweis, kein Idiot zu sein: Er macht wütend, er macht zugleich hilflos. Der Dialektiker depotenziert den Intellekt seines Gegners. [GÖT, Sokrates 7]

Menschen der Überzeugung kommen für alles Grundsätzliche von Wert und Unwert gar nicht in Betracht. Überzeugungen sind Aus den Leidenschaften wachsen die Meinungen; die Trägheit des Geistes lässt diese zu Überzeugungen erstarren. [MEN I, 637]

Öffentliche Meinungen – private Faulheiten [MEN I, 482]

Gefängnisse. <> Die große Leidenschaft braucht, verbraucht Überzeugungen, sie unterwirft sich ihnen nicht [ANT 54]

Überzeugungen sind gefährlichere Feinde der Wahrheit als Lügen. [MEN I, 483]

Die Gewohnheiten unserer Sinne haben uns in Lug und Trug der Empfindung eingesponnen: Diese wieder sind die Grundlagen aller unserer Urteile und „Erkenntnisse" – es gibt durchaus kein Entrinnen, keine Schlupf- und Schleichwege in die wirkliche Welt! Wir sind in unserem Netz, wir Spinnen, und das was wir auch darin fangen, wir können gar nichts fangen, als was sich eben in unserem Netz fangen lässt. [Mor 117]

Wir haben uns eine Welt zurechtgemacht, in der wir leben können <> Aber <> Leben ist kein Argument; unter den Bedingungen des Lebens könnte der Irrtum sein. [FRÖ 121]

Eingeengt in das Joch der Gewohnheit und der Vorurteile, glauben wir es fast als ein Vergehen betrachten zu müssen, wenn wir einen freieren Standpunkt wählen, um von da aus ein überparteiliches <> Urteil über Religion und Christentum fällen zu können.

Ein solcher Versuch ist nicht das Werk einiger Wochen, sondern eines Lebens. [FAT (BAWII, 54)]

Aus der Mitte des unermesslichen Ideenozeans sehnt man sich dann oft nach dem festen Land zurück: wie oft überschlich mich nicht bei fruchtlosen Spekulationen die Sehnsucht zur Geschichte und Naturwissenschaft! [FAT (BAW II, 55)

Man ist Besitzer seiner Meinungen, wie man Besitzer von Fischen ist – insofern man nämlich Besitzer eines Fischteiches ist. Man muss fischen gehen und Glück haben – dann hat man seine Fische, seine Meinungen. Ich rede hier von lebendigen Meinungen, von lebendigen Fischen. Andere sind zufrieden, wenn sie ein Fossilien-Kabinett besitzen – und, in ihrem Kopf, „Überzeugungen". [MEN II, Wan 317]

Ein rechter Fuchs nennt nicht nur die Trauben sauer, welche er nicht erreichen kann, sondern auch die, welche er erreicht und anderen vorweggenommen hat. [Men II, Wan 244]

Entwertung 7
Kritik und Entwertung des Gottesglaubens

„das war die verhängnisvollste Art Größenwahn, die bisher auf Erden gewesen ist: kleine Missgeburten von Muckern und Lügnern fingen an, die Begriffe 'Gott', 'Wahrheit'. 'Licht', 'Geist', 'Liebe', 'Weisheit', 'Leben' für sich in Anspruch zu nehmen, gleichsam als Synonyma von sich, um damit die 'Welt' gegen sich abzugrenzen …" (ANT 44)

Metaphysik lässt sich zwar nicht widerlegen …

Gottesspekulation und Gottesbeweise, wie sie zu Nietzsches Zeiten gang und gäbe waren und es heute noch sind, lässt er in seiner Philosophie sozusagen links liegen. Zwar ist er skeptisch gegenüber jeglicher metaphysischer Vorstellung einer jenseitigen Welt, will sie aber grundsätzlich gar nicht widerlegen. „Es ist wahr, es könnte eine metaphysische Welt geben; die absolute Möglichkeit davon ist kaum zu bekämpfen. […] aber Alles, was […] bisher metaphysische Annahmen *werthvoll, schreckenvoll, lustvoll* gemacht, was sie erzeugt hat, ist Leidenschaft, Irrthum und Selbstbetrug; die allerschlechtesten Methoden der Erkenntniss, nicht die allerbesten, haben daran glauben lehren. Wenn man diese Methoden, als das Fundament aller vorhandenen Religionen und Metaphysiken, aufgedeckt hat, hat man sie widerlegt." [(KSA 2, S. 29 f.]

Nietzsches Psychologie des Gottesglaubens

Ganz Lebensphilosoph fragt Nietzsche nach den menschlichen und damit psychologischen Motiven und dem Nutzen eines Gottesglaubens und fährt in dem oben zitierten Aphorismus (aus „Menschliches, Allzumenschliches") fort: „Dann bleibt immer noch jene Möglichkeit (von Metaphysik und Religion) übrig; aber mit ihr kann man gar Nichts anfangen, geschweige denn, dass man Glück, Heil und Leben von den Spinnenfäden einer solchen Möglichkeit abhängen lassen dürfte. – Denn man könnte von der metaphysischen Welt gar Nichts aussagen, als ein Anderssein, ein uns unzugängliches, unbegreifliches Anderssein; es wäre ein Ding mit negativen Eigenschaften. – Wäre die Existenz einer solchen Welt noch so gut bewiesen, so stünde doch fest, dass die gleichgültigste aller Erkenntnisse eben ihre Erkenntnis wäre […]"

Natur und Gottesglaube

Die Natur ist aus Nietzsches Sicht zwangsläufig wertfrei. Es gibt keine „natürliche Moral"; Natur ist rücksichtslos und ungerecht. Sie bringt starke und schwache, sozial Begünstigte und die Masse der Verlierer hervor, sie verteilt Lebenschancen höchst ungleich. Die Vorstellungen eines moralischen Gottes, der absolut geltende Gebote und sittliche Gesetze verfügt, der gerecht ist, der zwar straft, aber auch gnädig sein und vergeben, ja sogar lieb sein kann, schützt das Bewusstsein der Gläubigen vor der kalten amoralischen ungeheuerlichen Grausamkeit der Natur und vor dem Schrecken angesichts des moralischen Nichts, also vor dem Nihilismus.

Gottesglaube als Schutz für „schlechter Weggekommene"

Folgen wir hier weiter Safranskis prägnanter Interpretation von Nietzsches psychologischer Deutung des Gottesglaubens. Moral ist ein Versuch, Gegengewichte zur Ungerechtigkeit des natürlichen Schicksals zu schaffen. Einen besonders genialen Versuch mit dieser Absicht stelle das Christentum dar. Es biete den „schlechter Weggekommenen" drei entscheidende Vorteile: Es vermittle ihnen erstens einen absoluten Wert als Menschen, mache – zweitens – ihr Leid und Elend in der diesseitigen Welt im Blick auf den Himmel erträglicher und sinnvoll. Der dritte Nutzen des Gottesglaubens für die Menschen: Mit dem Glauben an die Schöpfung der Welt durch Gott erscheine sie den Gläubigen „als vom göttlichen Geist durchwirkt" und damit als erkennbar und wertvoll.

Entthronung Gottes in Wissenschaft, Gesellschaft und Geschichte

Für ungläubige Zeitgenossen, die erkannt haben, dass das Göttliche in der Welt nur ein Bewusstseinskonstrukt, dass Gott mit den Worten von Nietzsche nur eine „Mutmaßung“ ist – für sie bricht eine komplexe Gedanken- und Gefühlswelt zusammen. So muss es einst auch dem Pastorensohn Friedrich ergangen sein, der ursprünglich ja protestantische Theologie studieren sollte. Was der abendländischen Menschheit zwei Jahrtausende lang den Sinn der Welt, eine als ‚göttlich‘ interpretierte Natur erklärte und damit auch das wissenschaftliche Denken begrenzte und einpferchte, was das gesellschaftliche Zusammenleben der Menschen ethisch ordnete und was Menschheitsgeschichte als Gottes Wille deutete, büßte für den Einzelnen mit dem „Tod Gottes“ seine gesamte Glaubwürdigkeit ein. Verloren ging damit die gefühlte Geborgenheit in der Hand Gottes und das ganze Drum und Dran eines Jenseitsglaubens: Himmel, Paradies und Hölle, Engel, Heilige, Fegefeuer und Teufel – all das, was ins Jenseits projiziert wurde und das Verhalten der Gläubigen im Diesseits konditionierte. Nichts bleibt im Wortsinn übrig und somit ein profaner – geistiger und emotionaler – Nihilismus.

Überzeugungskraft und Machtbasis des Gottesglaubens

Christlicher Gottesglaube verdankt damit seines Siegeszug im Römischen Reich und seine dauerhafte Macht dieser göttlichen „Moral-Hypothese“, mit der die Gläubigen vor dem Erschrecken über die ungerechte Grausamkeit der Natur ebenso bewahrt werden wie auch vor dem existenziellen Schrecken vor einer profan gewordenen Wirklichkeit und damit vor der moralischen Haltlosigkeit des Menschen im Nihilismus.

Heitere Befreiung vom Gottesglauben für „freie Geister“

Auch wenn heute – gut ein Jahrhundert nach Nietzsches Tod – noch neun von zehn westlichen Zeitgenossen „irgendwie“ an Gott und eine jenseitige höhere Macht glauben: Für den „Philosophen mit dem Hammer“ und für die „freien Geister“ seiner und unserer Zeit hat die Erkenntnis, „dass der Glaube an den christlichen Gott unglaubwürdig geworden ist“, durchaus keine traurige und düstere, sondern vielmehr eine höchst heitere Perspektive. Nietzsche sagt es so: „In der That, wir Philosophen und ‘freien Geister’ fühlen uns bei der Nachricht, dass der ‘alte Gott todt’ ist, wie von einer neuen Morgenröthe angestrahlt; unser Herz strömt dabei über von Dankbarkeit, Erstaunen, Ahnung, Erwartung, – endlich erscheint uns der Horizont wieder frei, gesetzt selbst, dass er nicht hell ist, endlich dürfen unsre Schiffe wieder auslaufen, auf jede Gefahr hin auslaufen, jedes Wagniss des Erkennenden ist wieder erlaubt, das Meer, unser Meer liegt wieder offen da, vielleicht gab es noch niemals ein so 'offnes Meer'" [Menschliches, Allzumenschliches, Aphorismus 113]. Dieses heitere Gefühl der Befreiung bleibt vermutlich nach wie vor nur wenigen vorbehalten; Nietzsche sah sehr nüchtern voraus, dass das Verschwinden des Gottesglaubens für die Menschheit ein langwieriger Prozess sein wird: „Was ich erzähle, ist die Geschichte der nächsten zwei Jahrhunderte" [Nachgelassene Fragmente 11 [119].

Zitate

Einst sagte man Gott, wenn man auf ferne Meere blickte; nun aber lehrte ich euch sagen: Übermensch. <> zu Vätern und Vorfahren könntet ihr euch umschaffen des Übermenschen: und dies sei euer bestes Schaffen! – [ZAR II, Inseln (4,109)]

Der tolle Mensch. – Habt ihr nicht von jenem tollen Menschen gehört, der am hellen Vormittag eine Laterne anzündete, auf den Markt lief und unaufhörlich schrie: „Ich suche Gott! Ich suche Gott!" – Da dort gerade viele von denen zusammenstanden, welche nicht an Gott glaubten, so erregte er ein großes Gelächter. <> Der tolle Mensch sprang mitten unter sie und durchbohrte sie mit seinen Blicken. „Wohin ist Gott?" rief er, „ich will es euch sagen! Wir haben ihn getötet, – ihr und ich! Wir sind alle seine Mörder! <> Was taten wir, als wir diese Erde von ihrer Sonne loskettteten? Wohin bewegt sie sich nun? Wohin bewegen wir uns? Fort von allen Sonnen? Stürzen wir nicht fortwährend? <> Haucht uns nicht der leere Raum an? Ist es nicht kälter geworden? Kommt nicht immerfort die Nacht und mehr Nacht? Müssen nicht Laternen am Vormittag angezündet werden? <> Riechen wir noch nichts von der göttlichen Verwesung? – auch Götter verwesen! <> Wie trösten wir uns, die Mörder aller Mörder? <> Ist nicht die Größe dieser Tat zu groß für uns? Müssen wir nicht selber zu Göttern *werden, um nur ihrer würdig zu erscheinen? Es gab nie eine größere Tat, – und wer nur immer nach uns geboren wird, gehört um dieser Tat willen in eine höhere Geschichte, als alle Geschichte bisher war!" – Hier schwieg der tolle Mensch und <> seine Zuhörer <> blickten befremdet auf ihn. Endlich warf er die Laterne auf den Boden, dass sie in Stücke sprang und erlosch. „Ich komme zu früh, sagte er dann, ich bin noch nicht an der Zeit. <>"* [FRÖ 125 (3,480)]

Gott ist eine Mutmaßung: aber ich will, dass euer Mutmaßen begrenzt sei in der Denkbarkeit. Eure eignen Sinne sollt ihr zu Ende denken! <> Gott ist eine Mutmaßung: aber wer tränke alle Qual dieser Mutmaßung, ohne zu sterben? <> Böse heiße ich's und menschenfeindlich: all dies Lehren vom Einen und Vollen und Unbewegten und Satten und Unvergänglichen! Alles Unvergängliche- das ist nur ein Gleichnis! Und die Dichter lügen zu viel. – [Zar II, Inseln (4,109f)]

[136]Ich kenne den Atheismus durchaus nicht als Ergebnis, noch weniger als Ereignis: Er versteht sich bei mir aus Instinkt. Ich bin zu neugierig, zu fragwürdig, zu übermütig, um mir eine faustgrobe Antwort gefallen zu lassen. Gott ist eine faustgrobe Antwort, eine Undelikatesse gegen uns Denker –, im Grunde sogar bloß ein faustgrobes Verbot an uns: Ihr sollt nicht denken! ... [ECC klug 1]

[2240]Jemanden „göttlich" nennen heißt: „Hier brauchen wir nicht zu wetteifern". [MEN I, 162]

[289]Ist nicht gerade die Selbstverkleinerung des Menschen, sein Wille zur Selbstverkleinerung seit Kopernikus in einem unaufhaltsamen Fortschritt? Ach, der Glaube an seine Würde, Einzigkeit, Unersetzlichkeit in der Rangabfolge der Wesen ist dahin – er ist Tier geworden, Tier, ohne Gleichnis, Abzug und Vorbehalt, er, der in seinem früheren Glauben beinahe Gott („Kind Gottes", „Gottmensch") War ... Seit Kopernikus scheint der Mensch auf eine schiefe Ebene geraten – er rollt immer schneller nunmehr aus dem Mittelpunkt weg – wohin? Ins Nichts? [GEN III; 25 (5,404)]

Ich bin ein Jünger des Philosophen Dionysos, ich zöge vor, eher noch ein Satyr zu sein als ein Heiliger. [ECC, Vorwort 2]

Im Traum glaubte der Mensch in den Zeit- altern roher uranfänglicher Kultur eine zweite reale Welt kennen zu lernen; hier ist der Ursprung aller Mataphysik [MEN I, 5]

Ich möchte wissen, wie viel Schiffsladungen von nachgemachtem Idealismus, von Heldenkostümen und Klapperblech großer Worte, wie viel Tonnen verzuckerten spirituosen Mitgefühls (Firma: la religion de la souffrance), wie viel Stelzbeine „edler Entrüstung" zur Nachhilfe geistig Plattfüßiger, wie viel Komödianten des christlich-moralischen Ideals heute aus Europa exportiert werden müssten, damit seine Luft wieder reinlicher röche ... [GEN III, 26 (5,408)]

Der „Glaube" als Imperativ ist das Veto gegen die Wissenschaft - in praxi die Lüge um jeden Preis ... [ANT 47)

Das Verlangen nach einem starken Glauben ist nicht der Beweis eines starken Glaubens, vielmehr das Gegenteil. Hat man ihn, so darf man sich den schönen Luxus der Skepsis gestatten [GÖT, Streifzüge 12]

Entwertung 8
Entwerten von Religion-Christentum-Kirche und Glauben

Man erzählt noch, dass der tolle Mensch des selbigen Tages in verschiedene Kirchen eingedrungen sei und darin sein Requiem aeternam deo angestimmt habe. Hinausgeführt und zur Rede gesetzt, habe er immer nur dies entgegnet: „Was sind denn diese Kirchen noch, wenn sie nicht die Grüfte und Grabmäler Gottes sind?" (Die fröhliche Wissenschaft)

Noch nie hat die Religion, weder mittelbar noch unmittelbar, weder als Dogma noch als Gleichniss, eine Wahrheit enthalten.

Die diesseitigen Wächter über Glauben und Denken, Sitte und Moral

Als der christliche Gottesglaube im Abendland noch herrschte, legten bei uns in westlichen und in anderen christlichen Kirchen die angeblich von Gott erwählten und von ihm eingesetzten irdischen Stellvertreter in den diversen kirchlichen Hierarchien– quasi monopolistisch die moralischen Gesetze und Spielregeln fest. Wirksamstes Zuchtmittel der Oberhirten über das Kirchvolk war und ist das von ihnen verbreitete Sündenbewusstsein. Nietzsche stellt fest: „Das Christentum brachte die Sünde in die Welt." Sünde jedoch existiere letztlich nur in den Köpfen der Gläubigen.

Jenseitige und diesseitige religiöse Belohnungen und Strafen

Die christlichen Autoritäten hatten (und haben heute noch in den Gemeinden der Gläubigen) die unbedingte moralische Deutungshoheit und die (weltliche) Macht, zu bestimmen, wie sich das Kirchenvolk zu verhalten und zu benehmen, was der Einzelne zu denken und zu glauben hat. Wobei bekanntermaßen Kirche und Staat diesen moralischen Job jahrtausendelang – je nach gerade herrschender

Gewaltenteilung – unter sich aufgeteilt hatten nach den jeweils geltenden weltlichen-irdischen und geistlichen-metaphysischen Kriterien und Herrschaftsverhältnissen. „Das Christentum, mit seiner Verachtung der Welt, hat aus der Unwissenheit eine Tugend gemacht, die christliche Unschuld, vielleicht weil das häufigste Resultat dieser Unschuld [...] das Schuldgefühl und die Verzweiflung ist, somit eine Tugend, welche auf dem Umweg der Hölle zum Himmel führt." Im Jenseits versprechen oder drohen die christlichen Glaubensautoritäten den Gläubigen entweder mit ewiger Seligkeit im Paradies und zeitlicher (Fegefeuer) oder ewiger Pein in der Hölle, je nachdem, wie das – gnädige oder ungnädige - Urteil Gottes gleich nach dem irdischen Tode an der Himmelstür oder final beim letzten Gericht über die irdischen Sünder ausfällt.

Die irdischen Macht der Repräsentanten des Überirdischen

Die Macht der Repräsentanten Gottes auf Erden äußert sich (fast) ebenso absolut und vielfach als Botschaft christlicher Liebe und Demut. Wehe aber, wenn die von den kirchlichen Autoritäten verhängten moralischen Spielregeln und Denkvorschriften nicht eingehalten werden! Ketzer, die weiter dachten als die kirchlichen Autoritäten, endeten auf dem Scheiterhaufen, wenn sie nicht wie Galilei ihre Erkenntnisse widerriefen: „Gott ist eine faustgrobe Antwort, eine Undelikatesse gegen uns Denker –, im Grunde sogar bloß ein faustgrobes Verbot an uns: Ihr sollt nicht denken! ..." (ECC Klug 1). Kirchliche Autoritäten entschieden letztlich darüber, welche Kriege gegen Ungläubige angesagt waren. Und die kirchliche Gerichtsbarkeit hielt bekanntlich brutale irdische Strafen für alle bereit, die von Teufeln und vom bösem Geist besessen waren, Todsünden begangen hatten oder vom offiziellen Glauben abgefallen waren – kurz: für alle, die es wagten, die kirchliche Lehre und kirchliche Kompetenz in Glaubensdingen und in Dingen der Moral in Frage zu stellen. Heutzutage haben sie – fast könnte man sagen: „Gott sei Dank" – an Herrschaft über die Seelen unserer Zeitgenossen erheblich eingebüßt.

Sklavenmentalität der jüdischen und christlichen Moral

Bei der Analyse der „menschliche Geschichte“ unterscheidet Nietzsche zwischen drei Perioden der „Moralentstehung“: einer „vormoralischen“, der er eine „Herrenmoral“ zuordnet, einer „moralischen“ der „Sklavenmoral, in der das Juden- und Christentum herrschte, und schließlich eine neue „aussermoralische“ Periode mit einer neuen, erneut vornehmen Moral, die uns noch bevorsteht. Die erste Periode verortet er im archaischen Griechenland. Die damals geltende Herrenmoral wertet aus der elitär-noblen hierarchischen Perspektive – so Nietzsche – mit den Moralkriterien von Gut und Schlecht – sprich Schlicht oder Niedrig. „Gut“, so formuliert er es in „Jenseits von Gut und Böse“, stand damals für stark, stolz, vornehm, selbstbewusst und im Besitz von Privilegien. „Die Juden – ein Volk, geboren zur Sklaverei‘, wie Tacitus und die ganze antike Welt sagt [...] haben jenes Wunderstück von Umkehrung der Werthe zu Stande gebracht, Dank welchem das Leben auf der Erde für ein Paar Jahrtausende einen neuen und gefährlichen Reiz erhalten hat: – ihre Propheten haben ‚reich‘, ‚gottlos‘, ‚böse‘, ‚gewalttätig‘, ‚sinnlich‘ in Eins geschmolzen und zum ersten Male das Wort ‚Welt‘ zum Schandwort gemünzt.“

Von Gut und Schlecht zu Gut und Böse

In den zitierten Wortene fasst Nietzsche seine moralkritische Sicht zusammen: Das Höherbewerten aristokratischer Werturteile, die perfide Wertumkehr durch die jüdisch-christliche Religion und deren Geistlichkeit und nicht zuletzt der Vorwurf, sie verteufelten im Wortsinn das Leben im Diesseits mit all seiner Vitalität und Sinnlichkeit à conto eines erdachten Jenseits.

Mit seinem religiösen Sieg hat das Christentum – als die „Religion des Pöpels“ – in der Folge diese „Umkehr der Werte“ weitergetragen, ihr gesellschaftspolitisch zum Sieg verholfen und sie jahrtausendelang im christlichen Abendland zur herrschenden Moral gemacht.

Die moralische Deutungshoheit über gesellschaftliche Gruppen

Verallgemeinert spiegelt sich darin Nietzsches Interpretation: Jegliche herkömmlich Moral diene stets den Interessen einzelner Gruppen. Und die Moral des Christentum sei eine Moral der unterprivilegierten und damit gering qualifizierten Massen – eben eine Sklavenmoral. Diese mittelmäßigen Schwachen können sich gegen die Macht der rücksichtslosen, stolzen, mutigen, verschwenderischen und müßiggängerischen Starken und Vornehmen jedoch nur zur Wehr setzen, wenn sie sich zusammentun. Und wenn es ihnen gleichzeitig gelingt, die genannten aristokratischen Tugenden als Untugenden zu diffamieren und simultan ihre eigenen typischen Schwächen – Demut, Mitleid, Fleiß, Altruismus und Gehorsam – zu den eigentlichen und wahren christlichen Tugenden zu erklären.

Die Leibfeindlichkeit von Juden- und Christentum

Damit Enttäuschung der Niedrigen und Schwachen über ihr diesseitiges, schicksalhaft ungerechtes Leben nicht in nihilistischem Ekel münden, ist das Versprechen eines besseren jenseitigen Lebens das eigentliche Machtmittel des Christentums, gepaart mit einer diesseitigen Verklärung der Askese. „Christentum war von Anfang an, wesentlich und gründlich, Ekel und Überdruss des Lebens am Leben, welches sich unter dem Glauben an ein ‚anderes' und ‚besseres' Leben nur verkleidete, nur versteckte und aufputzte. Der Hass auf die ‚Welt', der Fluch auf die Affekte, die Furcht vor der Schönheit und Sinnlichkeit (hat) ein Jenseits erfunden, um das Diesseits besser zu verleumden, im Grunde ein Verlangen ins Nichts." (TRA, Selbstkritik 5). Im Christentum sieht Nietzsche durch die Umdeutung des edlen Eros in das christliche Laster nur noch eine barbarische Schwächung aller vornehmen Eigenschaften des Menschen. „Das Christentum [...] brachte die *erlogene* Sündhaftigkeit in die Welt (bis zum heutigen Tage gilt sie als ‚guter Ton' unter guten Christen)." [MOR 29]

Unterwerfung und Erlösung durch Priester

Und die Rolle der Priester, der Vermittler des christlichen Glaubens in göttlichem Auftrag? Von der Überzahl antichristlicher Zitate genügen zwei, um die respektvolle

Abscheu Nietzsches anzudeuten: „Die großen Hasser der Weltgeschichte sind immer Priester gewesen, auch die geistreichsten Hasser – gegen den Geist der priesterlichen Rache kommt überhaupt aller übrige Geist kaum in Betracht." Und aus der Perspektive der ausgeübten moralischen Manipulation: „[Die Priester] haben die Psychologie jedes großen Ereignisses auf die Idiotenformel ‚Gehorsam oder Ungehorsam gegen Gott' vereinfacht. Der Ungehorsam gegen Gott, das heißt gegen den Priester, gegen ‚das Gesetz' bekommt nun den Namen ‚Sünde'; die Mittel, sich wieder ‚mit Gott zu versöhnen', sind, wie billig, Mittel, mit denen die Unterwerfung unter den Priester nur noch gründlicher gewährleistet ist: Der Priester allein ‚erlöst'" (ANT 26). Die scheinheilige „Herrschernatur der Asketen" verstecke sich hinter der Maske der christlichen Demut und dem wissenden Blick der Auguren.

Waffen der Priester: Ressentiments, Hass und verschlagene Grausamkeit

Ressentiments sind aus Nietzsches Perspektive „aus der Schwäche geboren", sind eine Waffe der Schwachen. Auf den Punkt gebracht: Die Verurteilung des Starken ist „die Lieblingsrache der geistig Beschränkten". Und dieser Hass sei Ausdruck von Neid und charakterisiere diese Sklavennaturen: „Der Mensch des Ressentiments (ist) weder aufrichtig, noch naiv, noch mit selbst geradezu. Seine Seele *schielt. [...]* Er versteht sich auf das Schweigen, das Nicht-Vergessen, das Warten, das vorläufige Sich-Verkleinern, Sich-Demütigen." In den Händen der Priester, speziell in denen der „hadernden, zürnenden, bösartigen und spitzfindigen Theologen", wird Ressentiment zu vergeistigter Bosheit, gerichtet gegen die Schwachen. Das wissende Lächeln der priesterlichen Auguren künde von der raffinierten Lügenhaftigkeit ihrer Heilsbotschaften. „Wollte man den Wert der priesterlichen Existenz in die kürzeste Formel fassen, so wäre geradewegs zu sagen: Der Priester ist der *Richtungsveränderer* des Ressentiments." (GEN III, 15) Wer einen Schuldigen für seine Leiden suche, so fährt Nietzsche fort – und „seinen Hirt, den asketischen Priester", danach frage, erhalte von ihm zur Antwort: „... du selbst bist an dir allein schuld!" im Apostel Paulus erkennt Nietzsche den „Urtyp des Priesters als Falschmünzer der Wahrheit" ; er verkörpere „das Genie im Hass, in der Vision des Hasses, in der unerbittlichen Logik des Hasses".

Glaube als Veto gegen wissenschaftliche Erkenntnisse

Die traditionelle Wissenschaftsfeindlichkeit, speziell der katholischen Kirche, kristallisiert sich in einer Äußerung Nietzsches im „Antichrist“: „Eine Religion, wie das Christentum, die sich an keinem Punkte mit der Wirklichkeit berührt, die sofort dahinfällt, sobald die Wirklichkeit auch nur an einem Punkte zu Rechte kommt, muss billigerweise der »Weisheit der Welt«, will sagen der Wissenschaft, todfeind sein, – sie wird alle Mittel gutheißen, mit denen die Zucht des Geistes, die Lauterkeit und Strenge in Gewissenssachen des Geistes, die vornehme Kühle und Freiheit des Geistes vergiftet, verleumdet, verrufen gemacht werden kann. Der »Glaube« als Imperativ ist das Veto gegen die Wissenschaft, – in praxi die Lüge um jeden Preis ... „Kirche, kirchliches Christentum muss deshalb – das folgt aus dem Gesagten – notwendigerweise wissenschaftsfeindlich sein.“

Zitate

[Zarathrustra:] Gott ist eine Mutmaßung: aber ich will, dass euer Mutmaßen begrenzt sei in eurer Dankbarkeit. <>
Eure eigenen Sinne sollt ihr zu Ende denken!
<> Gott ist eine Mutmaßung: aber wer tränke alle Qual dieser Mutmaßung, ohne zu sterben? <>
Böse heiß ich's und menschenfeindlich: all dies Lehren vom Einen und Vollen und Unbewegten und Satten und Unvergänglichen!
Alles Unvergängliche – das ist nur ein Gleichnis! Und die Dichter lügen zu viel. –
[(ZAR II, Inseln (4,109f)]

Auf dem Weg zum „Engel“ (um hier nicht ein härteres Wort zu gebrauchen) hat sich der Mensch jenen verdorbenen Magen und jene belegte Zunge angezüchtet, durch die ihm nicht nur die Freude und Unschuld des Tieres widerlich, sondern das Leben selbst unschmackhaft geworden ist: – so dass er mitunter vor sich selbst mit zugehaltener Nase dasteht [GEN II, 8 (5,302f)]

Die ganz großen Hasser in der Weltgeschichte sind immer Priester gewesen, auch die geistreichsten Hasser: - gegen den Geist der priesterlichen Rache kommt überhaupt aller übrige Geist kaum in Betracht. Die menschliche Geschichte wäre eine gar zu dumme Sache ohne den Geist, der von den Ohnmächtigen her in sie gekommen ist [GEN I, 7 (5,267)]

Kreuzzüge - die höhere Seeräuberei, weiter nichts! [ANT 60 (6,249)]

Jede Art Glaube ist selbst ein Ausdruck von Entselbstung, von Selbstentfremdung ... [ANT 54]

Das Christentum will über Raubtiere Herr werden; sein Mittel ist, sie krank zu machen, - die Schwächung ist das christliche Rezept zur Zähmung, zur „Zivilisation". [ANT 22]

Durch die sichere Aussicht auf den Tod könnte jedem Leben ein köstlicher, wohlriechender Tropfen von Leichtsinn beigemischt sein - und nun habt ihr wunderlichen Apotheker-Seelen aus ihm einen übelschmeckenden Gift-Tropfen gemacht, durch den das ganze Leben widerlich wird! [MEN II, Wan 322]

Es gibt ein Recht, wonach wir einem Menschen das Leben nehmen, aber keines, wonach wir ihm das Sterben nehmen: Dies ist nur Grausamkeit. [MEN I, 88]

Wir haben es nicht in der Hand zu verhindern, geboren zu werden: aber wir können diesen Fehler - denn bisweilen ist es ein Fehler - wiedergutmachen. Wenn man sich abschafft, tut man die achtungswürdigste Sache, die es gibt: Man verdient beinahe damit, zu leben ... [Göt, Streifzüge 36]

Plato ist <> so abgeirrt von allen Grundinstinkten der Hellenen, so vermoralisiert, so präexistent-christlich <> Im großen Verhängnis des Christentums ist Plato jene „Ideal" genannte Zweideutigkeit und Faszination, die den edleren Naturen des Altertums es möglich machte, sich selbst misszuverstehen und die Brücke zu betreten, die zum „Kreuz" führte ... Und wie viel Plato ist noch im Begriff „Kirche", in Bau, System, Praxis der Kirche! [GÖT, Alte 2]

Im Traum glaubte der Mensch in den Zeitaltern roher uranfänglicher Kultur eine zweite reale Welt kennen zu lernen; hier ist der Ursprung aller Metaphysik. [MEN I, 5]

Wer die Stelle eines Autors „tiefer erklärt", als sie gemeint war, hat den Autor nicht erklärt, sondern verdunkelt. So stehen unsere Metaphysiker zum Text der Natur [MEN II, Wan 17]

Eine Kirche ist vor allem ein Herrschaftsgebilde, das den geistigeren Menschen den obersten Rang sichert und an die Macht der Geistigkeit soweit glaubt, um sich alle gröberen Gewaltmittel zu verbieten – damit allein ist die Kirche unter allen Umständen eine vornehmere Institution als der Staat. [FRÖ 358 (3,605)]

Auch wir leugnen nicht, dass der Glaube „selig macht": Eben deshalb leugnen wir, dass der Glaube etwas beweist, –ein starker Glaube, der selig macht, <> begründet nicht „Wahrheit", er begründet eine gewisse Wahrscheinlichkeit – der Täuschung [GEN III, 24 (5,398)]

Wenn sie sich selber „die Guten und Gerechten" nennen, so vergesst nicht, dass ihnen zum Pharisäer nichts fehlt als – Macht! [ZAR II; Taranteln (4,129)]

Als ob nicht Demut, Keuschheit, Armut, Heiligkeit mit einem Wort dem Leben bisher unsäglich mehr Schaden getan hätten als irgendwelche Furchtbarkeiten und Laster ... Der reine Geist ist die reine Lüge ... [ANT 8 (6,175)]

Entwertung 9
Entwertung von Kultur und Kunst durch den demokratischen Staat und den sozialen Fortschritt

„Ein Volk ist der Umschweif der Natur, um zu sechs, sieben großen Männern zu kommen - Ja und um dann um sie herumzukommen.“ [JEN 126]

Der vornehme Mensch und Nietzsches Kritik der Moderne

In seinem Spätwerk „Ecce Homo“ äußert sich Nietzsche im Rückblick auf seine Werke zu seinem gesellschaftspolitischen Urteil über den zeitgenössischen Geist so: „Dies Buch (1886) ist in allem Wesentlichen eine *Kritik der Modernität*, die modernen Wissenschaften, die modernen Künste, selbst die moderne Politik nicht ausgeschlossen, nebst Fingerzeigen zu einem Gegensatz-Typus, der so wenig modern als möglich ist, einem vornehmen, einem jasagenden Typus. Im letzteren Sinne ist das Buch eine *Schule des gentil homme*, der Begriff geistiger und *radikaler* genommen als er je genommen worden ist. Man muss Muth im Leibe haben, ihn auch nur auszuhalten, man muss das Fürchten nicht gelernt haben [...]” (KSA 6, EH 350). Nietzsche war zeitlebens ein „homo politicus“, zugleich ein radikaler Kritiker der gesellschaftspolitischen Verhältnisse seiner und historischer Zeiten. Am geistvollen „vornehmen Menschen“ (gentil homme), an dessen gesellschaftlicher Position und Herrschaftsrolle misst er den kulturellen Wert eines Gemeinwesens und die Chancen der Künste, sich in ihm mehr oder weniger kräftig zu entfalten. Aus dieser aristokratischen Perspektive bewertet er moderne politische Entwicklungen wie Massendemokratie, sozialen Fortschritt, die Aufgaben von Staat und Parteien und den Wert der Weltgeschichte insgesamt.

Kulturleistungen nur durch die schöpferischen „höchsten Einzelnen“

Nach Nietzsches Überzeugung ist es letztlich die Bestimmung der Natur und der geschichtlichen Evolution, wenige Einzelne – überragende Persönlichkeiten, verschwenderische Genies, Heroen in Kunst, Philosophie und Wissenschaft – hervor- und an die Macht zu bringen. Aus dieser elitären Sicht liegt die ursprüngliche Entwicklungsaufgabe von Natur und Menschheit nicht beim Wohlergehen der „Menschheit als Masse". Vielmehr spiegelt der „übermenschliche" Appell von Zarathustra, stetig über sich hinauszuwachsen, auch Nietzsches konsequent auf den Einzelnen gerichtete hierarchische Weltsicht. Sie kulminiert in dem zitierten, prägnanten Satz: „Ein Volk ist der Umschweif der Natur, um zu sechs, sieben großen Männern zu kommen." Die eigentlichen kulturellen Eliten – so warnt Nietzsche vor den gesellschaftspolitischen Folgen des Egalitarismus – werden von wirksamen demokratischen und sozialistischen Ideen nachhaltig bei ihrer Entfaltung zu bedeutenden Persönlichkeiten und ihren Kulturleistungen behindert. „Der Mensch an sich hat weder Würde noch Rechte" – postuliert Nietzsche. Seine Abscheu vor dem „demokratischen Heerdenthier", das er auch die „letzten Menschen" nennt, korrespondiert mit der Ablehnung der Freiheit für die größtmögliche Zahl, der „angeblichen Gleichberechtigung Aller" und den „sogenannten Grundrechten der Menschen". In den demokratischen Grundwerten der Moderne – Menschenwürde, Wohlfahrt der Massen, gleiche Freiheitsrechte, ausgleichende Gerechtigkeit und Schutz der Schwachen – sieht er folgerichtig die gewichtigsten Hindernisse für die kulturelle Entfaltung starker, kreativer Persönlichkeiten.

Zu Zeiten Nietzsches: Fatale Vorherrschaft von Wirtschaft und Staat über die Kultur

Zeitlebens ist Nietzsches Denken geprägt von der Fragestellung, wie sich „großes Menschentum" verwirklichen lasse. Und damit meint er eine höhere Kultur. „Kultur ist vor allem die Einheit des künstlerischen Stils in allen Lebensäußerungen eines Volkes", schreibt er. (DAV 1 1,163). Kultur – und nicht der Staat oder die Wirtschaft und die mit beidem verflochtene Politik – hat für Nietzsche den allerhöchsten gesellschaftlichen Stellen- und Selbstwert. Deshalb entrüstet er sich auch angesichts des gewaltigen industriellen Aufschwungs in der deutschen Gründerzeit – nach dem gewonnenen Deutsch-Französischen Krieg mit den enormen französischen Reparationszahlungen – besonders über die vorherrschenden wirtschaftlichen und national-staatlichem Denk- und Handlungsweisen, über die herrschende Geldgier und dominante militärische Arroganz. Es sind für ihn schlichtweg untaugliche, da unkultivierte Eliten, die in diesen Boomjahren das gesellschaftspolitische Sagen haben. (Die Parallelen zu heute sind hier wohl unübersehbar.) So auch im Blick auf deutsche Politiker: „Es ist ein schrecklicher Gedanke, eine Unzahl mittelmäßiger Köpfe mit wirklich einflussreichen Dingen beschäftigt zu wissen."

Privilegierte Vornehme

„Alle Menschen zerfallen, wie zu allen Zeiten, so auch jetzt noch in Sklaven und Freie; denn wer von einem Tag nicht zwei Drittel für sich hat, ist ein Sklave, er sei übrigens wer er wolle: Staatsmann, Kaufmann, Beamter, Gelehrter." (MEN I, 283). Zeit für Muße wird damit zum „Lackmustest" für ein praktiziertes vornehmes Leben. Es ist Nietzsches tiefste Überzeugung, dass sich eine Gesellschaft schicksalhaft stets zusammensetzt aus der Masse der gewöhnlichen, niedrigen Vielen und aus wenigen großen, höheren Menschen, den eigentlichen Trägern einer „höheren Kultur". Jene seltenen Exemplare sind für ihn die Träger einer „vornehmen Moral". „Denn ihnen gehe es allein um das, was über sie hinausreiche, um „ein Werk ... eine Schöpfung" und selbstverständlich auch um den Ruhm dafür". Aus der Perspektive eines distanzierten Geistesaristokraten kritisiert Nietzsche vehement den „letzten großen Sklavenaufstand [...], welcher mit der Französischen Revolution begonnen hat" (JEN 46 5,67). Seine Argumentation: Politische konsequent verwirklichte Gleichheit und Gerechtigkeit und damit die Lösung der sozialen Frage pervertiere eine Gesellschaft. Sie lande dann schließlich bei einer neidgeprägten Kulturfeindschaft der Mittelmäßigen und beim banalem Massengeschmack.

Ausbeutung von Sklaven als unverzichtbare Basis höherer Kultur

Nietzsche verherrlicht die stabile Stärke antiker Sklavenhaltergesellschaften in einer „vormoralischen" Periode des klassischen Altertums und fällt damit ein vernichtendes Urteil über gleichmacherische Herrschaftsformen jeglicher Couleur.

Höhere Kultur gründe sich stets auf der Ausbeutung der arbeitenden Massen durch Privilegierte; Sklaventum sei der natürliche fruchtbare Boden für Kultur und die Künste: „Die Gesellschaft braucht fleißige Hände, die für eine privilegierte Klasse arbeiten." (Safranski). Eine solche ungerechte und mitleidlose „Grausamkeit ist im Wesen jeder Kultur" erklärt Nietzsche. Es sei daher die Bestimmung der Privilegierten, auch das eigene Mitleid mit den für sie arbeitenden Massen zu ertragen. „Die Macht der Schwachen ist es, Mitleid zu erregen, die der Starken, es zu empfinden." Gemeint ist damit in erster Linie die „Mitleidsmoral" des Christentums, die den Lebenswillen der Starken schwäche. Safranski interpretiert in diesem Zusammenhang, Nietzsches Angriff auf diese christliche Moral entspringe im Grunde der „Überwindung der eigenen Schwäche", nämlich seiner hohen Sensibilität und seinem ausgeprägten Hang zum Mitleiden. im Grunde leide Nietzsche somit an der eigenen Lebensentwertung und müsse sich mühsam selbst zur Lebensbejahung überreden.

Grundlage dieser vornehmen Weltsicht: Die amoralische Natur

Hinter Nietzsches aristokratischer Grundhaltung steht wie gesagt die Einsicht, dass Natur keine Moral hat. Eine ungeheuerlich ungerechte und rücksichtslose Natur bringt Sklavennaturen ohne „gerechte" Lebenschancen hervor. Sie seien dazu bestimmt, für die Privilegierten zu arbeiten. Moral und Gewissen sei keine „natürliche" Veranlagung des Menschen, sondern ganz prosaisch das Produkt von herrschenden Glaubenssystemen mit metaphysischem Hintergrund, um so in den Köpfen der Gläubigen die diesseitigen Ungerechtigkeit der Natur zu kompensieren und dazu (im Jenseitsglauben) Gegengewichte zu schaffen. Das ist nach Nietzsche auch Sinn und eigentliche Aufgabe kirchlicher Herrschaft. Es komme also einzig und allein darauf an, zu verhindern, dass die Sklavennaturen aufmüpfig werden, für sich mehr Gerechtigkeit fordern und sich mit solchen Forderungen zusammentun.

Das Ressentiment als Antriebskraft von Sklavenaufständen und Revolutionen

Bereits in der „Geburt der Tragödie" verkündet Nietzsche: „Es giebt nichts

Furchtbareres als einen barbarischen Sclavenstand, der seine Existenz als ein Unrecht zu betrachten gelernt hat und sich anschickt, nicht nur für sich, sondern für alle Generationen Rache zu nehmen." Ressentiment ist in Nietzsches moral- und gesellschaftskritischen Schriften ein Schlüsselbegriff. In der späteren „Genealogie der Moral" beschreibt er sie als „Selbstvergiftung durch gehemmte Rache" der Sklavennaturen und erläutert: „Während der vornehme Mensch vor sich selbst mit Vertrauen und Offenheit lebt [...] so ist der Mensch des Ressentiment weder aufrichtig, noch naiv, noch mit sich selber ehrlich und geradezu. Seine Seele schielt; sein Geist liebt Schlupfwinkel, Schleichwege und Hintertüren, alles Versteckte mutet ihn an als seine Welt, seine Sicherheit, sein Labsal; er versteht sich auf das Schweigen, das Nicht-Vergessen, das Warten, das vorläufige Sich-verkleinern, Sich-demütigen." Gefahr droht den herrschenden Privilegierten und der Kultur einer Gesellschaft, wenn sich die Mittelmäßigen und Vielen, aufgestachelt von demagogischen Volksrednern, gegen herrschenden Eliten zusammenrotten und Revolutionen anzetteln. Denn die Starken sind Individualisten: „Die Starken streben ebenso naturnotwendig auseinander, als die Schwachen zueinander" (GEN III, 18 (5,384).

Demokratie und Sozialismus haben ihre Wurzeln in der christlichen Moral und im Sokratismus

Politische und soziale Parteienbildungen kommen zu Macht, – so Nietzsche – wenn aufrührerische Demokraten und Sozialisten das herrschende Unrecht bewusst machen, bei den Massen mit Schlagworten wie „Menschenwürde" und „Würde der Arbeit" Ressentiments und Rachegefühle entfachen und sie zum revolutionären Aufstand bewegen. Am gefährlichsten seien dabei „Uneigennützige", die nicht für die eigene Wohlfahrt kämpfen: „Man teile die, welche auf einen Umsturz der Gesellschaft bedacht sind, in solche ein, welche für sich selbst, und in solche, welche für ihre Kinder und Enkel etwas erreichen wollen. Die letzteren sind die Gefährlicheren; denn sie haben den Glauben und das gute Gewissen der Uneigennützigkeit. Die anderen kann man abspeisen: dazu ist die herrschende Gesellschaft immer noch reich und klug genug." [135] Neben ihrer Herkunft aus der christlichem Sklavenmoral haben Demokratie und Sozialismus für Nietzsche eine zweite denkerische Wurzel im Sokratismus und dessen Dialektik: „Vor Sokrates lehnte man in der guten Gesellschaft die dialektischen Manieren ab. […] Überall, wo noch die Autorität zur guten Sitte gehört, wo man nicht ‚begründet', sondern befiehlt, ist der Dialektiker eine Art Hanswurst.[…] Sokrates war der Hanswurst, der sich ernst nehmen machte." [GÖT, Sokrates 5]. Die Wissenschaft urteile ebenfalls – in der Nachfolge von Sokrates – nicht hierarchisch und auf der Grundlage von Herrschaftsgebilden. Der plebejische Sokrates sei deshalb (mit) verantwortlich für die Folgen der Demokratie und für jegliche sonstige Gleichmacherei.

Sokrates als geistiger Stammvater der Demokratie

Auch die moderne Wissenschaft habe sich in sokratischer Denktradition, mit der aufrührerischen Demokratie und deren Ethos verbündet. „Im Schosse der sokratischen Cultur ist der demokratische Geist ausgebrütet worden, denn in der Wissenschaft des sokratischen Typs gilt die Wahrheit ohne Ansehen der Person." Wenn sich nun unter den sklavisch Unterdrückten das Ressentiment gegen die Privilegierten enthülle oder demagogisch geweckt werde, dann komme der Pöbel „mit der Dialektik obenauf".

Demokratie dennoch als etwas Kommendes in Europa

Nietzsche hat eine andere, eine „kommende" Demokratie für Europa im Sinn, wenn er diese Regierungsform und ihre Stärken genauer betrachtet. „Die Demokratie hat es in der Hand, ohne alle Gewaltmittel, nur durch einen stetig geübten gesetzmäßigen Druck das Königs- und Kaisertum *hohl* zu machen." Er sieht in demokratischen Einrichtungen seiner Zeit durchaus „Quarantäne-Anstalten gegen die alte Pest tyrannenhafter Gelüste." [MEN II, Wan 281]. Als solche sei Demokratie „sehr nützlich und sehr langweilig". Gegenmaßnahmen der Herrschenden gegen die „Umsturzgeister" beschleunigten nur den demokratischen Elan in Europa. Allerdings: „Ich rede von der Demokratie als von etwas Kommendem. Das was jetzt so heißt, unterscheidet sich von den älteren Regierungsformen allein dadurch, dass es mit *neuen Pferden* fährt.. Die Straßen sind noch die alten und die Räder sind auch noch die alten." [MEN II, Wan 293]

Herrschaftsgebilde Staat (und Kirche)

Im Staat generell sieht Nietzsche „eine kluge Veranstaltung zum Schutze der Individuen gegeneinander.“ [MEN I, 235] Allerdings: „Der Räuber und der Mächtige, welcher einer Gemeinde verspricht, sie gegen den Räuber zu schützen, sind im Grunde ganz ähnliche Wesen, nur dass der zweite seinen Vorteil anders als der erste erreicht: nämlich durch regelmäßige Abgaben.“ [MEN II, Wan 22] Eine Verabsolutierung des Staates lehnt Nietzsche rigoros ab: „Dem Staat ist es nie an der Wahrheit gelegen, sondern immer nur an der ihm nützlichen Wahrheit [...] überhaupt an allem ihm Nützlichen, sei dies nun Wahrheit, Halbwahrheit oder Irrtum.“ [92] Im demokratischen Staatsbegriff seiner Zeit allerdings sieht er den „Verfall“ und den „Tod“ des Staates, denn er respektiere nicht den „geistigeren Menschen“. Verglichen damit sei sogar die Kirche das klügere Herrschaftsgebilde, denn: „Eine Kirche ist vor allem ein Herrschaftsgebilde, das den geistigeren Menschen den obersten Rang sichert und an die Macht der Geistigkeit soweit glaubt, um sich alle gröberen Gewaltmittel zu verbieten – damit allein ist die Kirche unter allen Umständen eine vornehmere Institution als der Staat. [FRÖ 358 (3,605)].

Vereinfachtes Fazit

Um die äußerst abwägenden und differenzierenden gesellschaftspolitischen und historischen Überlegungen Nietzsches zu Staat und Politik, zu den demokratischen und sozialistischen Bewegungen darzustellen, fehlt hier der Raum. Auf eine knappe, simplifizierte Formel gebracht und zusammengefasst, lässt sich vielleicht sagen: Nietzsche war in seinen Grundüberzeugungen anti-demokratisch, anti-sozialistisch, anti-antirassistisch, anti-liberal und anti-nationalistisch, anti-militaristisch – aber pro-europäisch und vor allem pro-kulturell und damit elitär eingestellt. Im Grunde pflegte er bis zum Ende seines Schaffens eine allgemeine Vorstellung, die er im Zarathustra auf den Punkt gebracht hat: „das Beste soll herrschen, das Beste will auch herrschen. Und wo die Lehre anders lautet, da – fehlt es am Besten.“ Die „Besten“ sind (darf man es vielleicht so sagen) „idealistische“ Visionen Nietzsches von geistig und künstlerisch herausragenden Persönlichkeiten oder künftigen Übermenschen, die eigentlich den „Philosophenkönigen“ eines Platon ziemlich nahe kommen.

Zitate

Je weniger einer zu befehlen weiß, umso dringlicher begehrt er nach einem, der befiehlt, streng befiehlt, nach einem Gott, Fürsten, Stand, Arzt, Beichtvater, Dogma, Parteigewissen. [FRÖ 347 (3,582]

Persönliche Auszeichnung - das ist die antike Tugend. Sich unterwerfen, folgen, öffentlich oder in der Verborgenheit - das ist deutsche Tugend [MOR 207]

Nicht die Notdurft, nicht die Begierde - nein, die Liebe zur Macht ist der Dämon der Menschen. Man gebe ihnen alles, Gesundheit, Nahrung, Wohnung, Unterhaltung - sie sind und bleiben unglücklich und grillig: denn der Dämon wartet und wartet und will befriedigt sein. Man nehme ihnen alles und befriedige diesen: so sind sie beinahe glücklich - so glücklich, als eben Menschen und Dämonen sein können. Aber warum sage ich dies noch? Luther hat es schon gesagt, und besser als ich, in den Versen: „Nehmen sie uns den Leib, Gut, Ehr, Kind und Weib: lass fahren dahin - das Reich muss uns doch bleiben!" Ja! Ja! Das „Reich"! [MOR 262]

die Starken streben ebenso naturnotwendig auseinander, als die Schwachen zueinander [GEN III, 18 (5,384)]

Korruption ist nur ein Schimpfwort für die Herbstzeiten eines Volkes. [FRÖ 23 (3,398)]

Es gibt etwas in der Moral Platos, das nicht eigentlich zu Plato gehört, sondern sich nur an seiner Philosophie vorfindet, man könnte sagen, trotz Plato: nämlich der Sokratismus, für den er eigentlich zu vornehm war. <> Diese Art zu schließen riecht nach dem Pöbel, der am Schlechthandeln nur die leidigen Folgen ins Auge fasst und eigentlich urteilt: „ Es ist dumm, schlecht zu handeln" <> Plato hat alles getan, um etwas Feines und Vornehmes in den Satz seines Lehrers hinein zu interpretieren, vor allem sich selbst –,er, der verwegenste aller Interpreten, der den ganzen Sokrates nur wie ein populäres Thema und Volkslied von der Gasse nahm, um es ins Unendliche und Unmögliche zu variieren [JEN 190]

[Zarathustra:] Zu lange hat man ihnen Recht gegeben, diesen kleinen Leuten: so gab man ihnen endlich auch die Macht - nun lehren sie: „ gut ist nur, was kleine Leute gut heißen." [ZAR IV, hässlichste (4,330)]

Die Missachtung, der Verfall und der Tod des Staates, die Entfesselung der Privatperson (ich hüte mich zu sagen: des Individuums) ist die Konsequenz des demokratischen Staatsbegriffes; hier liegt seine Mission. [MEN I, 472 (2,305)]

Erbärmliche kleine Verhältnisse machen erbärmlich [MEN I, 72]

Arm, fröhlich und Sklave! - das ist auch möglich - und ich wüsste den Arbeitern der Fabrik-Sklaverei nichts Besseres zu sagen: gesetzt, sie empfinden es nicht überhaupt als Schande, dergestalt, wie es geschieht, als Schrauben einer Maschine und gleichsam als Lückenbüßer der menschlichen Erfindungskunst verbraucht zu werden! [MOR 206 (3,183)]

Eine Kirche ist vor allem ein Herrschaftsgebilde, das den geistigeren Menschen den obersten Rang sichert und an die Macht der Geistigkeit soweit glaubt, um sich alle gröberen Gewaltmittel zu verbieten - damit allein ist die Kirche unter allen Umständen eine vornehmere Institution als der Staat. [FRÖ 358 (3,605)]

Alle Menschen zerfallen, wie zu allen Zeiten, so auch jetzt noch, in Sklaven und Freie; denn wer von seinem Tag nicht zwei Drittel für sich hat, ist ein Sklave, er sei übrigens wer er wolle: Staatsmann, Kaufmann, Beamter, Gelehrter. [Men I, 283]

Wonach misst sich die Freiheit, bei Einzelnen wie bei Völkern? Nach dem Widerstand, der überwunden werden muss, nach der Mühe, di es kostet, oben zu bleiben. Den höchsten Typus freier Menschen hätte man dort zu suchen, wo beständig der höchste Widerstand überwunden wird: fünf Schritte weit von der Tyrannei, dicht an der Schwelle der Gefahr der Knechtschaft. Die Völker, die etwas wert waren, Wert wurden, wurden dies nie unter liberalen Institutionen <> Erster Grundsatz: man muss es nötig haben, stark zu sein: sonst wird man's nie. - Jene großen Treibhäuser für Starke, für die stärkste Art Mensch, die es bisher gegeben hat, die aristokratischen Gemeinwesen in der Art von Rom und Venedig, verstanden Freiheit genau in dem Sinne, wie ich das Wort Freiheit verstehe. Als etwas, das man hat und nicht hat, das man will, dass man erobert ... [GÖT, Streifzüge 38 (6,140)]

Soweit es Gesetze in der Geschichte gibt, sind die Gesetze nichts wert und ist die Geschichte nichts wert. [HIS 9 (1,320)]

Entwertung 10

Entwertung von Idealismus und Positivismus

Als ich fast am Ende war, dadurch, dass ich fast am Ende war, wurde ich nachdenklich über diese Grund.-Unvernunft meines Lebens - den „Idealismus". Die Krankheit brachte mich erst zur Vernunft. (ECC, klug 2)

War Nietzsche Idealist, Realist oder gar Positivist?

Eine klare und eindeutige Antwort auf diese Frage ist nicht möglich. Der Versuch ist müßig, Nietzsches Denken in seiner Einzigartigkeit und oft widersprüchlichen Eigenwilligkeit in einer der philosophischen Schulen seiner Zeit einzusortieren, mit denen er sich im Laufe seines kurzen, intensiven Lebens befasst hat. Nietzsche hat sich in unterschiedlichen Schaffensperioden ebenso kritisch wie unsystematisch sowohl mit dem zeitgenössischen deutschen Idealismus als auch mit dem Positivismus des französischen Philosophen und Mathematikers Auguste Comte (des Ahnherrn der Soziologie) und mit dem naturwissenschaftlich orientierten angelsächsischen Utilitarismus auseinandergesetzt, der – zusammen mit der Evolutionstheorie Darwins – von der Insel nach Deutschland herüberschwappte. Alle diese Denkschulen, für die er sich interessierte, verbindet jedoch eine ausgeprägt rationale und atheistische, von den modernen Wissenschaften geprägte Grundhaltung.

Künstlerischer und philosophischer Geniekult

Es lohnt sich, die einzelnen Phasen von Nietzsches philosophischem Schaffen gelegentlich ein wenig auseinanderzuhalten und mit seinen engen persönlichen Beziehungen abzugleichen, die auf sein Leben Einfluss hatten. Zu der Zeit, als Nietzsche das künstlerischen Genie Richard Wagners freundschaftlich verehrte und unter dem denkerischen Einfluss Arthur Schopenhauers stand, war der „Genius" eine seiner festen – philosophischen und künstlerischem – Denkfiguren.

Das Genie stand für den schöpferischen und geistvollen, ekstatisch und mythologisch ausgerichteten Menschen. Aber auch weltliche Heilige und Asketen zählten in dieser Zeit durchaus zur „Verzückungsspitze der Welt". Denn von ihnen erwartete Nietzsche eine machtvolle Erneuerung der – wie er nicht zu Unrecht urteilte – dekadent gewordenen europäischen Kultur. Ganz anders in seinen Spätwerken, als er den Übermenschen in Gegensatz setzte „zu ‚modernen' Menschen, zu ‚guten' Menschen, zu Christen und anderen Nihilisten [...] als ‚idealistischer' Typus einer höheren Art Mensch, halb ‚Heiliger', halb ‚Genie'„. [ECC. Bücher 1].

Idealistische Unvernunft

In seinem autobiografischen Spätwerk „Ecce Homo" bezeichnet er den Idealismus als die „Grund-Unvernunft" seines Lebens. Mit authentischer Scharfsinnigkeit und Skepsis – seinem „intellectualem Gewissen" – nähert Nietzsche sich auch der Gedankenwelt der zeitgenössischer Positivisten. Vorstellungen, die menschliche Gesellschaft entwickle sich auf der Basis des wissenschaftliche Fortschritts mit dem Nimbus der Objektivität zu einer neuen positiven Kultur (so die Ideen von Comtes) waren für Nietzsche höchst suspekt. Er nennt solche Idealisten „schwärmerische Trunkenbolde". Das auf Logik und Kausalität beruhende Wissen werde generell maßlos überschätzt; durch dessen Absolutheitsanspruch verkehre sich die Wissenschaft in einen Götzen – so argumentiert er sinngemäß in seinem Spätwerk „Götzendämmerung".

Der sokratische Geist des Abendlandes

Für Nietzsche war die sokratische, vernunftbestimmte Philosophie nicht nur zum „Totengräber" der antiken griechischen Tragödie und des damaligen Künstlertums geworden. Der „neugeborene Dämon genannt Sokrates" – also der Geist des optimistischen, aufklärerischen Rationalismus, der logischen Analyse und des Intellektualismus – hat aus seiner Sicht mit seiner Blässe der Gedanken den Geist der nachfolgenden Jahrtausende entscheidend geformt und den Typus des theoretischen Menschen zur universalen Herrschaft verholfen. Die Rolle des Sokrates, des „Mystagogen der Wissenschaft", könne indessen schwerlich überschätzt werden: „Wer sich einmal anschaulich macht, wie [...] eine nie geahnte Universalität der Wissensgier [...] erst ein gemeinsames Netz der Gedanken über den gesamten Erdball, ja mit Ausblicken auf die Gesetzlichkeit eines ganzen Sonnensystems gespannt wurde; wer dies alles, samt der erstaunlich hohen Wissenspyramide der Gegenwart, sich vergegenwärtigt, der kann sich nicht entbrechen, in Sokrates den einen Wendepunkt und Wirbel der sogenannten Weltgeschichte zu sehen." [TRA 15(1,99f)].

Natur und sokratischer Allmachtswahn der Wissenschaften

„Eine tiefgründige Wahnvorstellung, welche zuerst in der Person des Sokrates in die Welt kam, [ist] jener unerschütterliche Glaube, dass das Denken an dem Leitfaden der Kausalität bis in die tiefsten Abgründe des Seins reiche." Dahinter stehe ein „Glauben an die Ergründlichkeit der Natur und an die Universalheilkraft des Wissens." Dagegen setzt Nietzsche die psychologische Sicht, das Leben brauche angesichts einer solchen Unergründlichkeit der Natur „die schützende Atmosphäre aus Nichtwissen, Illusion und Träumen", wie sie in der Kunst und insbesondere in der Musik zuhause ist.

„Instinkt der Wissenschaft"

In der Vertreibung des Chaos aus der Kunst – des Rausches und der individuellen Entgrenzung, des tragischen, irrationalen, triebhaften Affekts, der egoistischen Instinkte und der Willensantriebe im Menschen und letztlich mit der Ignoranz des natur- und schicksalhaften Urgrund des Seins – werde das Ästhetische reduziert auf das, was ausschließlich vernünftig, verständlich und rational durchdacht sei. Damit habe Sokrates das Natürliche und Chaotische aus der Kunst verjagt, dem Verstand zum Sieg über den unreflektierten Instinkt verholfen und zugleich die „Lust am Leben" aus der „Kultur" einer Gesellschaft verbannt. Die instinktfeindliche Erkenntnis selbst werde so ins Extrem getrieben und verkomme zu einer Art „Instinkt der Wissenschaft".

Nietzsches „Entlarvungspsychologie" versus wissenschaftliche Logik

Nietzsches Vorwurf: Die alltäglichen und „allernächsten" – körperlichen und seelischen – Dinge würden damit im Leben des Menschen vernachlässigt zugunsten jener fehlerhaft ausgerichteten Vernunft. Das verfehle die eigentliche Aufgabe der Philosophie, der Lebenskunst zu dienen. Dem Menschen werde von abstrakt denkenden, lebensfernen Idealisten eingeredet, es gehe um viel Größeres – um Seelenheil, Staat, Wissenschaft und um das große Ganze. Damit bezieht Nietzsche eine kraftvolle Gegenposition gegen den Glauben an eine „platte Wirklichkeit", wie sie für ihn insbesondere vom angelsächsischen materialistischen „Realismus" vertreten wird.

Kontrapunkt: Beherrschte „gesunde Instinkte"

Nietzsche setzt seine praktische Lebensphilosophie dagegen. Sie anerkennt die psychischen Schwächen des Menschen, der primär nicht vom Verstand, sondern von seinen Trieben und Affekten, von seinem originären Egoismus und individuellen Willen geleitet und beherrscht werde. Er entlarvt „Götzenstatuen" nicht nur in der Religion, sondern auch die der (angeblich) objektiven wissenschaftlichen „großen Wahrheiten" und setzt den theorielastigen, lebensfeindlichen Denk- und Kulturhaltungen die ureigenen körperlich-biologischen und psychischen Bedürfnisse der „gesunden Instinkte" entgegen. Das könnte hier allerdings missverständlich klingen: Nietzsche räumt keinesfalls Affekt und Instinkt die hedonistische Oberherrschaft im menschlichen Leben ein. Sie müssten vielmehr vom kultivierten Menschen beherrscht – Freud nannte es später „sublimiert" – werden. Darin äußert sich schließlich auch das Kultur schaffende und damit notwendige ordnende und formende Gegengewicht zur Gewalt, was beispielsweise mörderische Kriege in friedliche Wettkämpfe verwandeln kann.

Das platonische Missverständnis und der Übermensch

Sokratismus und Platonismus in der Folge haben, so erklärt Nietzsche, den Wahrheits- und Erkenntnistrieb extrem überhöht und damit dessen eigene Grundlagen „mit der Säure des Zweifels verätzt." Daran kranke auch die moderne kulturelle Verfassung; sie bewege sich unaufhaltsam in Richtung Dekadenz. Im Blick auf Plato äußert Nietzsche in diesem Kontext: „Plato [...] wollte mit dem Aufwand aller Kraft [...] sich beweisen, dass Vernunft und Instinkt von selbst auf *ein* Ziel zugehen, auf das Gute, auf ‚Gott'; und seit Plato sind alle Theologen und Philosophen auf der gleichen Bahn."

Humanistische Fehlinterpretationen des Übermenschen

Dem idealisierten Gutmenschen, wie ihn etwa Ralph Waldo Emerson fantasiert hat, setzt Nietzsche in Zarathustra mit dem Übermenschen seinen „Typus höchster Wohlgerathenheit" entgegen, dessen Charakter im Gegensatz zu den braven Idealisten auch die brutalen Züge des Machtmenschen – wie zum Beispiel Cesare Borgias oder Napoleons – trägt und den „Typ, den Vitalitätsheroen, die Kraftnatur und Athleten der Amoralität" (Safranski) – mit verkörpert. Er ist ein machtvoller Spieler, der seine individuellen Triebe spielerisch beherrscht und auslebt und der sich aus seiner selbstbewussten Vitalität heraus dann seine individuelle Tugend kreativ entwickelt.

Kurze Schlussfolgerung

Das Einführen tiefgehender psychologischer und – wie wir es heute nennen „sozialpsychologischer" – Sichtweisen in die Philosophie, dieser am Leben und nicht an einer angeblich „wertfreien" Wissenschaftlichkeit orientierte Wechsel der Perspektive macht Nietzsche zu einem Pionier neuer wissenschaftlicher Denkrichtungen des 20. Jahrhunderts: der philosophischen Psychologie und der sozialpsychologischen Soziologie. Er holt auf diese Weise zugleich die Philosophie aus ihren abgehobenen, spekulativen Höhen der Systembastelei herunter und richtet den Fokus erneut auf ihren eigentlichen Gegenstand: Das menschliche Leben in all seiner logisch nicht fassbaren – emotionalen und triebhaften – Vielfalt und deren enges Zusammenwirken mit dem Denken beim Tun.

Zitate

Als ich fast am Ende war, dadurch, dass ich fast am Ende war, wurde ich nachdenklich über diese Grund-Unvernunft meines Lebens - den „Idealismus". Die Krankheit brachte mich erst zur Vernunft. [EE; klug 2]

Je weniger einer zu befehlen weiß, umso dringlicher begehrt er nach einem, der befiehlt, streng befiehlt, nach einem Gott, Fürsten, Stand, Arzt, Beichtvater, Dogma, Parteigewissen. [FRÖ 347 (3,582)]

Habt ihr euch selber je genug gefragt, wie teuer sich auf Erden die Aufrichtung jedes Ideals bezahlt gemacht hat? Wie viel Wirklichkeit immer dazu verleumdet und verkannt, wie viel Lüge geheiligt, wie viel Gewissen verstört, wie viel „Gott" jedesmal geopfert werden musste? [GEN II, 24 (5,335)]

Ich fand den Theologen-Instinkt des Hochmuts überall wieder, wo man sich heute als „Idealist" fühlt, - wo man, vermöge einer höheren Abkunft, ein Recht in Anspruch nimmt, zur Wirklichkeit überlegen und fremd zu blicken ... [ANT 8]

Wer sein Ideal erreicht, kommt eben damit über dasselbe hinaus. [JEN 73]

„Ich weiß nicht aus noch ein; ich bin alles, was nicht aus noch ein weiß" - seufzt der moderne Mensch ... An dieser Modernität waren wir krank, - am faulen Frieden, am feigen Kompromiss, an der ganzen tugendhaften Unsauberkeit des modernen Ja und Nein. Diese Toleranz und largeur des Herzens, die alles „verzeiht", weil sie alles „begreift", ist Schirokko für uns. Lieber im Eis leben als unter modernen Tugenden und anderen Südwinden! ... [ANT 1]

Wenn ein Philosoph Nihilist sein könnte, so würde er es sein, weil er das Nichts hinter allen Idealen des Menschen findet. Oder noch nicht einmal das Nichts, - sondern nur das Nichtswürdige [GÖT, Streifzüge 32]

Auch über dem größten Menschen erhebt sich sein eigenes Ideal. [ERZ 3 (1,359)]

Habt ihr euch selber je genug gefragt, wie teuer sich auf Erden die Aufrichtung jedes Ideals bezahlt gemacht hat? Wie viel Wirklichkeit immer dazu verleumdet und verkannt, wie viel Lüge geheiligt, wie viel Gewissen verstört, wie viel „Gott" jedesmal geopfert werden musste? [GEN II, 24 (5,335)]

Seien wir Idealisten! – Dies ist, wenn nicht das Klügstes, so doch das Weiseste, was wir tun können. Um die Menschen zu erheben, muss man selbst erhaben sein. Wandeln wir über Wolken, arrangieren wir das Unendliche, stellen wir die großen Symbole um uns herum! Sursum! BumBum! – es gibt keinen besseren Rat. Der „gehobene Busen!" sei unser Argument, das „schöne Gefühl" unser Fürsprecher. [WAG 6]

Ich fand den Theologen-Instinkt des Hochmuts überall wieder, wo man sich heute als „Idealist" fühlt, – wo man, vermöge einer höheren Abkunft, ein Recht in Anspruch nimmt, zur Wirklichkeit überlegen und fremd zu blicken ... [ANT 8]

Die Lüge des Ideals war bisher der Fluch der Realität [ECC, Vorwort 2]

Das Idealisieren besteht nicht, wie gemeinhin geglaubt wird, in einem Abziehen oder Abrechnen des Kleinen, des Nebensächlichen. Ein ungeheures Heraustreiben der Hauptzüge ist vielmehr das Entscheidende, so dass die anderen darüber verschwinden. [GÖT, Streiftzüge 8]

Weil wir gut von uns denken, aber doch durchaus nicht von uns erwarten, dass wir je den Entwurf eines raffaelischen Gemäldes oder eine solche Szene wie die eines shakespeareschen Dramas machen könnten, reden wir uns ein, das Vermögen dazu sei ganz übermäßig wunderbar, <> eine Begnadigung von oben. So fördert unsere Eitelkeit, unsere Selbstliebe, den Kultus des Genies [Men I, 162]

Ein Idealist ist unverbesserlich: Wirft man ihn aus seinem Himmel, so macht er sich aus der Hölle ein Ideal zurecht. [MEN II; Mei 23]

Als ich fast am Ende war, dadurch, dass ich fast am Ende war, wurde ich nachdenklich über diese Grund-Unvernunft meines Lebens – den „Idealismus". Die Krankheit brachte mich erst zur Vernunft. [ECC, klug 2]

In diesem Hin und Her zwischen christlich und antik, zwischen verschüchterter oder lügnerischer Christlichkeit der Sitte und ebenfalls mutlosem und befangenem Antikisieren lebt der moderne Mensch [ERZ 2 (1,345)]

Ich widerlege die Ideale nicht, ich ziehe bloß Handschuhe vor ihnen an ... [ECC, Vorwort 3]

Wille zum machtvollen Leben

„Wo ich Lebendiges fand, da fand ich den Willen zur Macht. Auch die Erkenntnis selbst ist Ausdruck des Willens zur Macht."
„Unschuld ist das Kind und Vergessen, ein Neubeginnen, ein Spiel, ein aus sich rollendes Rad, eine erste Bewegung, ein heiliges Ja-sagen.
Ja, zum Spiele des Schaffens, meine Brüder, bedarf es eines heiligen: seinen Willen will nun der Geist, seine Welt gewinnt sich der Weltverlorene." *(Zarathustra 1)*

Nach der Zerstörung oder Umwertung fremder Werte: Was nun, Friedrich Nietzsche?

Dem geduldige Leser, der den radikalen philosophischen Gedanken Nietzsches bis hier gefolgt ist, mag bewusst geworden sein, wie viel bisher in seinem Leben fremden Einflüssen unterlag. Er hat in den einzelnen Bereichen, bei den einzelnen Prägungen und übernommenen Werten genauer identifiziert, wo und warum diese Außensteuerung bis jetzt so fabelhaft funktioniert hat. Er hat nun den Willen entwickelt, sich davon zu befreien, quasi den Autopiloten abzuschalten. Er hat diese übernommenen (extrinsischem) Einflüsse in Frage gestellt, kritisch analysiert und furchtlos all das aussortiert, was eigenen Werten nicht mehr gerecht wird. Nach Nietzsche gibt es dann also in seinem individuellen Leben keine ewigen Werte, keine absoluten Wahrheiten, keine unvergängliche Seele, kein stabiles Ich, keinen Sinn mehr im Leben und keine allgemein gültige Wirklichkeit mehr, sondern nur die „perspektivische" Erfahrung des Einzelnen. Der „Philosoph mit dem Hammer“ hat all die überkommenen Ideen und Werte seiner Zeit sorgsam abgeklopft und dann unerbittlich deren Wertigkeit in Frage gestellt. Mit seinem Willen zur Entwertung hat er ganze Zerstörungsarbeit geleistet und Platz geschaffen für neue eigene Werte.

Auf der Suche nach eigenen Werten

Was ist das authentisch Eigene, das nach einer solchen rücksichtslosen Reinigungskur übrig bleibt? Welche eigenen Gedanken, Gefühle und Triebe sollen künftig Macht über unser Leben bekommen, unser Dasein erfüllen und kreativ formen? Folgen wir also dem – heute noch so unerhört zeitgemäßen – Philosophen Friedrich Nietzsche auf diesem individuellen Weg und schauen wir zu, was von seinem Denken für uns selbst noch Bestand hat. (Das heißt: Sortieren wir nach dieser Denkmethode im Geiste all das aus, was dem Zeitgeist des 19. Jahrhunderts geschuldet ist und was vielleicht den heutigen Zeitgeist bestimmt.)

Geburt und Selbstmord der Tragödie

Nietzsche verfasst sein erstes wissenschaftliches Buch in seiner Basler Zeit. Der hochbegabte und sensible, vielversprechende Basler Professor für Altphilologie Friedrich Nietzsche, gerade mal 27 Jahre alt, veröffentlicht Anfang 1872 „Die Geburt der Tragödie aus den Geiste der Musik“. Er provoziert damit seine Fachkollegen und stößt sie alle mit seinem philosophischen Denkansatz vor den Kopf. Die gesamte Fachwelt distanziert sich damals von ihm; Nietzsche verscherzt sich auch das Wohlwollen und den Respekt seines hoch angesehenen einstigen akademischen Förderers Friedrich Ritschl und ruiniert so seinen wissenschaftlichen Ruf. Worin bestand die gewaltige Brüskierung und Kampfansage? ‚Hauptdarsteller‘ in diesem Buch sind – neben dem in dieser Schaffensperiode hymnisch verehrten Richard Wagner – zwei von Nietzsche so genannte antike „Kunstgottheiten“ aus der klassischen Mythologie: Dionysos und Apollo. Das Götterpaar und dessen Zusammenwirken hebt er auf den Sockel eines kunsthistorischen, sozusagen archetypisch wirkenden Grundprinzips. Beide Götter stehen – vereinfacht und zugespitzt – für künstlerische Kräfte. Das Dionysische ist für Nietzsche zuerst einmal der emotionale Urgrund der Musik. Dionysisch nennt er das

Rausch-, Natur- und Triebhafte, das ekstatische Verschmelzen mit der Masse und dabei den Verlust der individuellen Grenzen. Dionysisch sind aber auch die gewalttätigen seelischen Impulse im Einzelnen und in entfesselten Kollektiven. Gleichzeitig ist das Dionysische auch die ursprüngliche Quelle des individuellen schöpferischen Drangs und der vitalen Potenz im Leben. Dessen Wahrnehmung im eigenen Innern und in einer – rauschhaft zusammengeführten – Gemeinschaft eröffnet den Menschen einen tragischen, schreckerfüllten und schauerlichen Blick in die chaotischen Abgründe des individuellen und kollektiven Seins. Den mutige Entschluss, durch ein solches „Bewusstseinsfenster" in den dionysischen Urgrund des Seins hinabzublicken und – wenn auch nur in begrenztem Maße – den Schrecken vor dem unmenschlich Chaotischen wirklich auszuhalten, diesen Blick kann – so Nietzsche – überhaupt nur einem Freigeist und furchtlosen (Über-) Menschen zugemutet werden.

Die Polarität von Dionys und Apoll

Spätestens jetzt werden diese Götter zu Stichwortgebern für das „dionysische" und für dessen polaren Gegensatz, das „apollinische Prinzip". Nietzsche verwendet seine Kernbegriffe umfassend. Ursprünglich erklärt und interpretiert er aus dem Spannungsverhältnis zwischen beiden Prinzipien zueinander die klassische Tragödie und die Entwicklung der Kunst und des Ästhetischen in der griechischen Antike. Danach nutzt er es aber auch zu aktueller Kulturkritik. In späteren Werken verwendet er das dionysische (und apollinische) Prinzip noch viel umfassender: als Erklärung für den Gang der Geschichte und für unterschiedliche Kulturformen, als psychologische Deutung für das Handeln von Menschen und des Übermenschen und letztlich als Grundprinzip allen menschlichen Lebens und des universellen kosmischen Geschehens. Wie sehr sich Nietzsche in der letzten Phase seines Lebens schließlich mit dem griechischen Gott des Weines als „Jünger" identifiziert, ihn sich „einverleibt" hat, wird spätestens sichtbar, als er 1889 seine letzten „Wahnbriefe" an Jakob Burckhardt und an andere mit „Dionysos" (und abwechselnd mit der „Der Gekreuzigte") unterschreibt.

Der Verlust des Tragischen

Kehren wir zurück zur klassischen Tragödie: Nietzsche sieht deren historischen Ursprung in der klassischen Kunst in den Dionysoskulten der Antike mit ihren bacchantisch-rauschhaften Chorgesängen. In den attischen Tragödien von Aischylos und Sophokles fallen dem Chor die Rollen des Gesangs, des Tanzes und der Musik zu. Den apollinischen Ausgleich besorgten die in der Tragödie maskiert auftretenden Schauspieler mit ihren Dialogen. Sie domestizieren und kultivieren gleichsam die ekstatisch aufgeladenen Publikumsmassen, führen nach dem Schauspiel deren Bewusstsein zurück in die Vereinzelung und begleiten so die Re-Individualisierung und schließlich den Abstieg der Menge in ihren banalen Alltag. Sprache verkörpert damit in der Tragödie den apollinischer Gegenpol zum Musikalischen. Apollinisch ist die Welt der Erkenntnis, der Form und der Strukturen, das bewusste Reflektieren des eigenen Ichs und dessen Begrenzungen. Bei Euripides setzt nach Nietzsche dann der Verfall der Tragödie und somit des Inbegriffs der antiken Kunst ein. Das Apollinische gewinnt die Oberhand, das Dionysische verflüchtigte sich aus dem Schauspiel, die kulturelle Dekadenz der griechischen Hochkultur setzt damit ein.

Sokratische Aufklärung und Umwertung

Aber Vorsicht: Der eigentliche Verderber ist nicht Apoll, sondern Sokrates: Mit Nietzsches Worten: „Die Gottheit, die aus ihm (Euripides) redete, war nicht Dionysos, auch nicht Apollo, sondern ein ganz neugeborener Dämon, genannt Sokrates. Dies ist der neue Gegensatz: das Dionysische und das Sokratische.“ An ihm ging letztlich „das Kunstwerk der griechischen Tragödie“ zugrunde. Während die Tragödie eine pessimistische – damit eben ‚tragische‘ – Weltsicht ausdrückt, repräsentiert das Apollinische und damit auch Sokrates als dessen philosophischer Stammvater den fortschrittgläubigen Optimismus des Erkennens und der Vernunft.

Der sokratischer Mythos von einer optimistisch wirkenden Selbsterkenntnis

Sokrates vertrat, wie man aus den Dialogen Platos weiß, die philosophische Zuversicht, dass ein sittliches Wissen, um Gut und Böse zu unterscheiden, einzig und allein eine Frage der Selbsterkenntnis sei. Wer konsequent geistig Rechenschaft über sich und sein Leben ablege, könne schließlich auch erkennen, wie er sich ethisch tugendhaft verhalten müsse. Rechtes Denken führe somit auch zum rechtem und gerechtem Handeln. Umgekehrt beruhe jegliches ethische Fehlverhalten allein auf Unwissenheit, nicht auf absichtlicher Bösartigkeit. Fortschreitende Selbsterkenntnis wird auf diese Weise zur eigentlichen geistigen Herausforderung für jeden Einzelnen, um ein „wahrer Mensch" zu werden.

Naturwissenschaftlicher Determinismus und das nihilistische Zeitalter

Mit fortschreitender Dominanz des Sokratischen und mit dem Verlust des dionysischen Gegengewichts aus dem Schauspiel und – verallgemeinert – aus der Kunst versiegt nach Nietzsche auch die eigenschöpferische Kraft. Schließlich verstrickt sich das gesamten sokratisch geprägte christlich-abendländischen Denken – vornehmlich in den Wissenschaften mit ihrem kausalen Determinismus – im „Netz der alexandrinischen Kultur". Der allein vom Verstand gesteuerte Mensch verliert sich als „Pessimist des Intellekts" im kulturellen Niedergang.

Das Betriebsgeheimnis des Lebens: Ein Paradoxon

Was ist Leben? Es ist – so Nietzsche – ein Labyrinth aus deterministischen Illusionen: All das, was uns angeboren, anerzogen ist, was uns konditioniert, ist irgendwie kausal bedingt. Wir täuschen uns also grundlegend, wenn wir uns für die Regisseure unseres Lebens halten. Unser Leben ist die kausale Konsequenz unendlich vieler und komplexer Zufälligkeiten und Situationskonstellationen, die sich weiter multiplizieren, replizieren, addieren, subtrahieren oder selbstorganisiert anstoßen und weiterentwickeln – ein sinnloses, zweckloses Lebensspiel, das nicht in unserer Hand liegt. Das ist der große Erkenntnisschock, den wir erleben, wenn wir uns selbst erforschen und uns über uns selbst aufklären. Wir erleben das Absurde, das Fremde, wie stehen vor einem Abgrund, fallen ins Nichts, wir sind ein Nichts. Gott ist tot, eine „göttliche" Illusion und Projektion des menschlichen Geistes, ebenso wie die Götterwelt etwa der Griechen oder Platons jenseitige Ideenwelt. Und damit verlieren auch göttliche oder sonstige jenseitige

Sittlichkeit und Moralen und metaphysisch gesetzte Werte schlechthin ihre Gültigkeit. Unser Ich als steuerndes Bewusstsein ist ebenfalls illusionär, eingebildet, ist nur Schein. Wenn wir diese gedanklichen Konstrukte als solche entlarvt haben, dann bietet Nietzsche uns nur eine Antwort auf dieses Dilemma an: Das Paradoxon. Das heißt: Obwohl alles nicht von uns selbst gestaltet ist, gilt es nun, jeweils Neues zu schaffen. Wer also den Durchblick hat, erschafft neuen Schein. Der Akteur weiß dies zwar, aber das gilt es auszuhalten, das ist die große Prüfung, die wir zu bestehen haben. Im Leben geht es also um experimentierende Bewegung, um ständiges, spielerisches Wachsen, von einer „Freischeinlichkeit" zur nächsten. Also ein Ja zur immer neuen Illusion, ohne den Schein, das Scheinbare zu kritisieren, Tun im Getanwerden, Handeln im Nichthandeln. Der Mensch erlebt sich im Dazwischen. Anders gesagt: Indem wir die Kausalität aus der Vergangenheit aufkündigen, entsteht die Freiheit des (Über-)Menschen. Der Einzelne wächst über sich hinaus, fängt damit immer wieder neu an – mit dem schrecklichen Wissen, dass er eigentlich nicht tut. Nietzsche hat ein solches Ja zum dem Leben, das ist, entdeckt und bietet es als Möglichkeit, mit erhobenem Haupt durchs Leben zu gehen: Der Mensch als spielender Experimator, der sich dilettantisch von einer Versuchsanordnung zur nächsten hangelt – in dem Wissen aber, dass er dies tut.

Lebenskunst: Heißes Schöpfertum und ausgleichende kühlende Wissenschaft

Nietzsche geht es stets um die „richtige" Balance zwischen Dionysischem und Apollinischem im Seelenleben des Einzelnen und in der Gesellschaft. Er wendet diese Polarität zwischen dem Heißen – dem affektiv-hitzigen und triebhaften – und dem Kühlenden – dem Vernünftigen, der Ratio und Logik, dem analysierenden Erkennen – in späteren Werken auch an, um von dem Spannungsverhältnis zwischen Apollinischem und dem (zumutbaren) Dionysischen auch die jeweilige Gestalt und Ausprägung eines Volkes oder eines sonstigen gesellschaftlichen „Herrschaftsgebildes" und dessen Kultur herzuleiten. Dabei ist das Dionysische das unbestimmte, entgrenzte, sich auflösende, fließende, berauschende, ekstatische, sinn- und zwecklose Prinzip. Dem steht das apollinische Prinzip gegenüber: kalte, klare, nüchterne, ruhige und besinnliche Muster, Form, Bestimmtheit, Ordnung, Gestalt und Grenze. Beide Prinzipien sind letztlich keine Gegensätze, sondern Ausprägungen, sind im Wortsinne gleich gültig. Sie stehen in polaren Bezügen zueinander, die nur in Menschen ihre Wirkungen entfalten, die Veränderung wagen, die in abenteuerlichen Rhythmen, im Wechselspiel von Apoll und Dionys schwingen, sich bewegen. Und so mit starkem Willen und tatkräftig durchs Leben reisen.

Die ewige Wiederkunft des Gleichen: Ein Gedankenexperiment

Man stelle sich nun einmal den einsamen Wanderer Friedrich Nietzsche vor, wie er in der Schweiz, am Silvaplana-See in der Bergwelt Graubündens, in Gedanken versunken vor einem „pyramidal aufgetürmten" mächtigen Felsblock steht und dabei eine mächtige gedankliche „Inspiration" erlebt. Man stelle sich weiter vor, dass ihn hierbei die Eingebung inspiriert und überwältigt, er müsse diesen und jeder anderen Moment in seinem Leben auf gleiche Weise ewig wieder neu erleben und erleiden. Das heißt: „... jeder Schmerz und jede Lust und jeder Gedanke und Seufzer und alles unsäglich Kleine und Große" seines und unser aller Leben ereigne sich unzählige Male in einem ewigen Kreislauf. Dass bis zum Ende der Zeit für alle Menschen „die ewige Sanduhr des Daseins immer wieder umgedreht" werde. Diesen packenden Gedanke von der „ewigen Wiederkunft des Gleichen" lehrt Nietzsche im Zarathustra: „Alles geht. Alles kommt zurück; ewig rollt das Rad des Seins. Alles stirbt, Alles blüht wieder auf, ewig läuft das Jahr des Seins."

Den Augenblick so leben, als sei er ewig

Die Idee von der ewigen Wiederkunft hat eine zentrale Rolle in Nietzsches Lebensphilosophie. Mit der unbedingten Liebe zum eigenen Schicksal – dem amor fati – setzt er dann quasi noch eins drauf. Nur wer uneingeschränkt, trotz allen Leidens, das eigene Leben in all seinen Facetten und Ausprägungen absolut bejahe und total nichts bedauere, der könne auch Ja dazu sagen, dass dieses Leben ewig so und nicht anders sich ad infinitum wiederhole. Das zu wollen, den Augenblick so zu leben, als sei er ewig wiederkehrend, wird dann letztlich der Prüfstein für den individuellen Willen zur Macht.

Nietzsches Ekel vor dem Egalitären

Man stelle sich nun weiter den ganz besonderen Widerwillen von Nietzsche bei einem höchst unbequemen Gedanken vor, nämlich dass dann auch „der kleinste Mensch“ ewig wiederkehre. Dem stolzen Aristokraten des Geistes wird dabei verständlicherweise übel: „Das war mein Überdruss am Menschen! Und ewige Wiederkunft auch des Kleinsten! – Das war mein Überdruss an allem Dasein.“ Ungestüm bricht sich da Nietzsches elitärer bis dünkelhafter Ekel, seine Abscheu vor einer derartigen Gleichmacherei und vor jeglichem gesellschaftlichen Egalitarismus Bahn. Den Ekel überwindet der Philosoph – oder in der Bildersprache Zarathustras: ein Hirte – metaphorisch durch einen „guten Biss“ in den Kopf einer Schlange, die ihm in den Mund (vulgo in die Sprache) gekrochen war.

Das ultimative Ja zum eigenen Dasein

So gesehen wird der Gedanke von der ewigen Wiederkehr des Gleichen zum machtvollen Verstärker, zur eigentlichen Bewährungsprobe für den über sich hinaus strebenden Menschen: „Die Frage bei Allem und Jedem ‚willst du diess noch einmal und noch unzählige Male?‘ würde als das größte Schwergewicht auf deinem Handeln liegen!“ Es ist ultimatives Jasagen zur eigenen Existenz, zum individuellen Schicksal, so „ungerecht“ es auch sein mag. Es ist (wie bei Camus) das existenzielle Glück eines Sisyphos bei seiner ewigen, sinnlosen Arbeit: zufrieden und glücklich zu sein mit dem, was gerade ist. Kein Wunder, dass Nietzsche mit solcherlei Ideen auch das Denken der Existenzialisten im 20. Jahrhundert ganz beachtlich vorausgedacht und philosophisch befruchtet und mitgeprägt hat.

Amor Fati: Im Notwendigen das Schöne sehen

Amor fati: In der Erkenntnis des eigenen Fatums und am Beginn jeglicher Veränderung steht damit jenes unbedingte Ja zum Schicksalhaften. Alle denkerisch erkannten Konditionierungen in der dargestellten Form erst einmal vollständig zu akzeptieren, ja sogar liebevoll zu akzeptieren: Das ist die Quintessenz einer

Philosophie, die wie gesagt von späteren „Existenzialisten" wie Jean Paul Sartre oder Albert Camus aufgegriffen und weiterentwickelt wurde. „Meine Formel für die Größe am Menschen ist *amor fati:* dass man nichts anderes haben will ..." beschreibt er diese Grundhaltung. Sie wird zugleich zum Ausgangspunkt, quasi zum Sprungbrett des Individuums, um dann eigenständig seinen Willen zum Übermenschen zu entdecken und aufwärts strebend zu entfalten.

Neue Werte und deren Wille zur Macht

Die dramatische Frage stellt sich jetzt nach der „Umwertung aller Werte": Welche neuen Werte setzt Nietzsche in seiner Philosophie und in seinem Leben an die Stelle der zuvor entwerteten und zertrümmerten traditionellen Moralen? (In „Ecce Homo" sagt er unter dem Rubrum „Warum ich ein Schicksal bin": „Ich bin kein Mensch, ich bin Dynamit".) Und wie integriert er sie in seine persönliche Biografie? Und schließlich: Was hat Nietzsches Denken in der europäischen und der Weltkultur, in seiner Nachwelt bewirkt, angestoßen, in Gang gesetzt und tiefgreifend verändert? Denn jegliche Philosophie, die nicht nur an logischen Systemen „wissenschaftlich" bastelt, sondern die sich direkt an der Existenz des Menschen orientiert – also jede Lebensphilosophie –, taugt vermutlich nur als Liebe zum Wissen, wenn sie auch alltagstauglich ist, für Amateure ebenso wie für Experten.

Wertungen bei Nietzsche

Befassen wir uns also im Folgenden in gebotener Kürze in zehn Kapiteln mit den wesentlichen Aspekten von Nietzsches Denken, Leben und mit seinen revolutionären geistigen Hinterlassenschaften.

Wille 1: **Musik als Inbegriff des Künstlerischen.** Nietzsche erlebte und interpretierte sich selbst in unterschiedlichen Lebensabschnitten mal eher als Künstler, dann wieder als Geisteswissenschaftler. Für ihn bestand die Freiheit des Künstlers im Schöpfertum als Quelle der „zweiten Natur". Sein künstlerischer Impetus und sein Schaffen äußerte sich einerseits denkerisch und sprachlich – also apollinisch – und andererseits musikalisch – also dionysisch – beim Klavierspiel vom Blatt und frei improvisierend und beim Komponieren, auch wenn ihm zumindest zu Lebzeiten dafür die öffentliche Anerkennung versagt geblieben ist, die er sich so sehnsüchtig gewünscht und angestrebt hatte.

Wille 2: **Macht über Leben (und Schreiben) durch den Tanz.** Leichtigkeit, Spiel, sinnliche Unmittelbarkeit und lebendige Intensität – das verkörpert für Nietzsche das Tanzen. Es gehört zum Dionysischen, zur unmittelbaren Lebensfreude. Tanzen überwindet das Schwere. Das Leichte und Tänzerische beim Sich-Bewegen, beim erotischen Kontakt mit der Tanzpartnerin und – weiter gefasst – beim Denken und Formulieren, in der Leichtigkeit der Sprache und schließlich in der Unbefangenheit und beim unbeschwerten, unschuldigen Spiel eines Kindes: Nietzsche nutzt die Metapher des Tanzens für nahezu alle Lebensbereiche bis hin zur ewigen, dionysischen Urkraft, bis zum Tanz des Werdens und Vergehens und dessen ewige Wiederkehr. Tanzen bleibt in seiner Biografie freilich eher eine Sehnsucht und ein Wunschbild, das in Zarathustras Tanz- und Grablied selbstironisch gebrochen wird.

Wille 3: **Lebensmacht und Lebenslast des stetigen Denkens.** Die Liebe zum Denken – sprich die Philosophie – ist Nietzsches Lust und lebenslange Last von Kindesbeinen an. Das eigensinnige Infragestellen alles Vorbedachten, das perspektivische Hin-und-Herwenden eines Gedankens ist die ihm eigentümliche radikale Denkmethode, die nach den Wurzeln einer Idee gräbt, das Denken und die Sprache selbst zum Gegenstand der Philosophie macht und die Wirkungen des Gedachten auf das Leben analysiert: Das ist die große Lebenslust und leidenschaftliche Berufung in seiner gesamten Biografie.

Wille 4: **Wandern, Natur und einsames Philosophieren unterwegs.** Nietzsche war ein Nomade, ein großer Fußgänger, Wanderer und europäischer Reisender – geografisch und denkerisch rastlos unterwegs, vor allem in seiner Zeit als frei schweifender Philosoph. Das Hauptmotiv für seine zahlreichen Reisen in die Berge und nach Süden war die Hoffnung, durch Klimawechsel sein leibliches Befinden zu verbessern und seiner Krankheiten Herr zu werden. Er kannte genau die Erholung, die „sinnliche Aufladung" des Unterwegsseins in neuen Landschaften und mit neuen Perspektiven. Er wusste um das fruchtbare Philosophieren beim Gehen, wie es schon die griechischen Peripatetiker praktiziert hatten – da allerdings eher im Zwiegespräch und in Gruppen bzw. Akademien.

Wille 5: **Schreiben und Geschriebenes.** Das Kapitel befasst sich näher mit Nietzsches Schriftstellerei und seinem Philosophieren über das Schreiben. Es geht biografisch auf seine Werke ein, unternimmt den Versuch, seine einzelnen Schaffensphasen einzuteilen und kurz zu charakterisieren, und verweist auf seine Werke (im Anhang).

Wille 6: **Lebensmacht durch wissenschaftliches und künstlerisches Tun.** Das polarisierende Spannungsverhältnis zwischen nüchterner, „kühler" Wissenschaftlichkeit und „heißem" Künstlertum reflektiert die Beziehung zwischen dionysischem und apollinischem Prinzip, den von Nietzsche beschriebenen, durch Sokrates und Platon verkörperten „Wendepunkt" im abendländischen Denken, die aus seiner Sicht dadurch bewirkte Dekadenz der griechischen und später der zeitgenössischen europäischen Kultur.

Wille 7: **Die aus Nietzsches Philosophie erwachsene moderne Psychologie.** Sein existenzialistisch geprägtes Philosophieren hat Nietzsche in die beängstigenden Tiefen der menschlichen Psyche, hin zu den triebhaften und affektiven (dionysischen) Motiven, zur Integration von Egoismus und anderer „Todsünden", zur Interpretation von Moral und Gewissen – und damit zu den psychologischen Quellen des modernen Philosophierens geführt. Dahinter steht das Entwerten aller moralischen und metaphysischen Konstrukte, die jahrtausendelang die Philosophie und später die christliche Theologie als allein seligmachendes Denken beherrscht hatten. Nietzsche gilt so zu Recht – und nicht erst Sigmund Freud, den er kräftig beeinflusst hat – als eigentlicher Stammvater und Wegbereiter der modernen Psychologie.

Wille 8: **Lebensmacht durch Formulieren und Gestalten, durch Sprache und Stil.** Die Wirkungsmacht von in Form gebrachter Sprache, von vieldeutigem Formulieren, vom Verstecken vielsagender Ideen in diffusen Äußerungen, die von Nietzsche vollendet kultivierte Stilform des Aphorismus, sein unverwechselbarer Pathos und sein (Berg)-Predigerton im Zarathustra, die Vielzahl seiner scharfsinnigen und provokanten Anmerkungen: Nietzsche hat sein – philosophisches und dichterisches – Schreiben zu einer souveränen künstlerischen Höchstform empor entwickelt, die unvergleichlich ist und schriftstellerische Geistesgrößen nach ihm machtvoll inspirierte.

Wille 9: **Lebensmacht durch Krankheiten, Einsamkeiten und tragisches Erleiden.** Nietzsche hat in seinem Leben außerordentliche – körperliche und seelische – Höhen und Tiefen durchlebt und das individuelle Leiden als Quelle seiner schöpferischen Kräfte identifiziert und sehr bewusst genutzt. Er sah in der Einsamkeit eine zwingende Vorbedingung für außergewöhnliches philosophisches und literarisches Schaffen, verkörpert in der Figur des Propheten Zarathustra, der aus den Höhen der Einsamkeit zu den Menschen hinabsteigt, um sie zu lehren – auch wenn er dabei unverstanden und verspottet bleibt.

Wille 10: **Nietzsche, das gesellschaftspolitische Urgestein und ein Vater moderner Soziologie.** Das leidenschaftliche Engagement Nietzsches für gesellschaftspolitische Reflexionen über die Wurzeln von Kultur, Staat und Politik, seine intensive Beschäftigung mit dem zeitgenössischen Positivismus und dem britischen Utilitarismus, sein „Pathos der Distanz“ zum niedrigen Volke und seine Abscheu vor jeglichem egalitärem Denken, vor Demokratie und Sozialismus haben den Philosophen zu einem der ersten wirkmächtigen und höchst anstößigen „Väter der Soziologie“ gemacht, lange bevor das Fach in den akademischen Lehrplänen seinen festen Platz fand. Nietzsche war im Sinne von Aristoteles lebenslang ein engagierter „homo politicus“ und attackierte stets scharf die unvornehme und aufrührerische Mentalität jeglicher Sklavenmoral, deren Wurzeln er in der jüdischen und christlichen Weltanschauung und bei der Indifferenz der Wissenschaften gefunden hatte.

Zitate

Ich erachte jedes Wort für unnütz geschrieben, hinter dem nicht eine <> Aufforderung zur Tat steht [ERZ 8 (1,3,65)]

Ich will immer mehr lernen, das Notwendige an den Dingen als das Schöne sehen: - so werde ich einer von denen sein, welche die Dinge schön machen. Amor fati: das sei von nun an meine Liebe! Ich will keinen Krieg gegen das Hässliche führen. Ich will nicht anklagen, ich will nicht einmal die Ankläger anklagen. Wegsehen sei meine einzige Verneinung! Und, alles in Allem und Großen: Ich will irgendwann einmal nur noch ein Ja-Sagender sein! [FRÖ 276]

Den Menschen <> zurückübersetzen in die Natur. <> machen, dass der Mensch fürderhin vor dem Menschen steht, wie er heute schon, hart geworden in der Zucht der Wissenschaft, vor der anderen Natur steht, mit unerschrockenen Ödipus- Augen und verklebten Odysseus-Ohren, taub gegen die Lockweisen alter metaphysischer Vogelfänger, welche ihm allzu lange zugeflötet haben: „du bist mehr! du bist höher! du bist anderer Herkunft!" - das mag eine seltsame und tolle Aufgabe sein, aber es ist eine Aufgabe
[JEN 230 (5,169)]

[119]Wer, gleich mir, mit irgendeiner rätselhaften Begierde sich lange darum bemüht hat, den Pessimismus in die Tiefe zu denken <>, der hat vielleicht eben damit, ohne dass er es eigentlich wollte, sich die Augen für das umgekehrte Ideal aufgemacht: für das Ideal des übermütigsten, lebendigsten und weltbejahendsten Menschen, der sich nicht nur mit dem, was war und ist, abgefunden und vertragen gelernt hat, sondern es, so wie es war und ist, wieder haben will, in alle Ewigkeit hinaus, unersättlich da capo rufend, nicht nur zu sich, sondern zum ganzen Stück und Schauspiel, und nicht nur zu einem Schauspiel, sondern im Grunde zu dem, der gerade dies Schauspiel nötig hat -und nötig macht <>-- Wie? Und dies wäre nicht - circulus vitiosus deus?
[JEN 56]

Personen, welche eine Sache in aller Tiefe erfassen, bleiben ihr selten auf immer treu. Sie haben eben die Tiefe ans Licht gebracht: Da gibt es immer viel Schlimmes zu sehen. [MEN 1, 489]

Erst das Übermorgen gehört mir. [ANT, Vorwort (6,167)]

Oh wer erzählt uns die ganze Geschichte der Narkotika! – es ist beinahe die Geschichte der „Bildung", der sogenannten höheren Bildung! [FRÖ 86]

[Zarathustra:] Was ich auch schaffe und wie ich's auch liebe, – bald muss ich Gegner ihm sein und meiner Liebe: so will es mein Wille.
[ZAR II, Selbstüberwindung (4,148)]

Meint ihr denn, es müsse Stückwerk sein, weil man es euch in Stücken gibt (und geben muss)? [MEN II, Mei 128]

Werfen wir einen Blick ein Jahrhundert voraus, setzen wir den Fall, dass mein Attentat auf zwei Jahrtausende Widernatur und Menschenschändung gelingt. Jene neue Partei des Lebens, welche die größte aller Aufgaben, die Höherzüchtung der Menschheit in die Hände nimmt, eingerechnet die schonungslose Vernichtung alles Entartenden und Parasitischen, wird jenes Zuviel von Leben auf Erden wieder möglich machen, aus dem auch der dionysische Zustand wieder erwachsen muss. Ich verspreche ein tragisches Zeitalter: Die höchste Kunst im Jasagen zum Leben, die Tragödie, wird wiedergeboren werden, wenn die Menschheit das Bewusstsein der härtesten, aber notwendigsten Kriege hinter sich hat, ohne daran zu leiden ... [ECC, Tra 4]

Wenn man frei mich wählen ließe, / Wählt ich gern ein Plätzchen mir/ mitten drin im Paradiese: / Gerner noch – vor seiner Tür! [FRÖ, Scherz 57]

Die Jagd nach Glück wird nie größer sein als wenn es zwischen heute und morgen erhascht werden muss: weil übermorgen vielleicht überhaupt alle Jagdzeit zu Ende ist. [ERZ 4 (1,367)]

Das ist euer ganzer Wille, ihr Weisesten, als ein Wille zur Macht
[ZAR II, Selbstüberwindung (4,146)]

Ohne Lust kein Leben; der Kampf um die Lust ist der Kampf um das Leben. Ob der Einzelne diesen Kampf so kämpft, dass die Menschen ihn gut, oder so, dass sie ihn böse nennen, darüber entscheidet das Maß und die Beschaffenheitseines Intellekts. [MEN I, 104]

[Zarathustra:] Wer sich stets viel geschont hat, der kränkelt zuletzt an seiner vielen Schonung. Gelobt sei, was hart macht! Ich lobe das Land nicht, wo Butter und Honig – fließt! [ZAR III, Wanderer (4,194)]

Wille 1

Musik, Kunst und Zeitgeist im 19. Jahrhundert

„Vermöge der Musik genießen sich die Leidenschaften selbst" (815)

„Ohne Musik wäre das Leben ein Irrtum"

Dies ist wohl eine am häufigsten zitierte Äußerung Nietzsches in im Zusammenhang mit Musik. Sie charakterisiert seine lebenslange, tief emotionale und sinnliche Liebe zur Musik. Es ist eine unglückliche, unerfüllten Liebe voller Leidenschaften. Seine großer Wunschtraum war wohl, ein ebenso berühmtes musikalisches Genie zu werden wie Richard Wagner. Daraus wurde, wie man weiß, nichts. Die Einsicht in seine musikalische Unzulänglichkeit muss für den musisch hoch begabten Nietzsche zweifellos qualvoll gewesen sein und hat ihn vermutlich lebenslang innerlich verletzt. Statt der Musik hat er dann als wirkungsvollstes Medium seine philosophische und poetische Sprache zum eigentlichen „musikalischen" Kommunikationsmittel geformt und weiterentwickelt.

Von der Unmittelbarkeit der Musik und dem Versagen der Sprache

Dabei war er sich jedoch stets der immanenten Grenzen und des „Versagens der Sprache" – verglichen mit der Musik – peinvoll bewusst. Safranski beschreibt das seelisch Dilemma so: Für Nietzsche erfasse die Sprache nicht das Ganze und reiche nicht in die (dionysischen) Tiefen des Einzelnen. Das geschehe allein durch die Musik. „Denn die eigentliche, mythische Lebensmacht ist das Dionysische. Sie erreicht – via Musik – die Tiefenschicht des Gefühls und verbindet die Menschen untereinander." Anders gesagt: Für Nietzsche ist Musik pure existenzielle Essenz, sind Worte hingegen „nur" apollinische Form. Dennoch will er mit Worten musizieren – mit seiner philosophischen Sprache quasi Musik machen, die „.. zufällig nicht mit Noten, sondern mit Worten geschrieben ist." Musik bleibt für Nietzsche bis ans Ende seines philosophischen Wirkens die eigentliche, universale „wahre allgemeine Sprache, die man überall versteht." Er verwendet unzählige msikalische Metaphern und bedauert seine eigene sprachliche Begrenztheit mit den Worten: „Sie hätte singen sollen, diese neue Seele und nicht reden."

Nietzsche als von der großen Musik verschmähter Liebhaber

Schon als Jugendlicher improvisierte Nietzsche leidenschaftlich gern auf dem Klavier, war später ein mehr als passabler Pianist und wünschte sich kaum etwas sehnlicher (und erfolgloser), als ein so begnadeter Komponist zu werden wie sein großes freundschaftliches Vorbild, der über lange Zeit hinweg so hoch verehrte Richard Wagner. Vergebliche Liebensmüh, wenn wir beispielsweise nachlesen, welch abfälliges Urteil Hans von Bülow (der frühere Ehemann Cosima Wagners) über Nietzsches kompositorische Ambitionen fällte. Ihm hatte Nietzsche die von ihm komponierte „Manfred Meditation" zur kritischen Beurteilung geschickt. Die vernichtende Antwort des Stars der Konzertsäle: Es handele sich um „das Extremste von phantastischer Extravaganz, um das „Unerquicklichste und Antimusikalischte", was ihm seit langem zu Gesicht gekommen sei – auch wenn sich von Bülow im selben Brief für sein harsches Urteil über Nietzsches Komponieren entschuldigt, das „ein so hoher Geist wie der Ihrige, verehrter Herr Professor, in so bedauerliche Klavierkrämpfe gestürzt [...]" (Nach W. Ross: Der ängstliche Adler), zerstäubte vermutlich damit Nietzsches Traum vom musikalischen Ruhm. Musik blieb dennoch die lebenslange Leidenschaft des Philosophen und Poeten. Denn im Gegensatz zur Sprache trifft Musik über das Ohr – so seine Erkenntnis – unmittelbar das Herz des Menschen. Wenigstens war das zu seiner Zeit wohl noch so.

Kunst und das erhabene kulturelle Ansehen von E-Musik damals

In der zweiten Hälfte des 19. Jahrhundert war die Kunstszene geprägt von einer überdimensionalen Hochachtung für und zugleich von heißblütigen Auseinandersetzungen mit der – heute würde man sagen – klassischen und zeitgenössischen E-Musik. Die heute noch so genannte „bildende Kunst", also Malerei und Bildhauerei, stand damals noch ziemlich im Banne der Romantik und mehr noch in der Tradition der „Weimarer Ästhetik". Es war Kunst, die an der griechischen und römischen Kunst Maß nahm und sie beflissentlich nachahmte. Deutlich wirkt da noch das Schlagwort von Johann Joachim Winckelmann nach von der „edlen Einfalt und stillen Größe“ des Künstlerischen mit Pinsel und Hammer. Bildende Kunst war damals eine im Grunde kopfgesteuerte, ziemlich fade und unsinnliche, eine vom Verstand kontrollierte Verherrlichung des Ästhetischen. In Nietzsches Optik war diese Spielform zeitgenössischer Kultur ausgeblendet und zeitlebens ein „blinder Fleck“. Für ihn zählte – als Nachwirkungen der vorangegangenen klassischen und romantischen Kulturperioden – fast ausschließlich das Musikalische und Sprachliche zum eigentlichen und wahrhaften europäischen Kulturerbe.

„Humanistische Bildung: Das Land der Griechen (und Römer) mit der Seele suchend

Zudem fußte humanistische Bildung zu Lebzeiten Nietzsches vorrangig auf dem Erlernen und Beherrschen der griechischen und lateinischen Sprache, auf der Lektüre und Interpretation klassischer Texte und auf einer schwärmerischen Verehrung eines idealisierten antiken Erbes. Das im 19. Jahrhundert dominierende Kulturklima hatte bereits in der schulischen Bildung des einstigen Pforta-Zöglings deutliche Spuren hinterlassen und zwangsläufig Nietzsche für sein ganzes Leben konditioniert. Das überaus hohe Ansehen des klassischen Historizismus und der Altphilologie in sogenannten gebildeten Kreisen (mit denen er sich in späteren Jahren höchst kritisch und angriffslustig anlegte) kam hinzu. Das führte schließlich zur Berufswahl und zur kurzen akademischen Karriere des ehemaligen Klassenprimus Friedrich Nietzsche, der bekanntlich stets eine starke Affinität zum Vornehmen, zu einer distinguierten Geistesaristokratie gepflegt hatte.

E-Musik, bürgerliche Kultur und U-Musik

Die Musik hatte sich etwa hundert Jahre vor Nietzsches Geburt ihren Weg aus den Adelshöfen in die großbürgerlichen Salons gebahnt, den aristokratischen Habitus aber beibehalten. „Höhere Töchter“ erhielten Klavierstunden. Drei bis vier Generationen zuvor war in bürgerlichen Kreisen Musik ein existenzielles Lebensthema von gewaltiger – emotionaler und triebhafter – Bedeutung geworden. Sie erringt zu Nietzsches Zeiten Kultstatus, ja wird quasi zum Religionsersatz. Das hat mit der heutzutage gängigen (U-)Musik so gut wie nichts mehr gemein. Mit der heutigen Musikkultur ist die des 19. Jahrhunderts nicht vergleichbar. Für Nietzsche und viele seiner gebildeten Mitmenschen war das Verhältnis zur Musik nahezu sakral, eine – wie er sagt – „Etappe der Heiligkeit".

Musik und das Dionysische: Eros und Sex zu Nietzsches Zeiten

Man vergegenwärtige sich in diesem Kontext die damals noch herrschende strikte (und heuchlerische) viktorianische Prüderie und sexuelle Verklemmtheit, insbesondere in großbürgerlichen Kreisen. Die Triebe wurden an erster Stelle – so spiegeln es auch die Werke Nietzsches – in einer im Wortsinne leidenschaftlichen Musik ausgedrückt (und abgeführt). Nietzsche bezeichnet nicht von ungefähr das Musikhören als ekstatischen „Musikorgiasmus". In der Zeit seiner schwärmerischen Verehrung für Wagner nach einer emotionalen Rangordnung befragt, nach den „Graden der Lust", die ihm das Leben bereite, platzierte er durchaus glaubwürdig das Improvisieren am Klavier an die erste, Wagner an die zweite und dann erst die sexuelle Wollust an die dritte Stelle. In dieser ängstlich-prüden Denk- und Empfindungswelt wird auch die gedankliche Brücke zu Dionysos und zu „dessen letztem Jünger" Friedrich Nietzsche deutlich erkennbar: Das Dionysische, das Angst einflößende, chaotische Ungeheure, das Rauschhafte, die entgrenzte Individualexistenz, das zutiefst Bedrohliche und Dunkle auf dem „Seil über dem Abgrund" des dionysischen Seins und des bedrohlichen Nichts gerät so zum unmittelbaren – sinnlichen und triebhaften – Urgrund der Musik. Als simpler Grund kommt hinzu, dass Musikhören eben nicht den Umweg über das Ohr zum Intellekt zu nehmen braucht, um allgewaltig ihre unmittelbare emotionale Wirkung zu entfalten. Deshalb verlangt Musik in der das Volk rauschhaft ergreifenden griechischen Tragödie nach Nietzsches Argumentation auch ganz dringend nach einem mäßigenden und formenden, apollinisches Gegengewicht.

Gebändigter dionysischer Rausch in der Musik

Vergegenwärtigen wir uns nochmals Nietzsches Interpretation der griechischen Tragödie, die voll Eigendynamik und affektvoller Spannung das Machtverhältnis zwischen Wort und Musik auf die Bühne bringt und die dynamische Balance zwischen dionysischem und apollinischem Prinzip – also zwischen rhythmischem Chorgesang (Musik) und der Form (Sprache) der Protagonisten – inszeniert. Wer Musik hört, so Nietzsche, hat sein Ohr zeitweise „gleichsam an die Herzkammer des Weltwillens gelegt" (gemeint ist damit der erwähnte dionysische Urgrund des Seins). Man gerät dabei – wie Nietzsche beim Improvisieren am Klavier – ins Uferlose, verliert den Boden unter den Füßen, überlässt sich den Wogen des Gefühlten und versinkt wie unter dem Einfluss einer Droge in orgiastischen Verzückungen. Im Rausch geht der Einzelne in der Gemeinschaft auf und unter, verliert sich im „Kollektivkörper" (Safranski) der aufgewühlten, außer sich geratenen Massen, die sich gegenseitig erregen und massenhaft sinnlich (und wohl auch alkoholisch) stimulieren. Danach aber muss die Menge schließlich wieder aus dem kollektiven Taumel erwachen. Safranski beschreibt den schwierigen Abstiegsprozess in den ernüchternden Alltag so: „Die Aufführung der Tragödie am Ende der dionysischen Feste ist dieses Ritual des Übergangs aus dem kollektiven Taumel ins alltägliche Leben der Stadt. Etwas von dem dionysischen Naturerleben bleibt indessen erhalten". Der Ursprung der Kunst in einem kollektiven Sakralereignis feiert die Macht des Dionysischen, die mystische Bedeutung des Lebens. Das rituelle Spiel der Tragödiendichter inszeniere also beides: das Auflösen des kollektiven Geschehens und anschließend die ungesellige Vereinzelung. Und zu dieser Individualisierung benötige man eben, als kreatives Gegengewicht, das apollinische Prinzip.

Nietzsches Hassliebe zum „Dämon Sokrates"

Nun kommen, wie bereits beschrieben, Nietzsches philosophische Kollegen und Antipoden aus der griechischen Klassik vor gut zweitausend Jahren ins Spiel: Sokrates und in dessen Gefolge auch Platon. Nietzsches denkerisches und emotionales Verhältnis zu beiden Geistesheroen an der „Epochenschwelle der Philosophie" ist in hohem Maße ambivalent: einerseits kritisch-kämpferisch, zum andern erfüllt von Bewunderung für die Lehre und die konsequente Lebenshaltung des Sokrates, der den Schierlingsbecher trank. Er sieht außerdem in Sokrates seinen Vorgänger als Lebensphilosoph, der verlangt, „dass man die Philosophie wieder zu den Menschen herab hole" (KSA 7, 739).

Doch trotz so vieler philosophischer Affinitäten stammt der Dolch, mit dem die griechische Tragödie „durch Selbstmord starb“, nach Nietzsches fester Überzeugung aus den Händen des plebejischen und hässlichen Sokrates: Die einst tragische, naturhafte, vorbewusste griechische Tragödienkunst sei (bei Euripides) an einem Übermaß an Reflexion, an griechischem Rationalismus, an viel zu viel Aufklärung und auch an reichlich zu viel Optimismus verendet. Kurz: Die griechische Aufklärung, der Rationalismus, der Intellektualismus habe das Dionysische, das Tragische, das Dunkle, Rauschhafte letztendlich komplett aus der traditionellen Tragödie vertrieben – habe sie effektvoll sozusagen mit dem Messer des ethisch-philosophisch-psychologischen Analysierens kastriert. „Auch Euripides war in gewissem Sinne nur Maske: die Gottheit, die aus ihm redete, war nicht Dionysus, auch nicht Apollo, sondern ein ganz neugeborner Dämon, genannt Sokrates.“ (KSA 1, 83).

Die philosophische Begründung dazu sei ebenfalls nochmals kurz wiederholt: Ethisch gut sei für Sokrates nur das, was vernünftig sei. Tugend entsprieße zwangsläufig dem Wissen. Mit dem Austreiben des Dionysischen, also dem Rauschhaften, dem Natürlichen und des unreflektierten Instinkts, verflüchtige sich das Tragische aus dem menschlichen Tun und Leben – und als Ganzes für den Rest aus der philosophischen Geschichte des Abendlandes. Der Typus des theoretischen Menschen besiege den Instinkt, der rationale Denker – die Wissenschaft – gewinne auf Dauer die Oberhand über den (instinktgeleiteten) Künstler.

Der Geist des Sokrates hat in Nietzsches Sicht das abendländische Denken der folgenden Jahrtausende bis in die Neuzeit mit geprägt, banalisiert, entemotionalisiert und damit degenerieren lassen.

Zitate

In der Musik <> lassen sich die Menschen gehen, weil sie wähnen, es sei niemand da, der sie selber unter ihrer Musik zu sehen vermöge. [MOR 169]

Wir werden viel für die ästhetische Wissenschaft gewonnen haben, wenn wir <> zur unmittelbaren Sicherheit der Anschauung gekommen sind, dass die Fortentwicklung der Kunst an die Duplizität des Apollinischen und des Dionysischen gebunden ist: in ähnlicher Weise, wie die Generation von der Zweiheit der Geschlechter, bei fortwährendem Kampf und nur periodisch eintretender Versöhnung, abhängt. Diese Namen entlehnen wir von den Griechen, welche die tiefsinnigen Geheimlehren ihrer Kunstanschauung zwar nicht in Begriffen, aber in den eindringlich deutlichen Gestalten ihrer Götterwelt dem Einsichtigen vernehmbar machen. An ihre beiden Kunstgottheiten, Apollo und Dionysos, knüpft sich unsere Erkenntnis, dass in der griechischen Welt ein ungeheurer Gegensatz, nach Ursprung und Zielen, zwischen der Kunst des Bildners, der apollinischen, und der unbildlichen Kunst der Musik, als der des Dionysos, bestehet <> Um uns jene beiden Triebe näher zu bringen, denken wir sie uns zunächst als die getrennten Kunstwelten des Traumes und des Rausches [TRA 1 (Anfang) (1,25f)]

Das Urphänomen der dionysischen Kunst wird <> einzig verständlich <> in der wunderbaren Bedeutung der musikalischen Dissonanz: wie überhaupt die Musik, neben die Welt hingestellt, allein einen Begriff davon geben kann, was unter der Rechtfertigung der Welt als eines ästhetischen Phänomens zu verstehen ist [TRA 24 (1,152)]

Wie wenig gehört zum Glück! Der Ton eines Dudelsacks. - Ohne Musik wäre das Leben ein Irrtum. [GÖT, Sprüche 33]

Wie gut klingen schlechte Musik und schlechte Gründe, wenn man auf einen Feind losmarschiert! [MOR 557]

Mein Fuß <> hat das Bedürfnis nach Takt, Tanz, Marsch, er verlangt von der Musik vorerst die Entzückungen, welche in gutem Gehen, Schreiten, Springen, Tanzen liegen. [FRÖ 368 (3,617)]

Wie gut klingen schlechte Musik und schlechte Gründe, wenn man auf einen Feind losmarschiert! [MOR 557]

Diese WirklichkeitsTrompeter sind schlechte Musikanten [GEN III, 23 (5,369)]

Die Musik kommt von allen Künsten, welche auf einem bestimmten Kulturboden, unter bestimmten sozialen und politischen Verhältnissen jedesmal aufzuwachsen pflegen, als die letzte aller Pflanzen zum Vorschein, im Herbst und Abblühen der zu ihr gehörenden Kultur: <> Erst in Händels Musik erklang das Beste von Luthers und seiner Verwandten Seele, der große jüdisch-heroische Zug, welcher die ganze Reformationsbewegung schuf. Erst Mozart gab dem Zeitalter Ludwig des Vierzehnten und der Kunst Racines und Claude Lorrains in klingendem Gold heraus. Erst in Beethovens und Rossinis Musik sang sich das achtzehnte Jahrhundert aus, das Jahrhundert der Schwärmerei, der zerbrochenen Ideale und des flüchtigen Glückes. So möchte denn ein Freund empfindsamer Gleichnisse sagen, jede wahrhaft bedeutende Musik sei Schwanengesang. [MEN II, Mei 171 (2,450)]

Alles, was gedacht, gedichtet, gemalt, komponiert, selbst gebaut und gebildet wird, gehört entweder zur monologischen Kunst oder zur Kunst vor Zeugen. Unter letztere ist auch noch jene scheinbare Monologkunst einzurechnen, welche den Glauben an Gott in sich schließt, die ganze Lyrik des Gebets <> das Wesentliche jeder monologischen Kunst ist – sie ruht auf dem Vergessen, sie ist die Musik des Vergessens. [FRÖ 367]

Ich hörte gestern – werden sie es glauben? – zum zwanzigsten Male Bizets Meisterstück. <> Und wirklich schien mir jedes Mal, dass ich Carmen hörte, <> so glücklich, so indisch, so sesshaft ... Fünf Stunden sitzen: erste Etappe der Heiligkeit! – [WAG 1 (6,13)]

Ich mag alle Musik nicht, deren Ehrgeiz nicht weiter geht, als die Nerven zu überreden [WAG 7]

Hat man bemerkt, dass die Musik den Geist frei macht? Dem Gedanken Flügel gibt? Dass man umso mehr Philosoph wird, je mehr man Musiker wird? – Der graue Himmel der Abstraktion wie von Blitzen durchzuckt; das Licht stark genug für alles Filigran der Dinge; die großen Probleme nahe zum Greifen; die Welt wie von einem Berg aus überblickt. – Ich definierte eben das philosophische Pathos. – Und unversehens fallen mir Antworten in den Schoß. ein kleiner Hagel von Eis und Weisheit, von gelösten Problemen ... [WAG 1]

Wille 2
Tanz, Leichtigkeit und Spiel

„Frei ist, wer in Ketten tanzen kann."

„Verloren sei der Tag, wo nicht ein Mal getanzt wurde"

Gelebte Intensität und existenzielle Freude im Diesseits: Tanz und Spiel werden für Nietzsche neben der Musik ebenfalls zum Inbegriff eines spielerischen und sinnlichen – immanenten – Lebens. Als Zarathustra den Grund des Seins erreicht, tanzt er wie Shiva – so beschreibt Nietzsche den ultimativen dionysischen Zustand. Für den letzten Jünger des Dionysos gilt: „Ich würde nur an einen Gott glauben, der zu tanzen verstünde. Und als ich meinen Teufel sah, da fand ich ihn ernst, gründlich, tief, feierlich: es war der Geist der Schwere." Nietzsche galt zwar in Gesellschaft als recht passabler Tänzer. Er ahnt es jedoch wohl selbst: Sein philosophischen Sprachstil ist zumeist alles andere als spielerisch und leichtfüßig. Sein Geist ergeht sich zwar in brillanten und scharfzüngig-provokanten Gedanken, schreitet aber ansonsten eher in feierlichem Pathos einher und ist in ernsten Tiefen zuhause, sozusagen also enger mit dem Teuflischen verschwistert.

Selbstironie im Tanzlied des Zarathustra?

Nietzsche kennt wohl seine eigenen Ängstlichkeiten gegenüber Eros und Sexus, wie sie sich beim Tanzen äußern. Dem hat er vermutlich im Tanzlied ein selbstironisches Denkmal gesetzt. Die Szene: Zarathustra ergreift satyrhafte Lust, als er unterwegs einer Gruppe tanzender Mädchen begegnet. Eigentlich möchte er gern mittanzen, wird aber von seinem „Geist der Schwere" (Safranski) gehemmt und daran gehindert. Stattdessen redet er philosophisch auf eine der schönen Tänzerinnen ein, hindert sie so am Tanzen und stilisiert sie stattdessen mit seinem Reden zum Sinnbild des tanzenden Lebens. Ihr weiblicher Spott über diesen sprachlichen Erguss trifft bei dem Schüchternen, der sich nicht mitzutanzen traut, wohl voll ins Schwarze: „Ob ich schon euch Männern ‚die Tiefe' heiße oder ‚die

Treue', ‚die Ewige', die Geheimnisvolle'. Doch ihr Männer beschenkt uns stets mit den eigenen Tugenden – ach ihr Tugendsamen!"

Im Grablied besingt Zarathustra das eigene sinnliche Versagen

Der lüsterne Prophet bleibt also mit all seiner Weisheit, die eigentlich zum sinnlichen Leben verführen sollte, leider recht allein. Ja, sein philosophisches Reden vertreibt gar die tanzenden Mädchen. Die Botschaft, die er dann poetisch ins Grablied verpackt, ist einfach und eindeutig: Das Leben will gelebt, nicht nur reflektiert sein. „Die Weisheit, die das Leben ergründen will, hält es zugleich auf Distanz. Ist das noch eine dionysische Weisheit, wenn Sie die Lüste vertreibt? Zarathustra hadert im Grablied mit seiner Weisheit; sie hat ihm den Tanz verdorben. Der Einsame bedauert seine Jugend und betrauert seine Weisheit." (Safranski). Das Begehren des ängstlichen Philosophen nach intensiver, triebhafter Diesseitigkeit endet in der distanten Einsamkeit. Und vermutlich kristallisiert sich darin zugleich jene lebenslang ungestillte Sehnsucht Nietzsches, auch beim Schreiben mit Worten spielerisch zu tanzen. Das heißt: Die eigene gravitätische Gespreiztheit, den pathetisch-angestrengten (und oft beim Lesen ziemlich auch anstrengenden) Denk- und Sprachduktus abzulegen, der die Mehrzahl seiner Schriften charakterisiert. Und es ist von tragischer Symbolik, dass er schließlich – bevor er psychisch endgültig zusammenbrach – einsam und nackt in seinem Turiner Zimmer tanzte (seine Zimmerwirtin hat ihn dabei durchs Schlüsselloch beobachtet).

Tanz und Spiel: Der spielerische Urgrund von Werden und Vergehen

Erinnern wir uns in diesem Kontext nochmals an Nietzsches geniale Metapher von den drei Verwandlungen. Nachdem der Mensch (im Kampf mit dem moralisierenden Drachen des „du sollst" in der kritisch-entwertenden, zerstörerischen Rolle des Löwen die alten (extrinsischen) Werte überwunden hat, ist er jetzt dabei, sich schöpferisch seine eigene Wertewelt und seine individuellen Tugenden zu erschaffen. Er wird dabei wieder zum unschuldigen Kind: „Unschuld ist das Kind und Vergessen, ein Neubeginnen, ein Spiel, ein aus sich rollendes Rad, eine erste

Bewegung, ein heiliges Ja-sagen. Ja, zum Spiele des Schaffens, meine Brüder, bedarf es eines heiligen Ja-Sagens: s e i n e n Willen will nun der Geist, s e i n e Welt gewinnt sich der Weltverlorene." Es ist der erkennende Geist, der den spielerischen Urgrund des Daseins wahrnimmt und ihn furchtlos lebt. Dahinter verbirgt sich Nietzsches Idee von der Ewigen Wiederkunft und gleichzeitig auch sein Kerngedanke vom „Willen zur Macht.". Der steht für das dionysische Ja zum ewigen Kreislauf von Leben und Tod, zum Tanz von Werden und Vergehen. In einem nachgelassenen Fragment von 1885 liest sich das bei Nietzsche so: „Diese meine dionysische Welt des Ewig-sich-selber-Schaffens, des Ewig-sich-selber-Zerstörens … dies mein Jenseits von Gut und Böse, ohne Ziel, wenn nicht im Glück des Kreises ein Ziel liegt … Wollt ihr einen Namen für diese Welt? … Ein Licht für euch, ihr Verborgensten, Stärksten, Unerschrockensten, Mitternächtlichsten? … Diese Welt ist der Wille zur Macht – und nichts außerdem! Und auch ihr seid dieser Wille zur Macht – und nichts außerdem!"

Die ewige Wiederkunft des Gleichen

Erinnern wir uns in diesem Kontext nochmals an Nietzsches „Inspiration", die Idee von der ewigen Wiederkehr des Gleichen. Es ist dieser Kreislauf von Werden und Vergehen mit der einprägsamen Metapher von der Unsterblichkeit der Bewegung. Für das Individuum verstärkt diese Vorstellung die Bedeutung seines Tuns, seines Machens und damit schließlich seinen Willen zur Macht.

Zitate

Ich kenne keine andere Art, mit großen Aufgaben zu verkehren als das Spiel: Dies ist, als Anzeichen der Größe, eine wesentliche Voraussetzung.
[ECC; klug 10 (6,297)]

Der Dialog ist ein Abbild des Hellenen, dessen Natur sich im Tanz offenbart, weil im Tanz die größte Kraft nur potenziell ist, aber sich in der Geschmeidigkeit und Üppigkeit der Bewegung verrät. [TRA 9 1,64]

Ich wüsste nicht, was der Geist des Philosophen mehr zu sein wünschte, als ein guter Tänzer. Der Tanz nämlich ist sein Ideal, auch seine Kunst, zuletzt auch seine einzige Frömmigkeit, sein „Gottesdienst" … [FRÖ 381 (3,635)]

mein Fuß <> hat das Bedürfnis nach Takt, Tanz, Marsch, er verlangt von der Musik vorerst die Entzückungen, welche in gutem Gehen, Schreiten, Springen, Tanzen liegen. [FRÖ 368 (3,617)]

Hat man Charakter, so hat man auch sein typisches Erlebnis, das immer wieder kommt. [JEN 65]

Im Grunde <> könnte das, was einmal möglich war, sich nur dann zum zweiten Male als möglich einstellen, wenn die Pythagoreer Recht hätten zu glauben, dass bei gleicher Konstellation der himmlischen Körper auch auf Erden das Gleiche, und zwar bis aufs Einzelne und Kleine, sich wiederholen müsse: so dass immer wieder, wenn die Sterne eine gewisse Stellung zueinander haben, ein Stoiker sich mit einem Epikureer verbinden und Cäsar ermorden und immer wieder bei einem anderen Stand Kolumbus Amerika entdecken wird. Nur wenn die Erde ihr Theaterstück jedesmal nach dem fünften Akt von neuem anfinge, <> dürfte der Mächtige die monumentale Historie in voller ikonischer Wahrhaftigkeit <> begehren: wahrscheinlich also nicht eher, als bis die Astronomen wieder zu Astrologen geworden sind. Bis dahin wird <> der wahrhaft geschichtliche Connexus von Ursachen und Wirkungen, <> vollständig erkannt, nur beweisen, <> dass nie wieder etwas durchaus Gleiches bei dem Würfelspiel der Zukunft und des Zufalls herauskommen könne.
[HIS 2 (1,261f)]

[Zarathustra:] Nacht ist es: nun reden lauter alle springenden Brunnen. Und auch meine Seele ist ein springender Brunnen. <>
Licht bin ich: ach, dass ich Nacht wäre! Aber dies ist meine Einsamkeit, dass ich von Licht umgürtet bin. <>
<> Nacht ist es: ach, dass ich Licht sein muss! Und Durst nach Nächtigem! Und Einsamkeit! [ZAR II, Nachtlied (4,136)]

Die Menschen der tiefen Traurigkeit verraten sich, wenn sie glücklich sind: Sie haben eine Art, das Glück zu fassen, wie als ob sie es erdrücken und ersticken möchten, aus Eifersucht - ach, sie wissen zu gut, dass es ihnen davonläuft! [JEN 279]

Wie? Ein großer Mann? Ich sehe immer nur den Schauspieler seines eigenen Ideals. [JEN 97]

Wir meinen, das Märchen und das Spiel gehöre zur Kindheit: wir Kurzsichtigen! Als ob wir in irgendeinem Lebensalter ohne Märchen und Spiele leben möchten! Wir nennen's und empfinden's freilich anders, aber gerade dies spricht dafür, dass es dasselbe ist - denn auch das Kind empfindet das Spiel als seine Arbeit und das Märchen als seine Wahrheit. [MEN II, Mei 270)]

Ich würde nur an einen Gott glauben, der zu tanzen verstünde. Und als ich meinen Teufel sah, da fand ich ihn ernst, gründlich, tief, feierlich: es war der Geist der Schwere <> Nicht durch Zorn, sondern durch Lachen tötet man. Auf, lasst uns den Geist der Schwere töten! [ZAR I; Lesen (4,49)]

besser plump tanzen als lahm gehen. <> - auch das schlimmste Ding hat gute Tanzbeine. [ZAR IV, Menschen 19 (4,367)]

Erwägt man <>, dass alles, was geschieht, unlösbar fest sich mit allem, was geschehen wird, verknotet, so erkennt man die wirkliche Unsterblichkeit, die es gibt, die der Bewegung: Was einmal bewegt hat, ist in dem Gesamtverband alles Seienden wie in einem Bernstein ein Insekt, eingeschlossen und verewigt. [MEN I, 208]

Wille 3
Verwirklichen des eigenen Selbst durch Denken und Gedankenexperimente

„der besonnene und seines Verstandes sichere Mensch kann mit Gewinn ein Jahrzehnt unter die Phantasten gehen und sich in dieser heißen Zone einer bescheidenen Tollheit überlassen. Damit hat er ein gutes Stück Wegs gemacht, um zuletzt zu jenem Kosmopolitismus des Geiste zu gelangen, welcher ohne Anmaßung sagen darf: ‚Nichts Geistiges ist mir mehr fremd'." [MEN II, Mei 204]

Achtsam dem eigenen Denken zusehen

Eine der kräftigsten Wurzeln von Nietzsches philosophischem Lebenswerk ist seine ununterbrochene denkerische Selbstwahrnehmung und seine kontinuierliche Aufmerksamkeit für seine geistigen Regungen und seine mentale Präsenz. Nietzsche mit seinem Denken im „Übermaß und Überschuss" ist mit den Worten Safranskis ein „Athlet der Wachheit und der Geistesgegenwart", der zeitlebens dem eigenen Denken zuschaut, um es zu durchschauen und „um allen Hintergedanken, Motiven, Selbsttäuschungen und Finten auf die Schliche zu kommen."

Das Denken als Gegenstand der Philosophie

Mit philosophischen Inhalten und Systemen anderer Denker setzt sich Nietzsche sein Leben lang scharfsinnig und provokant auseinander. Seine eigentlichen Interessen gehen jedoch sehr viel tiefer. Er sucht Antworten auf grundsätzliche Fragen: Wie entsteht Denken? Lässt sich vielleicht das Phänomen dieser rationalen, mit Vernunft begabten Tiergattung Mensch mit wissenschaftlicher Logik und Psychologie entschlüsseln? Wie gehen wir mit unserem menschliche Intellekt um? Wie kann man das Bewusstsein wissenschaftlich, das eigene Denken empirisch erforschen? Mit solchen Fragestellungen ist er ein Pionier – nicht nur der modernen Philosophie, sondern auch der Psychologie und sogar der Hirnforschung.

Philosophieren als Suche nach Fremdem und Fragwürdigem

Wir erinnern uns: Der Mensch als Übergang zwischen Tier und Übermensch wird erst zu dem, was er ist, wenn er sich von den schweren Ketten seiner irrtümlichen Moral und Religion befreit hat. Das geistige Werkzeug dazu stellt ihm sein wacher, kritischer Geist bereit. Es geht Nietzsche darum, stets redlich, also authentisch zu denken, als Freigeist seine intellektuelle Rechtschaffenheit zu bewahren, ohne lügnerisches Verdünnen und einseitiges Verfälschen. Und stets auch bereit zu sein, zuvor Erkanntes erneut zu hinterfragen, in Frage zu stellen, zu verwerfen und aufs Neue zu bewerten.

Lust beim Denken und Erkennen als leidenschaftlicher Prozess

Leidenschaft für die eigenen Denkprozesse bedeutet für Nietzsche unmittelbare Lust und ein tiefes emotionales Erleben – und zugleich auch Leiden. Erkennen sei stets mit Gefühlen und starken Affekten verknüpft. (Diese Einsicht nimmt Ergebnisse der modernen Hirnforschung vorweg.) Selbst wenn sich im Erkenntnisprozess Entsetzliches offenbare, so bedeutet dies aus der Perspektive Nietzsches keine Schmälerung, sondern vielmehr eine Steigerung des Daseins. Nietzsche pflegte durchaus zu seinen eigenen Gedanken eine ungestüme, quasi eine amouröse Beziehung; man müsse mit ihnen wie mit unabhängigen Mächten umgehen. Nicht auf Denkresultate kommt es dabei an, sondern auf den Willen zum Denkabenteuer. Er ermuntert zu „geistigem Nomadentum“: Der Denker müsse ruhelos umherziehen und dürfe nicht sesshaft werden.

Denken verändert auch das Leben des Denkenden

Nietzsche fühlt zwar eine enge geistige Verwandtschaft mit Sokrates (und auch Platon) als „großem Zweifler“ und „bewunderungswürdigem Neuerer“. Was er indessen, wie schon mehrfach dargelegt, an deren Philosophieren kritisiert: Beide verharren im Theoretischen und Abstrakten. Auf richtiges Erkenntnis müsse jedoch lebendiges Handeln folgen. Es komme nicht auf kopflastige Erkenntnis, sondern auf die Wirkungen des Denkens auf das Leben in all seiner Vitalität und Vielfalt, in seiner Fülle und Grausamkeit an. „Der Erde treu bleiben" bedeutet für ihn, die Immanenz nicht nur zu akzeptieren, sondern sie zu lieben und sich ihr bedingungslos hinzugeben (Amor Fati). So wird das Leben selbst zum Experimentierfeld für das eigene Denken und Erkennen.

Denken: stets eine willkürliche Fiktion

Moderne Logiker haben das Thema später intensiv aufgenommen: Wir denken sprachlich, auch nach den Regeln von Grammatik und sprachlicher Logik. Und Sprache reduziert damit auch alle sublimen Inhalte und die Affekte auf das Mitteilbare und das Formulierbare. Für Nietzsche ist Denken stets subjektives Vereinfachen und zugleich Wiederentdecken eigener und fremder Gedanken. Ferner ist Denken, Sprechen und Schreiben für ihn ein kontinuierlicher Lernprozess – Sprache als integraler Bestandteil der Erziehung und des Lernens kann sich so auch zur „vornehmen Kultur" weiterentwickeln.

Zitate

Wer zwischen zwei entschlossenen Denkern vermitteln will, ist gezeichnet als mittelmäßig [FRÖ 228]

Es gibt kuriose Schützen, welche <> mit dem heimlichen Stolz vom Schießstand abtreten, dass <> sie zwar nicht das Ziel, aber etwas anderes getroffen haben. Und eben solche Denker gibt es [MEN II, Mei 198]

Man kritisiert einen Denker schärfer, wenn er einen uns unangenehmen Satz hinstellt; und doch wäre es vernünftiger, dies zu tun, wenn sein Satz uns angenehm ist. [MEN I 484]

Die Erde <> hat eine Haut; und diese Haut hat Krankheiten. Eine dieser Krankheiten heißt <> „Mensch". [ZAR II, Ereignisse (4,168)]

Jeder tiefe Geist braucht eine Maske: Mehr noch, um jeden tiefen Geist wächst fortwährend eine Maske, dank der beständig falschen, nämlich flachen Auslegung jedes Wortes, jedes Schrittes, jedes Lebenszeichens, das er gibt. – [JEN 40 (5,58)]

Die größten Gedanken sind die größten Ereignisse [JEN 285]

Ehemals wollte man sich einen Ruf machen: das genügt jetzt nicht mehr, da der Markt zu groß geworden ist, – es muss ein Geschrei sein. Die Folge ist, dass auch gute Kehlen sich überschreien, <> ohne Marktschreierei und Heiserkeit gibt es jetzt kein Genie mehr. – Das ist nun freilich ein böses Zeitalter für den Denker: Er muss lernen, zwischen zwei Lärmen noch seine Stille zu finden, und sich so lange taub stellen, bis er es ist. [FRÖ 331]

Die längsten Zeiten hindurch hat man bewusstes Denken als das Denken überhaupt betrachtet: Jetzt erst dämmert uns die Wahrheit auf, dass der allergrößte Teil unseres geistigen Wirkens uns unbewusst, ungefühlt verläuft. [FRÖ 333]

Mancher wird nur deshalb kein Denker, weil sein Gedächtnis zu gut ist. [MEN II, Mei 122]

Um zu messen, wie fein oder wie schwachsinnig von Natur auch die gescheitesten Köpfe sind, gebe man darauf Acht, wie sie die Meinungen ihrer Gegner auffassen und wiedergeben: Dabei verrät sich das natürliche Maß jedes Intellektes. [MOR 431]

Man hat sehen zu lernen, man hat denken zu lernen, man hat sprechen und schreiben zu lernen: das Ziel in allen dreien ist eine vornehme Kultur. – Sehen lernen – dem Auge die Ruhe, die Geduld, das An-sich-herankommen-Lassen angewöhnen; das Urteil hinausschieben, den Einzelfall von allen Seiten umgehen und umfassen lernen. <> Das Offenstehen mit allen Türen, das <> Sich-hinein-Stürzen in andere und anderes, kurz die berühmte Objektivität“ ist schlechter Geschmack, ist unvornehm par excellence. [GÖT, Deutsche 6 (6,108)]

Wie kann jemand zum Denker werden, wenn er nicht mindestens den dritten Teil jeden Tages ohne Leidenschaften, Menschen und Bücher verbringt? [MEN II, Wan 324]

Man lese deutsche Bücher: nicht mehr die entfernteste Erinnerung daran, dass es zum Denken einer Technik, eines Lehrplans, eines Willens zur Meisterschaft bedarf – Dass Denken gelernt sein will, wie tanzen gelernt sein will, als eine Art Tanzen ... Wer kennt unter Deutschen jenen feinen Schauder aus Erfahrung noch, den die leichten Füße im Geistigen in alle Muskeln überströmen! [GÖT, Deutsche 7]

Ah! Wie es mich anwidert, einem anderen die eigenen Gedanken aufzudrängen! Wie ich mich jeder Stimmung und heimlichen Umkehr in mir freue, bei der die Gedanken anderer gegen die eigenen zu Recht kommen! [MOR 449]

definierbar ist nur das, was keine Geschichte hat. [GEN II, 13 (5,317)]

Wenn man erst sich selber gefunden hat, muss man verstehen, sich von Zeit zu Zeit zu verlieren – und dann wieder zu finden: vorausgesetzt, dass man ein Denker ist. Diesem ist es nämlich nachteilig, immerdar an eine Person gebunden zu sein. [MEN II, Wan 306]

Nie etwas zurückhalten oder dir verschweigen, was gegen deinen Gedanken gedacht werden kann! Gelobe es dir! Es gehört zur ersten Redlichkeit des Denkens. Du musst jeden Tag auch deinen Feldzug gegen dich selber führen. [MOR 370]

Wille 4
Die Lust, zu wandern und zu philosophieren

„Wer nur einigermaßen zur Freiheit der Vernunft gekommen ist, kann sich auf Erden nicht anders fühlen denn als Wanderer - wenn auch nicht als Reisender nach einem letzten Ziel: denn dieses gibt es nicht." (MEN I, 638) Lexikon 181

Der Einsiedler von Sils Maria

Thomas Mann hat mit dieser viel zitierten Charakterisierung Nietzsches zweierlei auf den Punkt gebracht: den einsam spazierenden Philosophen, der sich seine Weltanschauungen und Einsichten buchstäblich erwandert hat, und den ausdauernden, philosophierenden „Wandervogel" und Eremiten, der täglich „6–8 Stunden Wegs in freier Natur" braucht, um auch geistig in Bewegung zu bleiben, wie er an Heinrich Köselitz alias Peter Gast schrieb. War es auch die dauernde Suche Nietzsches nach einer europäischen Landschaft mit besseren Klima, um die Symptome seiner diversen Krankheiten zu mildern, die ihn in seinen späteren Jahren zum rastlosen Reisenden in Italien machte, so entsprach doch die wilde Berglandschaft in Graubünden und danach im Oberengadin viel besser seinem Pathos von der Höhe und inspirierte sein philosophisches Denken und seine Sprache. Seine Bemerkung „Nur ergangene Gedanken haben Wert" verdeutlicht dies ebenso wie sein lustvoller körperlicher Bewegungsdrang von Kindesbeinen an.

Der philosophierende Nomade, Spazier- und Grenzgänger

Der eingangs zitierte Spruch „Wer nur einigermaßen zur Freiheit der Vernunft gekommen ist, kann sich auf Erden nicht anders fühlen denn als Wanderer – wenn auch nicht als Reisender nach einem letzten Ziel: denn dieses gibt es nicht" charakterisiert das Wechselspiel von wanderndem Leib und bewegtem Geist in Nietzsches Leben. Der ständige Wechsel etwa der Perspektiven ist nicht nur bedeutsam für sein Wandern, sondern er kennzeichnet auch die Wucht und Widersprüchlichkeiten seines philosophischen Denkens. Der philosophierende Spaziergänger und Bergsteiger sammelt unterwegs Gedanken und gibt ihnen – als Reisenotizen von unterwegs – in Form von Aphorismen ihre prägnante Sprachgestalt.

„Elegische Natursentimentalität" will Nietzsche sich abgewöhnen

Es widerspräche indessen zutiefst Nietzsches Naturverständnis, wenn er in Verdacht käme, die Natur romantisch – etwa im Sinne von Rousseaus „guter Natur" – zu verniedlichen und zu vermenschlichen. Davon war zuvor bereits ausführlich die Rede. Während der Mensch ursprünglich die Natur als feindlich und böse erlebt habe, werde sie jetzt vom modernen Menschen verklärt und – gedanklich und gefühlselig – kultiviert. Der romantisierende Naturbegriff à la Rousseau – so diagnostiziert Nietzsche nüchtern – umfasse nur „verstecktere Formen des Cultus des christlichen Moral-Ideals". Auf diese Weise werde auch jetzt noch moralisierend eine „moralisch-christliche Menschlichkeit in die Natur projiziert". Das sei nichts anderes als phantastische Projektionen menschlicher Eigenheiten der Seele in die freie Natur, also schwärmerisch-verklärender Anthropomorphismus und moralische Vermenschlichung von deren wahrem, völlig amoralischem Sein.

Der „fünfte Grad des Reisenden"

In seinem ergreifend-melancholischen Gedicht „Abschied" beschreibt sich Nietzsche als einsamen Heimatlosen auf der „Winter-Wanderschaft". Und an anderer Stelle schreibt er: „'Kein Pfad mehr! Abgrund rings und Totenstille' / So wolltest du's! Vom Pfade wich dein Wille. / Nun Wanderer gilt's! Nun blicke kalt und klar! / Verloren bist du, glaubst du – an Gefahr." [FRÖ] Hier äußert sich die Gefahr des freien Geistes eines wandernden Zarathustra. Dennoch empfindet sich Nietzsche als einer jener „Menschen der höchsten Kraft, welche alles Geschehene, nachdem es erlebt und eingelebt worden ist, endlich auch notwendig wieder aus sich herausleben müssen, in Handlungen und Werken, sobald sie nach Hause zurückgekehrt sind." [MEN 11, Mei 228]. Alles in allem also: Natur nicht erlebt als ästhetische Landschaftsveranstaltung und idyllischer Ruhepunkt zur Erhebung von Geist und Seele und zu „Beschwichtigen der modernen Seele“, sondern als denkerischer Impuls zum schöpferischen Tun – und allenfalls als Ort pathetisch erlebten Grauens.

Bergsteigen und Philosophieren

Nietzsche hat sich auch denkerisch als energischer Bergsteiger erlebt, der die Herausforderungen durch neue Höhen des Geistes entschlossen, rücksichtlos gegen sich selbst und andere immer wieder aufs Neue angenommen und bestanden hat. Die Metapher des geistigen Bergsteigens spiegelt sich in dem wahrhaft Mut machenden und liebenswerten Aphorismus “Wie komme ich am besten den Berg hinan? Steig nur hinauf und denk nicht dran!” Gerade das durfte auch eine Maxime seines kühnen Denkens sein.

Zitate

Bei der ungeheuren Beschleunigung des Lebens wird Geist und Auge an ein halbes oder falsches Sehen und Urteilen gewöhnt, und jedermann gleicht den Reisenden, welche Land und Volk von der Eisenbahn aus kennen lernen
[MEN I, 282]

[218]Ich suchte, wo der Wind am schärfsten weht? / Ich lernte wohnen, / Wo niemand wohnt, in öden Eisbär-Zonen, / Verlernte Mensch und Gott, Fluch und Gebet? / Ward zum Gespenst, das über Gletscher geht?
[JEN, Aus hohen Bergen]

Die Luft dünn und rein, die Gefahr nahe und der Geist voll einer fröhlichen Bosheit: so passt es gut zueinander. [ZAR I, Lesen (4,48)]

Ihr seht nach oben, wenn ihr nach Erhebung verlangt. Und ich sehe hinab, weil ich erhoben bin. <> Wer auf den höchsten Bergen steigt, der lacht über alle Trauer-Spiele und Trauer-Ernste. [ZAR I, Lesen (4,49)]

Wenn man frei mich wählen ließe, / Wählt ich gern ein Plätzchen mir / mitten drin im Paradiese: / Gerner noch – vor seiner Tür! [FRÖ, Scherz 57]

Deine Gefahr ist keine kleine, du freier Geist und Wanderer! Du hast einen schlimmen Tag gehabt: Sieh zu, dass dir nicht noch ein schlimmerer Abend kommt! [ZAR IV, Schatten (4,341)]

Wer nur einigermaßen zur Freiheit der Vernunft gekommen ist, kann sich auf Erden nicht anders fühlen denn als Wanderer – wenn auch nicht als Reisender nach einem letzten Ziel: denn dieses gibt es nicht. [MEN I, 638]

Aus einer langen Erfahrung, welche eine <> Wanderung im Verbotenen gab, lernte ich die Ursachen, aus denen bisher moralisiert und idealisiert wurde, sehr anders ansehen, als es erwünscht sein mag: Die verborgene Geschichte der Philosophen, die Psychologie ihrer großen Namen kam für mich ans Licht. [ECC, Vorwort 3]

[Zarathustra:] Oh Himmel über mir, du Reiner! Tiefer! Du Licht-Abgrund! Dich schauend schaudere ich vor göttlichen Begierden.
In deine Höhe mich zu werfen – das ist meine Tiefe! <>
Und stieg ich Berge, wen suchte ich je, wenn nicht dich, auf Bergen?
Und all mein Wandern und Bergsteigen: eine Not war's nur und ein Behelf des Unbeholfenen: fliegen allein will mein ganzer Wille, in dich hinein fliegen! <>
Den ziehenden Wolken bin ich gram, diesen schleichenden Raub-Katzen: sie nehmen dir und mir, was uns gemein ist, – das ungeheuere unbegrenzte Ja- und Amen-Sagen. [ZAR III, Sonnenaufgang (4,207f)]

Man bricht das Bein selten, solange man im Leben mühsam aufwärts steigt – aber wenn man anfängt, es sich leicht zu machen und die bequemen Wege zu wählen. [Men II, Mei 266]

Unter den Reisenden unterscheide man nach fünf Graden: Die des ersten, niedrigsten Grades sind solche, welche reisen und dabei gesehen werden – sie werden eigentlich gereist und sind gleichsam blind ; die nächsten sehen wirklich selber in die Welt; die dritten erleben etwas infolge des Sehens; die vierten leben das Erlebte in sich hinein und tragen es mit sich fort; endlich gibt es einige Menschen der höchsten Kraft, welche alles Gesehene, nachdem es erlebt und eingelebt worden ist, endlich auch notwendig wieder aus sich herausleben müssen, in Handlungen und Werken, sobald sie nach Hause zurückgekehrt sind. – Diesen fünf Gattungen von Reisenden gleich sehen überhaupt alle Menschen durch die ganze Wanderschaft des Lebens. [Men II, Mei 228]

Wanderer und Philosophen <> sinnen <> darüber nach, wie der Tag zwischen dem zehnten und zwölften Glockenschlag ein so reines, durchleuchtetes, verklärt-heiteres Gesicht haben könne: – sie suchen die Philosophie des Vormittags. [MEN I, 638 (Schluss des Buchs)]

Es ist zu bezweifeln, ob ein Vielgereister irgendwo in der Welt hässlichere Gegenden gefunden hat als im menschlichen Gesicht. [MEN I, 320]

Einige Stunden Bergsteigen machen aus einem Schuft und einem Heiligen zwei ziemlich gleiche Geschöpfe. Die Ermüdung ist der kürzeste Weg zur Gleichheit und Brüderlichkeit. [MEN II, Wan 263]

So wenig als möglich sitzen; keinem Gedanken Glauben schenken, der nicht im Freien geboren ist und bei freier Bewegung –. In dem nicht auch die Muskeln ein Fest feiern. Alle Vorurteile kommen aus den Eingeweiden. – Das Sitzfleisch – ich sagte es schon einmal – die eigentliche Sünde wider den heiligen Geist. [ECC, klug 1 (6,281)]

Wille 5
Die Lust am Schreiben und am Geschriebenen

„Wer die Leidenschaft des Schreibens in sich fühlt, lernt fast aus allem, was er treibt und erlebt, nur das noch heraus, was schriftstellerisch mitteilbar ist." [MEN 1, 200]

Versteckspiel beim Schreiben

Nietzsche ist ein „aphoristischer Schriftsteller" (Safranski) Er liebt es, farbig, frappierend und provokant zu schreiben, oft auch in Metaphern und Vergleichen. Und er verweilt gerne im Indirekten, bei Andeutungen und versteckten Hinweisen. „Nietzsche also arrangiert seine Bücher so, dass man auf der Suche nach dem zentralen Gedanken im günstigsten Fall auf eigene Gedanken stößt. Ob man ihn – Nietzsche – dabei entdeckt, ist nicht so wichtig; bedeutsamer ist, ob man das Denken entdeckt" charakterisiert Rüdiger Safranski diesen streitbaren und zugleich mysteriösen Denk- und Schreibstil. Ein klassisches Beispiel ist die bereits zitierte – in letzter Zeit ebenso populär gewordene wie verwirrende – Äußerung in der Vorrede zum Zarathustra: „Man muss noch Chaos in sich haben, um einen tanzenden Stern gebären zu können."

Schreiben zur Selbstbeobachtung und Selbstdarstellung

Schreiben praktizierte Nietzsche sein Leben lang mit leidenschaftlicher Lust. Bereits als Zwölfjähriger verfasst er eine erste philosophische Schrift, „Vom Ursprung des Bösen", und schreibt die ersten Gedichte. Zwei Jahre später besteht er die Aufnahmeprüfung für das Elite-Internat Schulpforta an der Saale; in diesem Jahr schreibt er an seiner ersten Autobiografie, der in den folgenden zehn Jahren acht weitere folgen. Schreiben als in-Form-Bringen seines Denkens, als Reflexion des bewussten Selbst, als unermüdlicher Prozess der Selbstbeobachtung beim schreibenden Tun und schließlich auch als sprachgewaltiges Medium für eine exemplarischen Selbstdarstellung: All das wurde zum Lebensinhalt des Philosophen und Dichters.

Leidenschaftliches Schreiben

Schreiben und Philosophieren waren neben der Musik für Nietzsche bereits in jungen Jahren die andere große, kreative Leidenschaft seines Lebens. Einem Freund beschreibt den für ihn geltenden „kategorischen Imperativ: Du sollst und musst schreiben." Er hat Schreiben ohne Zweifel als eigentliche Lebensaufgabe und innere Berufung gewählt, um sein Selbst machtvoll und eigenmächtig zu verwirklichen.

Wofür schreiben?

Für Nietzsche bedeutet Schreiben zeitlebens, Macht zu gewinnen, einerseits über sein eigenes bewusstes Denken, andererseits über die Adressaten seiner Gedanken und Werke. Ein früher Impuls zu schreiben ist, sein Erleben und Erinnern schriftlich zu fixieren, um, später davon erzählen zu können. In seinem späteren schriftstellerischen Leben steht hinter seinem Schreiben vor allem das starke und zumeist vergebliche Motiv, vom Publikum entdeckt und bemerkt zu werden. Und nicht zuletzt bedeutet Schreiben für ihn wirkungsvolle Selbstinszenierung. Es geht ihm um machtvolle öffentliche Auftritte, mit denen er als Autor den Zeitgenossen und der Nachwelt prägnant seine überaus anspruchsvolle philosophische und literarische Rolle und seine geistige Größe dokumentieren will – ein Ziel, das seine Schriften erst nach seinem Tod mit überwältigender Resonanz zuwege bringen. Am Ende, in seinen letzten produktiven Lebensjahren schreibt Nietzsche schließlich atemlos – wie Safranski formuliert – „um sein Leben."

Schreiben als „Dividuum"

Sich als Individuum zu reflektieren und damit von sich selbst von seinen Gedanken zu distanzieren, sich auf diese Weise als bewusstes Ich zu beobachten und dies dann als Autor zu formulieren, sich also innerlich aufzuspalten: das führt letztlich zur Aufteilung des eigentlich (im Wortsinn) Unteilbaren, zur Entpersönlichung, zur „Kernspaltung des Individuums" (Safranski). Der Begriff taucht bei Nietzsche in „Menschliches, Allzumenschliches" unter moralischen Aspekten auf, gilt aber ebenso für das Denken und Schreiben allgemein: „In der Moral behandelt sich der Mensch nicht als individuum, sondern als dividuum" [MEN 1, 57].

Zitate

Die guten Schriftsteller haben zweierlei gemeinsam; sie ziehen vor, lieber verstanden als angestaunt zu werden; und sie schreiben nicht für die spitzen und überscharfen Leser. [MEN II, 138]

Schreibe mit Blut: und du wirst erfahren, dass Blut Geist ist. [ZAR I, Lesen (4,48)]

Das Publikum verwechselt leicht den, welcher im Trüben fischt, mit dem, welcher aus der Tiefe schöpft. [MEN II, Mei 262)]

Meint ihr denn, es müsse Stückwerk sein, weil man es euch in Stücken gibt (und geben muss)? [MEN II, Mei 128]

Mein alter Lehrer Ritschl behauptete sogar, ich konzipierte selbst noch meine philologischen Abhandlungen wie ein Pariser romancier – absurd spannend. (ECC, Bücher 2]

Wer <> die Leidenschaft des Schreibens in sich fühlt, lernt fast aus allem, was er treibt und erlebt, nur das noch heraus, was schriftstellerisch mitteilbar ist. [MEN I, 200]

Es ist weder das Beste, noch das Schlechteste an einem Buche, was an ihm unübersetzbar ist. [MEN I, 84]

Die meisten Denker schreiben schlecht, weil sie uns nicht nur ihre Gedanken, sondern auch das Denken der Gedanken mitteilen. [MEN I, 188)]

Ebenso wie nicht nur das Mannesalter, sondern auch Jugend und Kindheit einen Wert an sich haben und gar nicht nur als Durchgänge und Brücken zu schätzen sind, so haben auch die nicht fertig gewordenen Gedanken ihren Wert. Man muss deshalb einen Dichter nicht mit subtiler Auslegung quälen und sich an der Unsicherheit seines Horizontes vergnügen, wie als ob der Weg zu mehreren Gedanken noch offen sei. [MEN I, 207]

[198]Lesen erholt mich eben von meinem Ernst. In tief arbeitsamen Zeiten sieht man keine Bücher bei mir: Ich würde mich hüten, jemanden in meiner Nähe reden oder gar denken zu lassen. Und das hieße ja lesen ... [ECC, klug 3]

Wille 6
Nietzsche, der Künstler und Wissenschaftler

„Aber endlich sollte man auch lernen, dass die Bedürfnisse, welche die Religion befriedigt hat und nun die Philosophie befriedigen soll, nicht unwandelbar sind [...] es sind angelernte, zeitlich begrenzte Bedürfnisse, welche auf Voraussetzungen beruhen, die denen der Wissenschaft widersprechen. Hier ist [...] die Kunst viel eher zu benutzen, um das mit Empfindungen überladene Gemüt zu erleichtern. [MEN I, 27]

Schutzatmosphäre Kunst

Nietzsche als „ästhetischer Philosoph" hat sich in seinem Denken immer wieder mit der Rolle der Kunst im menschlichen Leben befasst. Ihr Daseinszweck sei im Wortsinne naturgemäß, um menschliche Schöpfungskraft zu entfalten. Diese Auffassung durchzieht sein gesamtes Werk und prägt seine eigene Biografie. In der Kunst der griechischen Antike ist sie das bereits erwähnte „gesellschaftliche Sakralereignis" (Safranski) und war noch untrennbar im Dionysischen verwurzelt. Nach dem Abstieg aus dem Kollektivrausch im Verlauf der Tragödie sei vom „dionysischen Naturerleben" stets etwas im Alltag erhalten geblieben. Denn angesichts der Unergründlichkeit der Natur und damit der Ungeheuerlichkeit brauche das Leben „die schützende Atmosphäre aus Nichtwissen, Illusion und Träumen".

Spätere Ablehnung von zeitgenössischer Kunst

Der zeitgenössischen Kunst kreidet Nietzsche an, dass ihr die Verbindung zum Dionysischen völlig abhanden gekommen sei. Nach einer früheren Lebensphase, in der er zutiefst davon überzeugt war, in Wagner und dessen mystischen Werken diese Tiefenbeziehung neu zu entdecken, geißelt er – nach seiner inneren Trennung von Bayreuth – den tiefen Fall der Kunst als „seltsame Trübung des Urteils, schlecht verhehlter Sucht nach Ergötzlichkeit, nach Unterhaltung um jeden Preis." Eitelkeiten des dortigen Kunstbetriebs ekeln ihn nun schmerzlich an.

Wirklichkeit ist in der Tiefenschicht des Lebens dionysisch

Der Unwirklichkeit der platonischen Ideenwelt und damit dem wissenschaftlichen Prinzip setzt Nietzsche die (entsetzliche und letztlich nicht begreifbare) dionysische Wirklichkeit in der Tiefenschicht des Lebens entgegen. In der „dionysischen Weisheit", – sinngemäß im Mut des Übermenschen – verwirkliche sich die Kraft, diese lustvolle und zugleich ungeheuerliche und absurde Wirklichkeit zu ertragen. Für Nietzsche repräsentiert eine drastische Situation im Leben des Odysseus diese Weisheit: Auf eigenen Wunsch (durch die Kultur) an den Mast gefesselt, hört er den Sirenengesang und überlebt so das Ungeheuerliche, ohne ihm völlig zu verfallen und von ihm zerstört zu werden.

Mission der Kunst: Wovor sie im Leben schützen soll

In seiner „Biografie des Denkens" von Nietzsche liefert Safranski eine klare Antwort auf diese Frage nach der Mission mit folgender Interpretation aus dessen Schriften: Kunst sei für Nietzsche eine Lebensmacht, die „den dunklen tragischen Lebenszusammenhang ahnen lässt, aber darin zugleich eine „Lichtung der Lebbarkeit" schaffe. Die gesamte Wirkung der dionysischen Natur könne das menschliche Bewusstsein nicht verkraften, ohne einer „Verfeindung mit sich selbst." Die Funktion der Kunst sei also, das menschliche Leben vor der Selbstzerstörung zu schützen.

Denken kann die Tiefe des Seins nicht erreichen

Unter diesem Aspekt verweist Nietzsche erneut auf die Grenzen von Denken und Wissenschaft: „Eine tiefsinnige *Wahnvorstellung* [...ist] jener unerschütterliche Glaube, dass das Denken an dem Leitfaden der Kausalität bis in die tiefsten Abgründe des Seins reiche; und dass das Denken das Sein nicht nur erkennen, sondern sogar zu *korrigieren* imstande sei. Dieser erhabene metaphysische Wahn ist als Instinkt der Wissenschaft beigegeben und führt sie immer und immer wieder zu ihren Grenzen, an denen sie in Kunst umschlagen muss: *auf welche es eigentlich bei diesem Mechanismus abgesehen ist.*" [FRÖ 112]

Zitate

Aus einer langen Erfahrung, welche eine <> Wanderung im Verbotenen gab, lernte ich die Ursachen, aus denen bisher moralisiert und idealisiert wurde, sehr anders ansehen, als es erwünscht sein mag: Die verborgene Geschichte der Philosophen, die Psychologie ihrer großen Namen kam für mich ans Licht. [ECC, Vorwort 3]

Das Bild des sterbenden Sokrates als des durch Wissen und Gründe der Todesfurcht enthobenen Menschen [ist] das Wappenschild, das über dem Eingangstor der Wissenschaft einen jeden an deren Bestimmung erinnert, nämlich das Dasein als begreiflich und damit als gerechtfertigt erscheinen zu machen [TRA 15 (1,99)]

Gegen jede Art von Trübsal und Seelen-Elend soll man zunächst versuchen: Veränderung der Diät und körperliche derbe Arbeit. Aber die Menschen sind gewohnt, in diesem Falle nach Mitteln der Berauschung zu greifen: zum Beispiel nach der Kunst - zu ihrem und der Kunst Unheil! [MOR 269]

Die Instinkte bekämpfen müssen - das ist die Formel für décadence: Solange das Leben aufsteigt, ist Glück gleich Instinkt. - [GÖT, Sokrates 11]

Die Instinkte bekämpfen müssen - das ist die Formel für décadence: Solange das Leben aufsteigt, ist Glück gleich Instinkt. - [GÖT, Sokrates 11]

Die Physiologen sollten sich besinnen, den Selbsterhaltungstrieb als kardinalen Trieb eines organischen Wesens anzusetzen. Vor allem will etwas Lebendiges seine Kraft auslassen - Leben selbst ist Wille zur Macht -: die Selbsterhaltung ist nur eine der indirekten und häufigsten Folgen davon. [JEN 13]

Ein Gelehrter kann nie ein Philosoph werden; <> [weil dieser] die meiste Belehrung aus sich nehmen muss und weil er sich selbst als Abbild und Abbreviatur der ganzen Welt dient. [ERZ 7 (1,410]

selbst das Hässliche und Disharmonische [ist] ein künstlerisches Spiel <>, welches der Wille, in der ewigen Fülle seiner Lust, mit sich selbst spielt. [TRA 24 (1,152)] *von jenem <> dionysischen Untergrund der Welt, [darf] genau nur so viel dem menschlichen Individuum ins Bewusstsein treten, als von jener apollinischen Verklärungskraft wieder überwunden werden kann* [TRA 25 (1,155)]

[548]der dionysische Mensch [hat] Ähnlichkeit mit Hamlet: Beide haben einmal einen wahren Blick in das Wesen der Dinge getan, sie haben erkannt, und es ekelt sie zu handeln; denn <> zum Handeln gehört das Umschleiertsein durch die Illusion – das ist die Hamletlehre, nicht jene wohlfeile Weisheit von Hans dem Träumer, der aus zu viel Reflexion <> nicht zum Handeln kommt; nicht das Reflektieren, nein! – die wahre Erkenntnis, der Einblick in die grauenhafte Wahrheit überwiegt jedes zum Handeln antreibende Motiv <> Jetzt verfängt kein Trost mehr, <> jetzt versteht er das Symbolische im Schicksal der Ophelia, jetzt erkennt er die Weisheit des Waldgottes Silen: Es ekelt ihn. Hier, in dieser höchsten Gefahr des Willens naht sich, als rettende, heilkundige Zauberin, die Kunst [TRA 7 (1,56f)]

Aber wer zweifelt noch daran, was ich will, – was die drei Forderungen sind, zu denen mir diesmal mein Ingrimm, meine Sorge, meine Liebe zur Kunst den Mund geöffnet hat?
Dass das Theater nicht Herr über die Künste wird.
Dass der Schauspieler nicht zum Verführer der Echten wird.
Dass die Musik nicht zu einer Kunst zu lügen wird. [WAG 12]

In der Kunst heiligt der Zweck die Mittel nicht: aber heilige Mittel können hier den Zweck heiligen. [MEN II, Mei 136]

Wille 7
Der erste wirkungsvolle psychologisierende Philosoph

„Aus einer langen Erfahrung, welche eine [...] Wanderung im Verbotenen gab, lernte ich die Ursachen, aus denen bisher moralisiert und idealisiert wurde, sehr anders ansehen, als es erwünscht sein mag: Die verborgene Geschichte der Philosophen, die Psychologie ihrer großen Namen, kam für mich ans Licht." [ECC, Vorwort 3]

Die Lust am psychologischen Tiefsinn

Nietzsches philosophisches Denken und Schreiben fußt auf seiner neuen, im Wortsinne radikalen Introspektion, die die Wurzeln seines Denkens, Fühlens und schriftstellerischen Tuns auslotet und zu immer wieder zu neuer Selbstbeobachtung, Selbstreflexion, gedanklicher Analyse und damit zu neuen Selbstinterpretationen vordringt. Er selbst interpretiert sich als bahnbrechender psychologisierender Philosoph oder philosophierender Psychologe, wenn er schreibt: „Wer war überhaupt vor mir unter den Philosophen *Psycholog* ...?" In „Jenseits von Gut und Böse"' argumentiert er, die eigentlichen Antriebskräfte der menschlichen Natur – und damit der Wille zur Macht – entstamme Affekten und Trieben und deren unbewussten, abgründigen Tiefen: „Die gesammte Psychologie ist bisher an moralischen Vorurtheilen und Befürchtungen hängen geblieben: sie hat sich nicht in die Tiefe gewagt." [JGB 23]. Mit anderen Worten: Schon in seinen frühen Werken gerät seine Philosophie und Ästhetik zur Lebenspsychologie und Seelenphilosophie.

Nietzsche: Psychologisches Dynamit

Konsequenterweise fordert er dann auch, die Psychologie als „Herrin der Wissenschaften" anzuerkennen. An anderer Stelle schreibt er vom „gefährlichen Spreng- und Explosivstoff" nicht ausgelebter Affekte und Aggressionen, die sich als schlechtes Gewissen „verinnerlichen“ und als Ressentiment manifestieren – tiefgehende psychologische Erkenntnisse, die spätere Theorien – etwa Freuds, Adlers und Jungs – vorwegnehmen und bereits damals neue Denkpfade für nachfolgende Seelenforscher bahnen. Philosophie als lebenslange Psychoanalyse, bei der es sich der Klient oder Autor quasi regelmäßig selbst auf der Couch bequem macht und gleichzeitig im Lehnstuhl daneben sein Seelenleben beobachtet und furchtlos ergründet – so kann man Nietzsches praktiziertes Dividuum vielleicht beschreiben, die analytische Langzeittherapie im Selbstversuch.

Nietzsches dionysisches Seelenleben im Visier der Psychologen

Die enorme Popularität, die Nietzsches Werk nach seinem Tod im Jahr 1900 bei Künstlern und Intellektuellen gewann, grundierte mit gewisser Verzögerung dann auch die Anfänge der psychologischen Wissenschaft. Die literarische Aufregung um Nietzsche verführte dann Heerscharen späterer Psychologen, sich mit sezierendem Scharfblick nicht nur auf sein psychologisches Denken zu stürzen, sondern sich natürlich auch mit seiner eigenen Psyche zu befassen. Laienhaft steuerte zuvor seine Schwester, das „Lama“ Elisabeth Förster-Nietzsche, einen Beitrag mit dem Titel „Nietzsche und die Frauen seiner Zeit“ (1935) bei. Sie hat bekanntlich eifer-, eigensüchtig und betrügerisch seinen Nachlass in Weimar verwaltet, ausgewertet und vielfach verfälscht. Nietzsches „Liebes- und Heiratsgeschichten“ sind possierliche, schön geschminkte Erklärungen seiner (schüchtern praktizierten) Amouren, die sie durchaus viktorianisch in heilige, reine Höhen wuchtet. Andere Psychologen griffen da derber zu und unternehmen bis heute intensive Versuche und Spekulationen, um Nietzsches Seelenleben und seine Beziehungsbiografie psychologisch zu enträtseln und zu entlarven.

Nietzsches Seelenleben spekulativ aufgespießt

Es sind und bleiben – so meint man heute – wohl schwer belegbare, wenn auch oft richtungsweisende Vermutungen über sein Affekt- und Triebleben, die da kursieren. Da der allein lebende Nietzsche zeitlebens – so nimmt man an – mehr oder weniger asexuelle Frauenbeziehungen gepflegt hat, unterstellten ihm bereits

Richard Wagner und später viele andere – wie etwa Freud – homoerotische Neigungen. Andere sehen, wie er selbst, in seiner einsamen Lebensführung „sublimirte Geschlechtlichkeit“. In „Jenseits von Gut und Böse“ schreibt er später prägnant: „Grad und Art der Geschlechtlichkeit eines Menschen reicht bis in den letzten Gipfel seines Geistes hinauf.“ Auch seine höchst ambivalente, aggressive und zugleich treue Mutterbindung wird gern als Erklärung für sein Singledasein herangezogen. Seinem Freund Overbeck schreibt es 1883 in diesem Sinne über seine biologische Mutter, mit der er lebenslänglich eine enge und zwiespältige Beziehung pflegt: „Ich mag meine Mutter nicht.“ Frauen gegenüber war Nietzsche wohl bei direkter Begegnung sehr höflich und galant, machte auch mehrere (überstürzte, wenn auch höchst konventionelle) Heiratsanträge und äußerte sich gelegentlich emanzipiert über unkonventionelle Mann-Frau-Beziehungsformen. Er bewunderte weiblichen Verstand, vor allem die brillante Intelligenz und Freigeistigkeit einer Lou Andreas-Salomé, in die er sich verliebte, die seinen Heiratsantrag aber zurückwies. In seinen Schriften dagegen wetterte Nietzsche mit Vorliebe aggressiv und herrisch über das Weibliche. Die häufig zitierte, ebenso häufig missverstandene Äußerung des alten Weiblein im Zarathustra lautet: „Du gehst zu Frauen? Vergiss die Peitsche nicht!“ Gemeint – so sagt da mancher tiefschürfende Psychologe – sei da wohl eher die erwünschte Selbstkasteiung beim Sex als die brutale Sado-Variante. Man weiß es halt nicht so genau und mutmaßt dann gern. Frauen tauchen einerseits in seinen Äußerungen idealistisch überhöht, andererseits als verächtliche und bedrohliche Wesen „mit der Tigerkralle unter dem Handschuh“ auf. Das Thema bleibt rätselhaft: Die vielen „Schlüsselloch-Hypothesen“ über Nietzsches Liebesleben stochern offenbar bis heute noch in dem psychologischen Nebel herum, den er selbst bewusst um sich verbreitet hat nach dem Motto: „Jeder tiefe Geist braucht eine Maske“.

Nietzsche und Freundschaften zu seiner Zeit

Eindeutig und viel klarer waren hingegen seine männlichen und weiblichen Freundschaften, auch wenn die emotionale Zu- und Abneigungen – speziell gegenüber den Wagners – im Laufe seines Lebens heftige Wellen schlugen. Er gründete und belebte bereits in seiner Schulzeit begeistert Freundschaftszirkel, in denen er dann meist auch den Ton angab. Einige enge Freunde begleiteten ihn während seines ansonsten einsamen Lebens treu und hingebungsvoll; er pflegte den Kontakt zu ihnen oft enthusiastisch und träumte nicht selten von quasi klösterlichen Gemeinschaften. In seinen akademischen Jahren war er eng mit Geistesgrößen wie Jacob Burckhardt oder seinem langjährigen Freund, dem atheistischen Theologieprofessor Franz Overbeck, verbunden und pflegte im Übrigen eine gewaltig umfangreiche, freundschaftliche Korrespondenz, wenn er in Europa unterwegs war. Seine in der Regel älteren Freundinnen geraten in seinem Leben indessen vorzüglich in die Rolle von Ersatzmüttern, was der Hypothese seines „Mutterkomplexes" reichlich Nahrung gibt.

Philosophisch-psychologisches Fazit

Der inzwischen gern als „Stammvater der modernen Psychologie" apostrophierte Nietzsche hat zweifellos das Verdienst, in seiner Philosophie als Erster die Erforschung der Natur des Menschen auf deren – affektive und triebhafte – psychologisch Tiefen ausgedehnt zu haben. Im Gegensatz zu frühen Psychologen fokussiert er sich nicht allein auf Sexual- und Todestrieb, sondern vertieft sich auch in andere vielschichtige Seelenstrukturen, insbesondere in den Machtrieb und den Egoismus. Sein persönliches Seelenleben und seine Beziehungsbiografie wird wohl weiterhin ein Spekulationsobjekt für moderne Psychologen bleiben, die sich dank seines umfangreichen schriftlichen Nachlasses zweifellos auch weiterhin herausgefordert fühlen, ihre wissenschaftlichen Theorie- und Interpretations-Folien sowohl über seine philosophische Psychologie als auch über sein überliefertes Privatleben zu legen.

Zitate

Was sind denn unsere Erlebnisse? Viel mehr das, was wir hineinlegen, als das, was darin liegt! Oder muss es gar heißen: An sich liegt nichts darin? Erleben ist ein Erdichten? [MOR 119 (3,114)]

Aus einer langen Erfahrung, welche eine <> Wanderung im Verbotenen gab, lernte ich die Ursachen, aus denen bisher moralisiert und idealisiert wurde, sehr anders ansehen, als es erwünscht sein mag: Die verborgene Geschichte der Philosophen, die Psychologie ihrer großen Namen kam für mich ans Licht. [ECC, Vorwort 3]

Wer sich selbst verachtet, achtet sich doch immer noch dabei als Verächter. [JEN 78]

Kein Sieger glaubt an den Zufall. [FRÖ 258]

Man hört nur die Fragen, auf welche man imstande ist, eine Antwort zu finden. [FRÖ 196]

Spät bist du jung geworden: aber wer zum Kind werden will, muss auch noch seine Jugend überwinden. [ZAR II; Stunde (4,189)]

Die Physiologen sollten sich besinnen, den Selbsterhaltungstrieb als kardinalen Trieb eines organischen Wesens anzusetzen. Vor allem will etwas Lebendiges seine Kraft auslassen – Leben selbst ist Wille zur Macht –: die Selbsterhaltung ist nur eine der indirekten und häufigsten Folgen davon. [JEN 13]

von jenem <> dionysischen Untergrund der Welt, [darf] genau nur so viel dem menschlichen Individuum ins Bewusstsein treten, als von jener apollinischen Verklärungskraft wieder überwunden werden kann [TRA 25 (1,155)]

Im Beifall ist immer eine Art Lärm: selbst in dem Beifall, den wir uns selber zollen. (FRÖ 201]

Wer unter Menschen rein bleiben will, muss verstehen, sich auch mit schmutzigem Wasser zu waschen. [ZAR II; Klugheit (4,184)]

Der beste Freund wird wahrscheinlich die beste Gattin bekommen, weil die gute Ehe auf dem Talent zur Freundschaft beruht. [MEN I, 378]

[Zarahustra:] Das Glück des Mannes heißt: ich will. Das Glück des Weibes heißt: er will. [ZAR I, Weiblein (4,85)]

Man sollte sich beim Eingehen einer Ehe die Frage vorlegen: Glaubst du, dich mit dieser Frau bis ins Alter hinein gut zu unterhalten? Alles Andere in der Ehe ist transitorisch. [Men I, 406]

Sternen-Freundschaft. – Wir waren Freunde und sind uns fremd geworden. <> Es gibt wahrscheinlich eine ungeheure Unsichtbare Kurve und Sternenbahn, in der unsere so verschiedenen Straßen und Ziele als kleine Wegstrecken einbegriffen sein mögen – erheben wir uns zu diesem Gedanken! <> Und so wollen wir an unsere Sternen-Freundschaft glauben, selbst wenn wir einander Erden-Feinde sein müssten. [FRÖ 279]

nicht den Nächsten lehre ich euch, sondern den Freund. Der Freund sei euch das Fest der Erde und ein Vorgefühl des Übermenschen.
[ZAR I; Nächstenliebe (4,78)]

Die Menschen wissen ein Gespräch nicht zu benutzen; sie verwenden bei weitem zuviel Aufmerksamkeit auf das, was sie sagen und entgegnen wollen, während der wirkliche Hörer sich oft begnügt, vorläufig zu antworten und etwas als Abschlagszahlung der Höflichkeit überhaupt zu sagen, dagegen mit seinem hinterhältigen Gedächtnis alles davonträgt, was der andere geäußert hat, nebst der Art in Ton und Gebärde, wie er es äußerte. [MEN II, WAN 241]

Der eine sucht einen Geburtshelfer für seine Gedanken, der andere einen, dem er helfen kann: So entsteht ein gutes Gespräch. [JEN 136]

Aus drei Anekdoten ist es möglich, das Bild eines Menschen zu geben; ich versuche es, aus jedem System drei Anekdoten herauszuheben, und gebe das Übrige preis. [PHI 1 (1,803)]

Philosophie [war] eine Art höchsten Ringens um die Tyrannenherrschaft des Geistes – dass eine solche irgendeinem SehrGlücklichen, Feinen, Erfindsamen, Kühnen, Gewaltigen vorbehalten und aufgespart sei – einem Einzigen! – daran zweifelte keiner, und mehrere haben gewähnt, zuletzt noch Schopenhauer, dieser Einzige zu sein. <> „Was liegt an mir!" – steht über der Tür des künftigen Denkers. [MOR 547)

es ist das schrecklichste Gegenmittel gegen ungewöhnliche Menschen, sie dergestalt tief in sich hineinzutreiben, dass ihr Wiederherauskommen jedesmal ein vulkanischer Ausbruch wird. [ERZ 3 (1,354f)]

Wille 8
Das Vermächtnis von Nietzsches Sprache und Stil

„Eine gute Sentenz ist zu hart für den Zahn der Zeit und wird von allen Jahrtausenden nicht aufgezehrt, obwohl sie jeder Zeit zu Nahrung dient.“ [MEN II, Mei 168]

Kommentieren eines genialen Autors

Es ist ein recht heikles Unterfangen, über Sprache und Stil eines Autors zu schreiben. Insbesondere, wenn der sprach- und stilgewaltige Friedrich Nietzsche der Gegenstand ist. Man ist sich von Vorneherein bewusst, dass jegliches Kommentieren neben den Originalen nur blass, simplifizierend, trocken und farblos geraten wird. Dennoch haben sich Generationen von Germanisten, Philologen und anderen Sprachforschern immer wieder anregen lassen, das wissenschaftlich zu tun. Hier kann der Nietzsche-Amateur nur wiederum die Aufmerksamkeit des Lesers auf die Originale lenken – auf die nachfolgenden Zitate ebenso wie auf die auch sprachlich und stilistisch genialen Werke dieses Philosophen. Und selbst bei dieser Äußerung lohnt es sich, gedanklich innezuhalten.

Besser schreiben heißt besser denken

Nietzsche ist sich in starkem Maße den Wechselwirkungen zwischen seinem Denken und seinem Schreibens bewusst: „Besser schreiben heißt zugleich auch besser denken […]“. Dieses ‚besser schreiben‘ wird zu einer kreativen Lebensaufgabe, der er sich beharrlich und unentwegt widmet. In seinen Werken spiegelt sich seine Entwicklung zu einem der schöpferisch eindrucksvollsten, sprach- und stilmächtigsten Autoren, mit dem – wie er in einem Brief an seinen Freund schreibt: „Kategorischen Imperativ: Du sollst und mußt schreiben“.

Sprachkünstler Nietzsche

Unter den Philosophen nicht nur seiner Zeit zählt Nietzsche ganz ohne Zweifel zu den bedeutendsten Schriftstellern. Es ist kein Wunder, dass es nach seinem Tod zuerst die Künstler und die (Amateur-)Intellektuellen waren, die sich von seinen Schriften begeistern ließen und schließlich den enormen Nietzsche-Hype auslösten, dem sich Philosophen, Psychologen und andere Wissenschaftler dann sehr viel zögerlicher anschlossen. Lange stand in der gebildeten deutschen Öffentlichkeit überhaupt zur Debatte, ob Nietzsche ein Philosoph sei und nicht eher in die Schublade des philosophierenden Künstlers mit dichterischen Ambitionen passe. Nicht ganz zu Unrecht, auch wenn solcherlei Sortierwut müßig ist, vereinigte Nietzsche doch unübertrefflich brillant beide Talente in seinen Schriften. Wie eng beide – intellektuelle und künstlerische – Meisterschaften bei ihm miteinander verflochten sind, hat er so formuliert: „Den Stil verbessern – das heißt den Gedanken verbessern und gar nichts weiter." [MEN II, Wan 131] Man geht wohl nicht fehl, wenn man in Nietzsches unvergleichlicher Sprach- und Stilsicherheit sein urtümliches Kunstmedium Musik – und man kann hinzufügen: ein musikalisch klingendes Schreiben – ausmacht, das er als lebenslang Schreibender bravourös nutzte, um sich sprach- und stilschöpferisch seinem Leserpublikum mitzuteilen.

Musikalisch schreiben

Ein kluger Sprachforscher empfiehlt, Nietzsches Texte laut und ‚andante' – also ruhig schreitend und mit Ausdruck – zu lesen, um sich seinen Sprachstil noch besser zu erschließen. Der Rat ist gut, schreibt doch Nietzsche selbst in Jenseits von Gut und Böse: „Welche Marter sind deutsche Bücher für den, der das *dritte* Ohr hat! Wie unwillig steht er neben dem langsam sich drehenden Sumpf von Klängen ohne Klang, von Rhythmus ohne Tanz, welcher bei Deutschen ein Buch genannt wird." [JEN 246]. Nietzsche schreibt eine rhythmisch schwingende, klangvoll modulierende, abwechslungsreich musizierende Sprache, in der sich seine unerwiderte Liebe zu der damals am höchsten angesehenen Kunstform, der Musik, unverkennbar spiegelt. Musik stammt aus seinem philosophischen Blickwinkel, wie wir wissen, aus dionysischen Tiefen und übermittelt am direktesten zu seiner Zeit den Affekt und Trieb, also Gefühl und rauschhafte Leidenschaft. Nietzsche hat seinen musikalischen Enthusiasmus in eine schöpferische Sprache gegossen, in der sie – so würde man heute sagen – swingt und rockt. Es ist sublimierter, sprich künstlerisch meisterhaft verwandelter Expressionismus von Gefühlen, gefasst in virtuose grammatikalische Logik.

Vielfältig schreiben

Die Tonalität von Nietzsches Sprachstil variiert und oszilliert 16 Jahre lang in all seinen Werken von wissenschaftlich nüchtern (wenn auch selten ohne Pathos) bis zum prophetischen Predigerton im Zarathustra und zur entfesselten Maßlosigkeit seiner Spätwerke. Sloterdijk spricht von der „fast unmenschlichen Brillanz seiner späteren Prosa" – ganz zu schweigen von seiner Poesie. Nietzsche schreibt einen lebendigen, unmittelbar eingängigen, meist heißblütigen Rede- und keinen Schreibstil, der besonders vorgelesen ergreift und mitreißt, weil seine Worte und Sätze auch grammatikalisch und syntaktisch wie ein frischer und moderner Redetext tönen und ankommen. „Gut ist jeder Stil, der einen inneren Zustand wirklich mitteilt, der sich über die Zeichen, über das Tempo der Zeichen, über die *Gebärden* – alle Gesetze der Periode sind Gebärde – nicht vergreift. [ECC, Bücher 4]. Seine Metaphern sind von sinnlicher und bildstarker Präsenz und zugleich lichtvoll und klar. „Wir sagen die stärksten Dinge schlicht, vorausgesetzt, dass Menschen um uns sind, die an unsere Stärke glauben – eine solche Umgebung erzieht zu „Einfachheit des Stils". Die Misstrauischen reden emphatisch, die Misstrauischen machen emphatisch." [FRÖ 226].

Zur Fragwürdigkeit der Sprache

Die sprachliche und stilistische Virtuosität von Nietzsche sollte nicht über die skeptische Haltung Nietzsches zu diesem Kunstmittel hinwegtäuschen. „Dass die Sprache uns nicht zur Mitteilung des Gefühls gegeben ist, sieht man daraus, dass alle einfachen Menschen sich schämen, Worte für ihre tieferen Erregungen zu suchen. [MEN II, Mei 105] Safranski erläutert diesen Gedanken Nietzsches von der begrenzten Wirkung der Sprache so: „Wer versucht, das Ganze, worin er lebt zu erfassen, dem versagt sie schließlich ihren Dienst. [...] Sie erweist sich als zu arm und zu begrenzt.“ Bei der Kommunikation gebe es zwar „ein Übereinkommen in Wort und Handlung, aber ohne ein Übereinkommen des Gefühls.“ Gemeint ist mit dem Gefühl das Dionysische, das die Menschen erst wirklich miteinander verbindet, und versöhnt.“ Deshalb erreiche die Musik den Einzelnen viel unmittelbarer als die (apollinisch wirkende) Sprache.

Zitate

Wie der gute Prosaschriftsteller nur Worte nimmt, welche der Umgangssprache angehören, doch lange nicht alle Worte derselben - wodurch eben der gewählte Stil entsteht -, so wird der gute Dichter der Zukunft nur Wirkliches darstellen <>, aber lange nicht jede Wirklichkeit [MEN II; Mei 114]

Die Kunst zu schreiben verlangt vor allem Ersatzmittel für die Ausdrucksarten, welche nur der Redende hat: also für Gebärden, Akzente, Töne, Blicke. Deshalb ist der Schreibstil ein ganz anderer als der Sprechstil und etwas viel Schwierigeres [MEN II, Wan 110]

Man lernt es schneller großartig schreiben, als leicht und schlicht schreiben. Die Gründe davon verlieren sich ins Moralische [MEN II, Wan 148]

Überall, wo die Uralten ein Wort hinstellten, da glaubten sie eine Entdeckung gemacht zu haben. <> - Jetzt muss man bei jeder Erkenntnis über steinharte verewigte Worte stolpern, und wird dabei eher ein Bein brechen als ein Wort. [MOR 47]

Dass die Sprache uns nicht zur Mitteilung des Gefühls gegeben ist, sieht man daraus, dass alle einfachen Menschen sich schämen, Worte für ihre tieferen Erregungen zu suchen [MEN II, Mei 105]

Es liegt eine philosophische Mythologie in der Sprache versteckt, welche alle Augenblicke wieder herausbricht, so vorsichtig man sonst auch sein mag. [MEN II, Wan 11 J

Jedes Wort ist ein Vorurteil. [MEN II, Wan 55)

Wofür wir Worte haben, darüber sind wir auch schon hinaus. In allem Reden liegt ein Gran Verachtung. [GÖT, Streifzüge 26)

Die meisten Denker schreiben schlecht, weil sie uns nicht nur ihre Gedanken, sondern auch das Denken der Gedanken mitteilen. [MEN I, 188]

Körnige Gedrängtheit, Ruhe und Reife - wo du diese Eigenschaften bei einem Autor findest, da mache Halt und feiere ein langes Fest mitten in der Wüste [MEN II, Wan 108)

Den Stil verbessern - das heißt den Gedanken verbessern, und gar nichts weiter! - Wer dies nicht sofort zugibt, ist auch nie davon zu überzeugen. [MEN II, Wan 131]

Je abstrakter die Wahrheit ist, die du lehren willst, umso mehr musst du noch die Sinne zu ihr verführen. [JEN 128]

Gut ist jeder Stil, der einen inneren Zustand wirklich mitteilt, der sich über die Zeichen, über das Tempo der Zeichen, über die Gebärden - alle Gesetze der Periode sind Kunst der Gebärde -nicht vergreift, <> Guter Stil an sich - eine reine Torheit, bloßer „Idealismus“, etwa, wie das „Schöne an sich“, wie das „Gute an sich“, wie das „Ding an sich“ ... [ECC, Bücher 4]

Der gefundene Stil ist eine Beleidigung für den Freund des gesuchte Stils. [MEN II, Wan 120]

Der Brief ist ein unangemeldeter Besuch, der Briefbote der Vermittler unhöflicher Überfälle. Man sollte alle acht Tage eine Stunde zum Briefempfangen. haben und danach ein Bad nehmen. [MEN II, Wan 261]

Die Kunst, mit Menschen umzugehen, beruht wesentlich auf der Geschicklichkeit (die eine lange Übung voraussetzt), eine Mahlzeit anzunehmen, zu deren Küche man kein Vertrauen hat. [FRÖ 364]

Im Verkehr mit Gelehrten und Künstlern verrechnet man sich leicht in umgekehrter Richtung: Man findet hinter einem merkwürdigen Gelehrten nicht selten einen mittelmäßigen Menschen, und hinter einem mittelmäßigen Künstler sogar oft - einen sehr merkwürdigen Menschen. [JEN 137]

Im Lob ist mehr Zudringlichkeit als im Tadel. [JEN 170]

Wille 9

Die Rolle von Krankheit, Einsamkeit und tragische Erleiden in Nietzsches Leben und in seiner Philosophie

„Was macht heroisch? Zugleich seinem höchsten Leid und seiner höchsten Hoffnung entgegengehen. [FRÖ 268]

Leiden als Quelle des Schöpferischen

Nietzsches kurzes, intensives Leben war massiv von Leiden begleitet und geformt: von körperlichen Krankheiten, von chronischen Schmerzen, von langen Phasen der Melancholie, von Einsamkeit, von gesellschaftlicher Isolation und schließlich von wahnhaften Wahrnehmungen. Sich deshalb zum Opfer schicksalhafter Umstände zu machen, widerspräche jedoch grundlegend seiner Lebensphilosophie. Ganz im Gegenteil: Seine eigenen subjektiven Leiden sind für Nietzsche ein stetiger Impuls, machtvoll aus ihnen zu schöpfen (Wille zur Macht) und sie in individuelle Lebenskräfte zu verwandeln. Zum Beispiel erlauben seine schwachen, überstrapazierten Augen Nietzsche in seinen späten Jahren kaum noch, zu lesen und zu schreiben. Aus dieser massiven Behinderung entwickelt er indessen einen äußerst prägnanten, beispielhaft authentischen neuen Denk- und Sprachstil. Damit verwandelt er die Folgen einer Sinnesschwäche produktiv in eine neue Sprache, in knappe, prägnante Aphorismen und ausdrucksmächtige Fragmente.

Unbedingtes Ja auch zur eigenen leidvollen Existenz

Ganz im Sinne des von ihm verkündeten, bedingungs- und kompromisslosen Ja zum Leben, sprich: zum eigenen, überwiegend tragisch erlebten Schicksal (amor fati), entgrenzt Nietzsche so die eigene subjektive Wahrnehmung, integriert das Dionysische in sein persönliches Dasein und verbreitet auf diese Weise selbstbestimmt den Fluss seines Lebens. Er gewinnt auch aus dem Tragischen neue Willenskräfte. Eine derartige philosophische Grundhaltung integriert nicht nur seinen eigenen – leidvollen und einsamen – Lebensweg. Sie wird zugleich zur Quelle einer mächtigen Lebens- und Existenzphilosophie, die bis heute das

Denken und Dichten nachfolgender, herausragender Persönlichkeiten prägt. Besondere Nachwirkungen entfalten die existenz-philosophischen und literarischen Reflexionen Nietzsches bekanntermaßen erst nach seinem endgültigen wahnhaften Zusammenbruch und nach seinem Tod (1900). Sie beeinflussen im zwanzigsten Jahrhundert die Weltanschauung und das Schreiben berühmter Philosophen wie Martin Heidegger, Karl Jaspers oder Theodor W. Adorno, Max Horkheimer und Michel Foucault. Sie haben auch dem literarischen Schaffen Thomas Manns, Albert Camus oder Jean-Paul Sartres eine neue Richtung gegeben. Denken wir nur an den ‚Mythos des Sisyphos' von Camus, in dem der absurde Kampf gegen ewige Qualen neu gedeutet wird als existenzielles Glück. Sein philosophische Essay endet, wie man weiß, mit den Worten: „Der Kampf gegen Gipfel vermag ein Menschenherz auszufüllen. Wir müssen uns Sisyphos als einen glücklichen Menschen vorstellen." Im Geiste Nietzsches ist eine solche Interpretation dionysischer Qual zweifellos purer Amor Fati.

Nietzsches Krankheiten des Leibes

Bereits als zwölfjähriger Gymnasiast in Naumburg leidet Nietzsche unter ständigen Augenproblemen und Kopfschmerzen; im Krankenbuch von Schulpforta findet sich der Eintrag, er werde „oft von wanderndem Kopfschmerz geplagt". Hinzu kommen die chronischen Folgen seiner Ruhrinfektion, die er sich als Sanitäter im deutsch-französischen Krieg zuzog, und vermutlich auch die Nachwirkungen einer Lues-Infektion, über deren neurologische Konsequenzen in zahllosen Veröffentlichungen spekuliert wird. Nietzsche muss 1879 nach zehn Jahren wegen seines verschlimmerten Gesundheitszustandes die Basler Professur für klassische Philologie aufgeben. Jetzt beginnt sein unstetes Wanderleben als „freier Philosoph". Weitere zehn Jahre reist er nun in Europa zwischen Hochgebirge und Meer umher, getrieben von immer schlimmer werdenden körperlichen Leiden und auf der Suche nach besseren Klimabedingungen, um seine extreme Wetterfühligkeit und deren körperlichen Auswirkungen einigermaßen auszugleichen. Halb erblindet und von periodischen Schmerzschüben gepeinigt, hält er schließlich seine Gedanken nur noch in kurzen Aphorismen und fragmentarischen Notizen fest oder diktiert sie, falls möglich, einem engen Freund.

Seelische Leiden: Schwärzeste Depressionen und geniale Psychose?

„Ich selber bin sehr arbeitsam; wenn ich aus meiner Arbeit zu mir komme, bin ich aber die Beute der Melancholie – das ist nicht zu ändern. Ich sehe und weiß, wie groß meine Vereinsamung ist." So schreibt Nietzsche 1884 an seine Schwester. Dem erwähnten Freund Peter Gast (alias Heinrich Köselitz) teilt er bei Gelegenheit mit: „Ich bin ruhig, aber von schwärzester Melancholie." In vielen seiner Briefe wechselt die Stimmungslage bei Nietzsche zwischen tiefster Niedergeschlagenheit und Beschreibungen höchster psychischer Verzückung. Psychologisch bzw. psychiatrisch orientierte Nietzsche-Forscher zäumen konsequenterweise im Nachhinein nun das Pferd von hinten auf: Sie versuchen, Nietzsches Philosophie und Poesie allein als Ausfluss seiner zyklischen – manisch-depressiven – Stimmungsschwankungen und Verstimmungen zu erklären. Andere psychiatrisch orientierte Interpreten erklären (reduzieren und denunzieren) vor allem seine späten Werke zu Resultaten eines geistigen Grenzgängertums zwischen „Genie und Wahnsinn" und deuten auf diese Weise deren philosophische Genialität um in simple psychotische Krankheitsbilder.

Einsamkeit, als kreative Schwester „schwärzester Melancholie"

Die enorme philosophische und literarische Produktivität des – körperlich und geistig – inzwischen schwerkranken Nietzsche gerade in seinen Spätwerken bleibt ein rätselhaftes Phänomen, das sich keinesfalls (allein) mit spitzfindigem – medizinischem und psychologischem oder psychiatrischem – Kausalitätsdenken erklären und entschlüsseln lässt.

Bleiben wir also lieber bei Nietzsches eigenen Äußerungen zu seinen Leiden und zu seinen Werken: „Mein ganzer Zarathustra" schreibt er in Ecce Homo, „ist ein Dithyrambus auf die Einsamkeit". Einsamkeit wird in diesem und in weiteren Spätwerken – speziell im „Zarathustra" – damit als zwingende Voraussetzung für das Schöpferische verstanden, als Wurzel für die Erneuerung und Empor-Entwicklung des menschlichen Geistes. Das heißt: Einsamkeit wird zum einzig gangbarer Pfad des Einzelnen, um zu sich selbst zu finden. Deren poetisch-lyrische

Hochform findet sich in Nietzsches Hymnus auf die Einsamkeit in den „Dionysos-Dithyramben“ und im „Nachtlied“ des Zarathustra – in jenem, wie er schreibt „einsamsten Lied, das je gedichtet worden ist.“ Einsamkeit, das Leiden an Vereinsamung und am Ausgeschlossen-Sein, gerät auf diese Weise zur Conditio sine qua non für Nietzsches singuläre Ideen und für seine tiefen philosophische Einsichten. Der genannte Albert Camus kommentiert das Phänomen in seinen Tagebüchern so: *„Nietzsche mit seinem äußerst eintönigen äußeren Leben ist der Beweis dafür, dass das in der Einsamkeit entwickelte Denken an sich ein gewaltiges Abenteuer ist.“*

„Pathos der Vornehmheit und Distanz“ als Herrenmoral

Eine zusätzliche gesellschaftskritische Dimension und wohl auch eine pathetische Stilisierung seiner eigenen Existenz gewinnt bei Nietzsche die Einsamkeitsidee im abgesonderten und zugleich äußerst selbstherrlichen Bild des Herrenmenschen. Erinnern wir uns: Mit dem „Pathos der Distanz“ charakterisiert Nietzsche prägnant die Rolle der Vornehmen, jener aristokratischen Persönlichkeiten, die sich – durch Geburt, Begabung und den natürlichen Willen zur Macht – scharf abgrenzen von den von ihnen beherrschten minderwertigen Menschen und Gesellschaftsklassen. „*Ohne das Pathos der Distanz,* wie es aus dem eingefleischten Unterschied der Stände, aus dem beständigen Ausblick und Herabblick der herrschenden Kaste auf Untertänige und Werkzeuge und aus ihrer ebenso beständigen Übung im Gehorchen und Befehlen, Nieder- und Fernhalten erwächst, könnte auch jenes andere geheimnisvollere Pathos gar nicht erwachsen, jenes Verlangen nach immer neuer Distanz-Erweiterung innerhalb der Seele selbst, die Herausbildung immer höherer, seltnerer, fernerer, weitgespannterer, umfänglicherer Zustände, kurz eben die Erhöhung des Typus ›Mensch‹.“ (7, 235). Diese Distanz ist ihrerseits, wie beschrieben, untrennbar verknüpft mit dem subjektiven Leiden der wenigen Herrschenden über die Masse der „Heerdenthiere“, der Mittelmäßigen und Niedrigen.

Leiden, Krankheit und Einsamkeit: Quellen schöpferischer Kraft

In vielen Selbstzeugnissen verweist Nietzsche auf jenes gegenseitige Bedingtsein von Leiden, Krankheit, individueller Einsamkeit und Ausgrenzung einerseits, kreativem Schöpfer- und Unternehmertum andererseits. Er versteht ein solches existenzielles Dilemma als stetigen Impuls zu mutigem, vorsichts- und rücksichtslosem Entdecken neuer Denkwelten, von quer gedachten, überraschenden Erkenntnissen und von profunden philosophischen Einsichten: Erkenntnisse, die sich, wie er konstatiert, im Übrigen sprachlich oft kaum mitteilen lassen. Auch diese „Unsagbarkeit" begründet die unvermeidliche Vereinsamung jener „Aristokraten des Geistes", die distanziert und isoliert – wie der einsame Wanderer Nietzsche in der Schweizer Bergwelt – auf ihrem individuellen Weg zur Selbstbeobachtung, Selbsterkenntnis und Selbstgestaltung unterwegs sind und die vielfach in Sprachlosigkeit auf ihren einsamen geistigen Bergeshöhen verweilen.

Zitate

Jeder, der irgendwann einmal einen „neuen Himmel" gebaut hat, fand die Macht dazu erst in der eigenen Hölle ... [GEN III, 10 (5,360)]

Sie wissen, diese Einsamen und Freien im Geiste,-- dass sie fortwährend irgendworin anders scheinen als sie denken <> Von Zeit zu Zeit rächen sie sich für ihr gewaltsame Sich-Verbergen, für ihre erzwungene Zurückhaltung .Sie kommen aus ihrer Höhle heraus mit schrecklichen Mienen; ihre Worte und Taten sind dann Explosionen, und es ist möglich, dass sie an sich selbst zugrunde gehen. [ERZ 3 (1,354)]

Es ist die Sache der Wenigsten, unabhängig zu sein: – es ist ein Vorrecht der Starken. Und wer es versucht, auch mit dem besten Recht dazu, aber ohne es zu müssen, beweist damit, dass er wahrscheinlich nicht nur stark, sondern bis zur Ausgelassenheit verwegen ist. Er begibt sich in ein Labyrinth, er vertau-

sendfältigt die Gefahren, welche das Leben an sich schon mit sich bringt; von denen es nicht die kleinste ist, dass keiner mit Augen sieht, wie und wo er sich verirrt, vereinsamt und stückweise von irgendeinem Höhlen-Minotaurus des Gewissens zerrissen wird. <> er kann auch zum Mitleiden der Menschen nicht mehr zurück! - - [JEN 29]

Sie wissen, diese Einsamen und Freien im Geiste, - dass sie fortwährend irgendworin anders scheinen als sie denken <> Von Zeit zu Zeit rächen sie sich für ihr gewaltsame Sich-Verbergen, für ihre erzwungene Zurückhaltung .Sie kommen aus ihrer Höhle heraus mit schrecklichen Mienen; ihre Worte und Taten sind dann Explosionen, und es ist möglich, dass sie an sich selbst zugrunde gehen. [ERZ 3 (1,354)]

[1937]Es gibt unter den Menschen keine größere Banalität als den Tod; zu zweit im Range steht die Geburt <>; dann folgt die Heirat. Aber diese kleinen abgespielten Tragikomödien werden bei jeder ihrer ungezählten und unzählbaren Aufführungen immer wieder von neuen Schauspielern dargestellt und hören deshalb nicht auf , interessierte Zuschauer zu haben: während man glauben sollte, dass die gesamte Zuschauerschaft des Erdentheaters sich längst aus Überdruss daran, an allen Bäumen aufgehängt hätte. So viel liegt an neuen Schauspielern, so wenig am Stück [MEN II, Wan 58]

Jeder Glaube an Wert und Würdigkeit des Lebens beruht auf unreinem Denken; er ist allein dadurch möglich, dass das Mitgefühl für das allgemeine Leben und Leiden der Menschheit sehr schwach im Individuum entwickelt ist. [MEN I, 33]

Oh Meer! Oh Abend! Ihr seid schlimme Lehrmeister! Ihr lehrt den Menschen aufhören, Mensch zu sein! Soll er sich euch hingeben? Soll er werden, wie ihr es jetzt seid, bleich, gähnend, stumm, ungeheuer, über sich selber ruhend? Über sich selber erhaben? [MOR 423]

Gegen jede Art von Trübsal und Seelen-Elend soll man zunächst versuchen: Veränderung der Diät und körperliche derbe Arbeit. Aber die Menschen sind gewohnt, in diesem Falle nach Mitteln der Berauschung zu greifen: zum Beispiel nach der Kunst - zu ihrem und der Kunst Unheil! [MOR 269]

werde ich mich ausblasen, um nicht auszubrennen? - [FRÖ 315]

Wille 10

Elitäre Perspektiven auf Gesellschaft, Kultur und Kunst

Zur Natur, zum ursprünglichen Leben, gehört Ungleichheit. Indem große Menschen wie Leonardo, Napoleon oder Goethe (JGB 256) sich selbst in ihren Werken befriedigen, schaffen sie Großes für die Menschheit. Zufriedenheit mit sich selbst kann der Mensch nur verwirklichen, wenn er seinen wahren Charakter verwirklicht. Die Philosophen der Zukunft sind „Versucher". (JGB 42)

Zwei universelle Geistesgrößen aus der gleichen Epoche

„Die *Ausbeutung* des Arbeiters war, wie man jetzt begreift, eine Dummheit, ein Raubbau auf Kosten der Zukunft, eine Gefährdung der Gesellschaft." Nein, hier wird nicht der deutsche Philosoph, Wirtschafts- und Gesellschaftstheoretiker Karl Marx zitiert – sondern sein Zeitgenosse und Antipode Friedrich Nietzsche [Men II, Wan 286]. Beide haben indessen eine Menge Interessen und philosophische Themen gemeinsam, auch wenn ihre gesellschaftspolitischen Denkweisen extrem kontrovers sind. Außerdem haben beide das deutsche und europäische Geistesleben und die gesellschaftlichen Verhältnisse des 20. Jahrhunderts maßgeblich geprägt, die Gesellschaftswissenschaften beflügelt, in neue Richtungen gelenkt und schließlich politischen Systeme massive Impulse in radikal unterschiedliche Richtungen versetzt. Lesen wir, wie krass die gesellschaftliche Perspektiven eines individualistischen und elitär denkenden Philosophen gegenüber einem oppositionellen Linkshegelianer und politischen Journalisten sein können.

Das „Sozialisten-Gesindel"

Was Nietzsche von den sozialistischen Arbeitern, von Demokraten und vor allem von revolutionären Anarchisten hielt, verkündet er in der ihm eigenen, emotional aufgeladenen Sprache so: „Wen hasse ich unter dem Gesindel von heute am besten? Das Sozialisten-Gesindel […], die den Instinkt, die Lust, das Genügsamkeitsgefühl des Arbeiters mit seinem kleinen Sein untergraben – die ihn neidisch machen, die ihn Rache lehren." (ANT 57] Sozialismus ist für ihn „der phantastische jüngere Bruder des fast abgelebten Despotismus, den er beerben will; seine Bestrebungen sind also im tiefsten Verstande reaktionär. Denn er begehrt eine Fülle der Staatsgewalt …" [MEN I, 473] – keine so schlechte Vision von den späteren, sozialistisch geprägten Diktaturen in Sowjetrussland, Kuba, China und anderswo. Nietzsche analysiert die politische Bewegung der damals noch jungen Moderne vom Podest des aristokratischen Denkers herab und wirft alle, die gesellschaftliche Veränderung anstreben, mit Wortgewalt ideologisch in einen Topf: „Die demokratische Bewegung macht die Erbschaft der christlichen. Dass aber deren Tempo […] noch viel zu langsam und schläfrig ist, dafür spricht das immer rasender werdende Geheul, das immer unverhülltere Zähnefletschen der Anarchisten-Hunde, welche jetzt durch die Gassen der europäischen Kultur schweifen, anscheinend im Gegensatz zu den friedlich-arbeitsamen Demokraten und Revolutionsideologen, noch mehr zu den tölpelhaften Philosophasten und Bruderschafts-Schwärmern, welche sich Sozialisten nennen und die „freie Gesellschaft" wollen, in Wahrheit aber eins mit ihnen allen in der gründlichen und instinktiven Feindseligkeit gegen jede andere Gesellschaftsform als die der *autonomen* Herde – eins allesamt im Glauben an die Gemeinschaft als die *Erlöserin.*" [JEN 202(5,125)]

Demokratisierung Europas

Die künftige Demokratisierung Europas lässt sich aus Nietzsches Perspektive allerdings nicht aufhalten. Er nennt demokratische Einrichtungen „Quarantäne-Anstalten gegen die alte Pest tyrannenhafter Gelüste: als solche sehr nützlich und sehr langweilig" [MEN II, Wan 289] und warnt, dass durch den Widerstand dagegen der Demokatisierungsprozess nur noch beschleunigt werde: „… die grundsätzlichen Gegner der Demokratie (ich meine die Umsturzgeister) scheinen nur deshalb da zu sein, um durch die Angst, welche sie erregen, die verschiedenen Parteien immer schneller auf der demokratischen Bahn vorwärts zu treiben." [MEN II, Wan 275] Er rede jedoch „von der Demokratie als von etwas Kommenden. Das was schon jetzt so heißt, unterscheidet sich von den älteren

Regierungsformen allein dadurch, dass es mit *neuen Pferden* fährt: Die Straßen sind noch die alten, die Räder sind auch noch die alten." [MEN II, Wan 293]

Das Primat der Kultur in der jeweiligen Gesellschaft

Nicht der Staat, das Gemeinwohl oder der Glauben an eine positivistische Rolle der Wissenschaften, sondern die Kultur steht für Nietzsche auf Rang eins der gesellschaftlichen Werte. „Die Kultur und der Staat – man betrüge sich hierüber nicht – sind Antagonisten: 'Kulturstaat' ist bloß eine moderne Idee [...] was groß ist im Sinne der Kultur war unpolitisch, selbst *antipolitisch.*" [GÖT, Deutsche 4] Genauer definiert: Unterschiedlich geprägte Symbiosen verschiedener kultureller Elemente machen für Nietzsche die spezifische Kultur eines Volkes oder Kulturkreises aus: „Diesen fesselt die sokratische Lust des Erkennens und der Wahn, durch dasselbe die ewige Wunde des Daseins heilen zu können, jenen umstrickt der vor seinen Augen wehende verführerische Schönheitsschleier der Kunst, jenen wiederum der metaphysische Trost. Aus diesen Reizmitteln besteht alles, was wir Kultur nennen: Je nach der Proportion der Mischungen haben wir eine vorzugsweise *sokratische,* oder *künstlerische* oder *tragische* Kultur." [TRA 18 (1,115f)].

Die klassischen Kunstgottheiten und die Mächte der Kunst

Die Unterscheidung nach den dionysischen und apollinischen Kunstanschauungen ist für Nietzsche lebenslang bedeutsam. „Der apollinische Rausch hält vor allem das Auge erregt, so dass es die Kraft der Vision bekommt. Der Maler, der Plastiker, der Epiker sind Visionäre par excellence. Im dionysischen Zustand ist dagegen das gesamte Affektsystem erregt und gesteigert." Er vertieft diesen „ungeheuren Gegensatz", indem er dem Dionysischen die „ewige und ursprüngliche Kunstgewalt" zurechnet, die „wahre Kunstabsicht des Apollo" gegenüber dieser ungeheuerlichen Gewalt als Notwendigkeit beschreibt, einen „Schönheitsschleier" der Illusion über das menschliche Dasein zu legen. Für Nietzsche ist es der schöpferische der „vornehme Mensch", der Werte bestimmt und Werte schafft. „Im Vordergrund steht das Gefühl der Fülle, der Macht die überströmen will, schenken und abgeben möchte." [JRN 260 (5,209)] Es ist nach Nietzsche der ursprüngliche Wille zur Macht, der sich da zu erkennen gibt – das Prinzip des Lebens selbst.

Nietzsches „anti-soziologisches“ Denken und seine soziologischen Wirkungen

Es ist etwas paradox: Nietzsche hat sich gesellschaftspolitisch wie beschrieben äußerst kritisch mit dem Positivismus seiner Zeit und mit dessen Begründer Comte befasst, der als Mitbegründer der Soziologie gilt und ihr auch diesen Namen gab. Sein Kommentar: „Wie katholisch und undeutsch riecht uns Auguste Comtes Soziologie mit ihrer römischen Logik der Instinkte.“ Dennoch ist Nietzsches Wirkung auf die Soziologie des 20. und unseres Jahrhunderts enorm, wenn auch vielfach enorm anstößig. Von Max Weber, dem Klassiker der gesamten Kultur- und Sozialwissenschaften, ist der kurz vor dessen Tod (1920) getane Ausspruch überliefert: „Die Redlichkeit eines heutigen Gelehrten und vor allem eines heutigen Philosophen kann man daran messen, wie er sich zu Nietzsche und Marx stellt. Wer nicht zugibt, dass er gewichtigste Teile seiner eigenen Arbeit nicht leisten könnte, ohne die Arbeit, die diese beiden getan haben, beschwindelt sich selbst und andere. Die Welt, in der wir selber geistig existieren, ist weitgehend eine von Marx und Nietzsche geprägte Welt“ (so Klaus Lichtblau).

Mit dieser nüchternen Beurteilung der auch heute noch so modernen Wirkungen Nietzsches auf das philosophische und das gesamte gesellschaftspolitische Denken unserer Zeit sind wir am Ziel unseres Spaziergangs mit Nietzsche durch einige seiner Gedankenlandschaften angekommen. Vielleicht ermuntert es Sie als Leser, nun häufiger in seine Werke selbst einzutauchen, frei nach seiner Bademethode: „Ich halte es mit tiefen Problemen wie mit einem kalten Bad – schnell hinein, schnell hinaus. Dass man damit nicht in die Tiefe, nicht tief genug *hinunter* komme, ist der Aberglaube der Wasserscheuen, der Feinde des kalten Wassers; sie reden ohne Erfahrung. Oh! Die große Kälte macht geschwind! [FRÖ 381]

Zitate

Augenblicklich ist es Europäer-Art, alle großen Interessen mit Ironie zu behandeln, weil man vor Geschäftigkeit in ihrem Dienst keine Zeit hat, sie ernst zu nehmen. [MOR 162]

[Zarathustra:] Und das ist der große Mittag, da der Mensch auf der Mitte seiner Bahn steht zwischen Tier und Übermensch und seinen Weg zum Abende als seine höchste Hoffnung feiert: denn es ist der Wrg zu einem neuen Morgen. Also wird sich der Untergehende selber segnen, dass er ein Hinübergehender sei; und die Sonne seiner Erkenntnis wird ihm im Mittage stehn.
„Tot sind alle Götter: nun wollen wir, dass der Übermensch lebe." – dies sei einst am großen Mittag unser letzter Wille! – [ZAR I, Schenken 3 (4,102)]

Pfui! Ihr wollt in ein System hinein, wo man entweder Rad sein muss, voll und ganz, oder unter die Räder gerät! [MOR 166]

Inmitten des Ozeans des Werdens wachen wir auf einem Inselchen, das nicht größer als ein Nachen ist, auf, wir Abenteurer und Wandervögel, und sehen uns hier eine kleine Weile um: <> - und so leben wir eine köstliche Minute der Erkenntnis und des Erratens, unter fröhlichem Flügelschlagen und Gezwitscher miteinander, und Abenteuern im Geiste hinaus auf den Ozean, nicht weniger stolz als er selber. [MOR 314]

Jeder Mensch <> trägt <> als intellektuelles Wesen, ein tiefes Verlangen nach dem Genius in sich. Hier ist die Wurzel aller wahren Kultur [ERZ 3 (1,358)]

Wen hasse ich unter dem Gesindel von heute am besten? Das Sozialisten-Gesindel, die Tschandala-Apostel, die den Instinkt, die Lust, das Genügsamkeitsgefühl des Arbeiters mit seinem kleinen Sein untergraben – die ihn neidisch machen, die ihn Rache lehren ... [ANT 57]

Ach, wie wenig wisst ihr vom Glück des Menschen, ihr Behaglichen und Gutmütigen! denn das Glück und das Unglück sind zwei Geschwister und Zwillinge, die miteinander groß wachsen oder, wie bei euch, miteinander – klein bleiben! [FRÖ 338]

Wer sich tief weiß, bemüht sich um Klarheit; wer der Menge tief scheinen möchte, bemüht sich um Dunkelheit. [FRÖ 173]

Alle Dinge tief finden - das ist eine unbequeme Eigenschaft: sie macht, dass man beständig seine Augen anstrengt und am Ende immer mehr findet, als man gewünscht hat. [FRÖ 158]

Wer aus den Abenteuern der eigensten Erfahrung wissen will, wie es einem Eroberer und Entdecker des Ideals zumute ist, <> der hat dazu zuallererst eins nötig, die große Gesundheit - eine solche, welche man nicht nur hat, sondern auch beständig noch erwirbt und erwerben muss weil man sie immer wieder preisgibt, preisgeben muss! ... Und nun, nachdem wir lange dergestalt unterwegs waren, wir Argonauten des Ideals, mutiger vielleicht als klug ist, und oft genug schiffbrüchig und zu Schaden gekommen, <> will es uns scheinen, als ob wir, zum Lohn dafür, ein noch niemand abgesehen hat, ein Jenseits alle bisherigen Länder und Winkel des Ideals [FRÖ 382]

Ich kenne mein Los. Es wird sich einmal an meinen Namen die Erinnerung an etwas Ungeheueres anknüpfen, - an eine Krisis, wie es keine auf Erden gab, an die tiefste Gewissenskollision, an eine Entscheidung, heraufbeschworen gegen alles, was bis dahin geglaubt, gefordert, geheiligt worden war. Ich bin kein Mensch, ich bin Dynamit. [ECC, Schicksal 1]

Die Schwachen und Missratenen sollen zugrunde gehen: erster Satz unserer Menschenliebe. Und man soll ihnen noch dazu helfen.
Was ist schädlicher als irgendein Laster? - Das Mitleiden der Tat mit allen Missratenen und Schwachen - das Christentum... [ANT 2]

Vorausbestimmt zur Sternenbahn, / Was geht dich, Stern, das Dunkel an?
Roll' selig hin durch diese Zeit! / Ihr Elend sei dir fremd und weit!
Der fernsten Welt gehört dein Schein: / Mitleid soll Sünde für dich sein! Nur ein Gebot gilt dir: sei rein! [FRÖ, Scherz 63]

Der Ekel am Menschen, am „Gesindel" war immer meine größte Gefahr [ECC, weise 8]

Jeder tiefe Geist braucht eine Maske: Mehr noch, um jeden tiefen Geist wächst fortwährend eine Maske, dank der beständig falschen, nämlich flachen Auslegung jedes Wortes, jedes Schrittes, jedes Lebenszeichens, das er gibt. - [JEN 40 (5,58)]

Sich überflüssig machen - das ist der Ruhm aller Großen. [MEN II, Mei 407]

Epilog

Der Untertitel von *Also sprach Zarathustra* lautet: „*Ein Buch für Alle und Keinen*". Nietzsche weiß: Zu seinen Lebzeiten wird er eher von wenigen als von vielen gelesen.

Bei diesem Buch ist Ähnliches zu befürchten. Wer mag schon beispielsweise etwas über Nietzsches Kritik am Gottesglauben lesen, wenn weltweit Milliarden noch davon überzeugt sind, dass jenseitige Mächte über ihr diesseitigen Schicksal bestimmen. Dank also an Joachim Kamphausen, der mit seinem Verlag ein mutiger Vorkämpfer für kritische Gedanken über die menschliche Entwicklung ist und der ein Herz dafür hat, auch den Autoren eine Stimme zu verschaffen, die sich nicht im medialen Mainstream der Vielen treiben lassen.

Mir ist da eine Geschichte in Erinnerung, die für mich zu einer Metapher der Hoffnung geworden ist: An einem Strand liegen Millionen von Seesternen, die den Weg zum rettenden Meer nicht mehr alleine finden können. Eine Frau geht den Strand entlang und wirft einen Stern nach dem anderen ins Meer. Gefragt von einem Passanten, was sie denn da tue und ob es Sinn habe, denn sie könne die Millionen und Abermillionen hilfloser Seesterne damit doch gar nicht retten, das, was sie tue, mache doch überhaupt keinen Unterschied, erwidert sie: „Oh doch unbedingt, für den Seestern, den ich gerade ins Wasser werfe …"

Danke

Dank an eine unbekannte Dame, die vor langer Zeit, ohne es zu wissen, den Anlass und Impuls zu diesem Buch gegeben hat.

Vor ein paar Jahrzehnten, während meiner Lehrzeit nach der Volks- und Handelsschule, hatte ich noch einen Freundeskreis von Gleichaltrigen, die auf das Abitur hinarbeiteten. Beim gemeinsamen Abhängen in den abendlichen Stunden drehten sich die ziemlich klugen Gespräche auch um die Denker der vergangenen Jahrhunderte. Dort, aber auch in den Tanzpausen, auf häufigen Partys und bei vielen Fahrten ins nahe Holland merke ich, wie unwissend ich war und bei vielem einfach nicht mitreden konnte. Das war ärgerlich, wollte ich doch bei meinen Akquisitionsversuchen unter der attraktiven Weiblichkeit auch den besten Eindruck machen.

Es musste also Abhilfe geschaffen werden – aber wie? Da ich mich in Buchhandlungen nicht auskannte, meine Eltern bei meiner Suche nach Geistvollem auch nicht gerade hilfreich waren, fiel mir nur der damalige Zeitungsladen im Kölner Hauptbahnhof auf der rechten Seite des Doms ein. Da kam ich auf meinem Weg zur Berufsschule einmal die Woche vorbei – oder wenn ich schwänzte, weil im Ufa-Kino bereits frühmorgens ab zehn Uhr die ersten Filme liefen.

Ich fasste mir also ein Herz und betrat die Buchhandlung. Ich erinnere mich nicht mehr, was ich da eingangs fragte, allerdings noch gut an die Antwort. Ich wurde die Treppe runtergeschickt, wo eine freundliche Dame Taschenbücher in ein Drehkarussell einsortierte. Bei schlechtem Licht roch es nach abgestandener Bücherluft. Dieser Dame klagte ich mein Leid, auch meine problematischen Akquisitionschancen gegenüber meinen Gesprächspartnerinnen. Was auch immer sie sich gedacht haben mag: Sie gab mir mir von Kafka *Das Schloss*. Ich habe es – unbeeinflusst von pädagogischen Belehrungen oder gescheiten Kommentaren – einfach mal gelesen und fand es spannend. Dem folgt von Camus der *Mythos des Sisyphos*, von Sartre *der Ekel,* von Hesse das *Glasperlenspiel.* Und eben mein späterer literarischer Held: Nietzsche mit *Die fröhliche Wissenschaft*. Jede Woche ging es nun hinab in den Keller; ich las mit viel Freude weitere Bücher dieser Autoren – was ich davon allerdings verstanden habe, weiß ich nicht mehr so genau. Aber begeistert war ich sehr.

Das Mitreden unter meinen Abi-Freunden war dann doch nicht so toll, da meine Interpretationen neben den ihren doch etwas schwächelten. Aber: Das war mein individueller Start in die wunderbare Welt des Denkens.

Dafür, werte Dame aus der Kölner Buchhandlung, will ich mich am Schluss dieses Nietzsche-Buch sozusagen ins Unbekannte hinein ganz herzlich bedanken!

Dank an einen Sparringpartner

Noch einen zweiten Dank sage ich hier zu meinem geistigen Sparring-Partner Helmut K. Doerfler. Es waren viele Gespräche, meist im Bistro des Museums Ludwig in Köln bei hintergründiger Klaviermusik, vorzugsweise am Samstag oder Sonntag. Das Gesprächsklima wechselte von fröhlichem Tempo bis zu tiefer Verzweiflung, dann war es wieder von energischer Schaffenskraft oder dunklem Grübeln gezeichnet. Wie sagt man doch so schön: Leidenschaft schafft eben auch Leiden. Ohne Sie, Herr Doerfler, wäre das Ganze nichts geworden – nun ist es das aber: Danke!

Und, auf keinen Fall dürfen Peter Sloterdijk und Rüdiger Safranski vergessen werden. Diese beiden heutigen, genialen Philosophen verstehen es, Nietzsches Gedanken in eine Wunderwelt der Inspiration zu verwandeln. Hier durfte ich begeistert lernen. Danke!

Und dann nochmals Herr Johann Prossliner, der in seinem Zitate-Buch „Das Lexikon der Nietzsche Zitate“ eine intellektuelle Meisterleistung vollbrachte, die Gedankenpfade Nietzsches höchst spannend aufzuzeigen. Danke!

Über den Autor

Dr. Wolf W. Lasko [www.lasko.de]
ist Geschäftsführer und Gründer der Winner/s Edge Resulting-Gesellschaft. Seine Arbeitsschwerpunkte sind Change + Resulting, kreative Innovationsprozesse, Führungssparring und Sales-Steuerung. Er ist Autor von insgesamt 29 Büchern.

Eine Auswahl der Bücher des Autors

Jammere nicht, handle

In 7 Schritten aus der Krise

Ein wachmachendes Plädoyer für eine gelebte Selbstverantwortung. Es zeigt in sieben Schritten, wie wir zu einer authentischen und harmonischen Lebens- und Arbeitsweise finden und so jeder Krise, persönlich oder wirtschaftlich, gelassen gegenübertreten können. Statt zu jammern oder sich hinter einer Opferhaltung zu verstecken, sollten wir verstehen lernen, warum wir die Dinge bisher getan haben, wie wir sie getan haben, und erforschen, was in uns abläuft, wenn wir auf Hindernisse stoßen oder wenn etwas gut läuft. Das beständige Infrage stellen der eigenen Verhaltensweisen, Denkmuster und Eigenschaften bringt uns in einen Prozess, der das Trugbild der eigenen Persönlichkeit enthüllt. Aber ist immer eine Krise notwendig, um das eigene Handeln zu hinterfragen? Können wir auch aus eigener Kraft eine Veränderung herbeiführen und erreichen, was wir wirklich wollen? In sieben Gedankenexperimenten wird der Leser dazu eingeladen, die eigenen Denkstrukturen neu zu sortieren und Schritt für Schritt zu einer selbstbestimmten Lebensweise zu finden.

232 Seiten | Hardcover | ISBN 978-3-89901-267-5

Wahre Größe

Wahre Elite

Allzu oft wird Elite reduziert auf Leistung und Erfolg, auf das stromlinienförmige Verfolgen etablierter Dogmen. Dabei sind es gerade die von außen betrachtet eher unbequemen Eigenschaften, die den Unterschied zwischen Mittelmaß und wahrer Größe ausmachen. Ein Ratgeber für alle, die 'besser sein' zur Sinnfrage machen wollen.

224 Seiten | Hardcover | ISBN 978-3-89901-151-7

Kreative Elite

Vom begrenzten Denken zur originären Innovation

Das noch nie dagewesene entsteht in der Zwiesprache mit dem Unbekannten, aus der Überwindung der Erwartungslogik. Seine Quelle ist die innere Gewissheit, die sich von äußeren Beschränkungen befreit hat. Das Buch führt in zehn Etappen vom konventionellen Denken zur originären Kreativität – und damit mitten ins Leben.

304 Seiten | Hardcover | ISBN 978-3-89901-152-4

Elite braucht Persönlichkeit

Drehbuch für Lebensweisheit und Glück

Elite heißt positive Differenz. Sie basiert auf der Bereitschaft zu einem uneingeschränkten Ja zum Leben und seinen Herausforderungen. Ihre Quellen: Persönlichkeit und Lebensweisheit. Das Buch führt in zwölf Schritten zur Aktivierung persönlicher Potenziale wie Leidenschaft, Mut, Kreativität, Selbstverantwortung, Freiheit und Vitalität. Business-Exzellenz bedeutet mehr, als die schlichte Anwendung von Know-how, denn es sind die Einstellungen und die Motivation, die Kreativität und Energie, die Leidenschaft und der Mut aller Beteiligten, die Firmen zu wirklichen Siegern machen.

268 Seiten | Hardcover | ISBN 978-3-89901-152-4

XU

Ewiges Leben

Mit 66 Experimenten führt der Autor den Leser in die direkte Erfahrung von XU, dem grenzenlosen Gewahrsein jenseits von Leben und Sterben. Ist der Tod das Ende? Oder gibt es irgendetwas, was über den Tod hinaus fortbesteht? Und welcher Weg führt zur Erkenntnis? – Fragen, die seit Menschengedenken von zentraler Bedeutung sind, und auf die dieses Buch eine sinnlich erfahrbare Antwort gibt. Mit einfachen Experimenten wie diesem führt uns der Autor immer tiefer in die Erfahrung von etwas, das er XU nennt. Der Verstand kann XU nicht erfassen, doch die 66 Experimente des Buches sind eine Einladung, „es" direkt zu erfahren.

330 Seiten | Broschur | ISBN 978-3-89901-154-8

Personal Power

Wirkungsvoll denken, überzeugend handeln

Vom Traum zur Realität ist es nur ein kleiner Schritt, und der beginnt im Denken. Denn: Nur wer die eigene Wahlfreiheit erkennt, findet auch die Aufgabe, die zu ihm passt – und kann sie erfolgreich meistern. Das Praxisbuch zeigt Schritt für Schritt, wie man mit Selbstverantwortung und Commitment die richtigen Ziele findet und sie erreicht.

248 Seiten | Hardcover | ISBN 978-3-89901-149-4

Motivation und Begeisterung

Entdecken und aktivieren Sie Ihre Talente

Das Wissen um die eigenen Talente ist der Schlüssel zu Motivation und Begeisterung. Das Arbeitsbuch zeigt mit vielen praktischen Übungen, wie man seine besonderen Stärken und damit die eigene Lebenslinie erkennt, Lebensvisionen entwickelt und Träume verwirklicht – indem man seine Talente in Handeln umsetzt.

284 Seiten | Hardcover | ISBN 978-3-89901-148-7

Charisma

Mehr Erfolg durch persönliche Ausstrahlung

„In dem Moment, in dem man authentisch ist, entwickelt man Leidenschaft", sagt der Unternehmensberater Wolf W. Lasko, der sich in diesem Buch ausführlich der Frage widmet, wo der Schlüssel zu authentischer Schöpferkraft liegt. In seinem Blog zum Thema Charisma bringt er alles, was Sie darüber wissen sollten, auf den Punkt: prägnant, unkonventionell und kompromisslos. Business ist nur so gut wie seine Akteure. Und Charisma beginnt dort, wo wir uns vom langweiligen Mittelmaß verabschieden!

284 Seiten | Hardcover | ISBN 978-3-89901-150-0

Das Abenteuer deines Lebens

Über die rote Linie gehen

Die rote Linie symbolisiert die Idee, vom Modus der Langeweile, der Routine, des immer Gleichen in den Modus der Power, des Erlebens, der Exzellenz zu wechseln. Wie? Sie bietet Ihnen mit 216 Experimenten – jeweils eines für Frauen und eines für Männer – 216 Möglichkeiten, einen Wandel einzuleiten. Die rote Linie markiert dabei die virtuelle Grenze zwischen der Komfortzone, der lieb gewordenen, aber immer gleichen Gewohnheit, und faszinierendem Neuland: Sie konfrontiert Sie mit dem Abenteuer. ***www.abenteuer-deines-lebens.de***

248 Seiten | Broschur | ISBN 978-3-89901-552-2